쓰기 교수 · 학습론

쓰기 교수 · 학습론

김선민 著

한국학술정보㈜

머리말

I

이미 발표했던 논문들의 내용을 일부 수정하여 책을 엮는다. 내용의 일부 수정이라고는 하지만 용어 중심이었다. 의미의 차이가 없으나 수용 상황에 따른 느낌으로 인하여 쓰임이 다른 용어를 한 가지로 정리하였다. '작문', '창작', '짓기', '글쓰기', '글짓기'등을 '쓰기'로 바꾸어 표현하였다. '쓰기'는 현행 교육과정의 국어과 영역으로 다른 용어에 비하여 학교 교육과정 교수·학습 용어로 가장 적합하다고 판단하였기 때문이다.

'쓰기'와 '작문'은 교육과정의 한 영역임과 동시에 별도의 교과서를 갖고 있는 교재 중심의 용어이며, '창작'은 문학영역의 표현활동과 관련하여 주로 사용된다. '글쓰기'는 쓰기의 기능적인 측면과 구별하기 위한 용어로 널리 쓰이며, 이론 서적과 학습지의 제목으로 많이 사용되기도 한다. 짓기'와 '글짓기'는 학교에서 아주 오랫동안 관습적으로 사용되고 있으며, 특히 '글짓기'는 공식적인 대회 용어로 가장 많이 쓰이고 있다. 이 용어들은 무엇을 쓴다는 측면의 동일한 행위적 의미를 갖고 있으나 조건과 대상에 따라 받아들이는 느낌의 차이가 있다. 예를 들어 '창작'은 완전히 새로운 내용의 글을 생산해내는 느낌을 갖게 하지만, '쓰기'는 '작문'이나 '짓기'에 비하여 행위적인 측면이 강한 느낌을 갖게 한다. 그 이유는 '쓰기' 영역은 글을 쓰는 활동 이외에 글자를 바르게 쓰거나 띄어쓰기, 맞춤법 등의 활동을 포함하고 있기 때문이다. 그렇지만 모든 쓰기 행위는 주체의 창의성을 최대한 발현하는 활동이어야 하기 때문에 어떤 쓰기 행위는 창의적이고 다른 어떤 것을 그렇지 않다고 단정할 수 없다.

이 책의 제목을 『쓰기 교수·학습론』으로 정하고 용어를 하나로 정리하면서 가장 먼저 확인하여할 것은 예상 독자들의 반응이었다. 내용 구성으로 보아 현장 교사와 교사가 되기를 희망하는 학생들을 주 대상으로 하였다. 예상 독자들은 '글쓰기'의 일반적인 사용과 표현에 비중을 두었지만, '쓰기'가 국어과의 교수·학습 용어로서 앞에 열거한 다른 용어들을 포함하는 가장 큰 범주라는 데에는 동의하였다. 용어를 '쓰기'로 변환하면서 반드시 살펴야 할 또 한 가지는 용어의 변환이 내용 전개에 어떠한 영향을 주었는가와 논리적인 맥락의 타당성을 검증하는 것이었다. 무엇보다 '작문'과 '창작'이 핵심이었던 논문을 '쓰기'로 변환하는 과정에서 유발될 수 있는 오류의 검색이었다. 영역별 사용 조건에 따른 문맥의 어색한 부분이 몇 군데 있었지만 내용이나 논리적 전개의 오류가 드러나지는 않았다. 따라서 비슷한 의미의 용어를 혼용하기보다는 하나의 용어로 통일하는 것이 독자의 이해를 돕는 데에 보다 효과적이라는 것이다.

II

다른 논의의 책들과 구별되는 이 책의 장점은 실천이 가능한 교수·학습 전략과 방법의 제시 이다. 이것은 학술연구 중심의 교과교육 연구자와 교수·학습 실천 중심의 현장 교사들의 소통 경로를 마련하기 위함이며, 교과교육 연구의 방향이 어떠해야 하는 지에 대한 제안이기도 하다.

몇 해 전 한 권의 책을 통하여 교과교육의 실천적 연구의 중요성을 알 수 있었다. 그 책의 저자는 미국의 유명한 대학 교수였다. 그녀는 미국 내 빈곤층 학교를 방문하여 직접 경험하고 연구한 내용을 구체적인 교수·학습의 형태로 제시하고 안내하여 교사들이 방법적인 실천을 할 수 있도록 하였다. 물론 그 책은 다양한 교수·학습 이론과 전략을 기반으로 하고 있으며, 이론과 전략을 토대로 현장 실천이 가능한 방법을 모색하였다. 나중에 안 사실이지만 그 책의 저술 형태는 그녀만의 유일한 것이 아니라 그들에게 매우 흔한 연구 방식 중의 하나였다.

우리나라의 교과교육학 연구는 지금까지 해 온 것보다 해야 할 것이 더 많다. 교과교육학 연구는 다른 학문적 연구와 달리 현장을 바탕으로 실천적 적용을 염두에 두어야 하며, 현장의 실천적 적용이 가능한 방법을 구체적으로 제시하는 연구를 병행하여야 한다. 교과교육학에 관한 이론과 실천적 방법에 관한 병행 연구의 필요성은 이론과 실천의 배타성에 기인한다. 특히, 초등학교의 경우 이론과 실천의 간극은 더욱 크다.

학교 현장 교사들을 중심으로 하는 교과교육과 관련한 실천적 방법에 관한 연구는 그 역사가 깊다. 뿐만 아니라 매년 교육부를 비롯한 산하 교육기관과 교육 단체들을 통하여 과정과 결과 면에서 손색이 없는 연구물들이 양산된다. 이와 더불어 최근의 국어과 관련 학회에서도 의미 있는 연구 결과가 발표되고 있다. 전자의 경우는 초·중등학교의 현장 교사들에 의한 것이며, 후자의 경우는 학위 연구 과정에 있는 현장 교사가 간혹 포함되어 있기는 하지만 대부분은 대학과 관련된 학자들의 연구 이다. 전자를 현장연구라 하고 후자를 학술연구하고 하자. 현장 연구는 초·중등 교사들의 지도 경험과 사례를 바탕으로 하고 있으며, 구체적인 방법이 명시적으로 제시되어 있다. 그에 비하여 학술연구는 교과교육과 관련된 전략과 방법이기는 하지만 그것이 이론 중심이어서 현장의 교사들이 학생들에게 직접 적용하기에는 무리가 있다. 이러한 현상은 아주 오랜 기간 지속되었으며, 이론과 실천의 간극으로 인한 배타성으로 이어지고 있다.

최근 교과교육학에 대한 관심이 높아지는 것과 동시에 연구자들이 증가하고 있는 것은 매우 의미 있는 일이다. 뿐만 아니라 현장 교사들이 학술연구에 참여하여 이론과 실천의 효과적인 접목을 시도하고 있는 것 또한 고무적이다. 그 결과 현장연구의 이론적 토대가 학술연구의 이론에 비하여 손색이 없을 정도이다. 그럼에도 불구하고 학술연구의 현장연구에 대한 수용은 교사들의 기대를 충족시키기에는 부족한 면이 있다. 분명 서로의 필요성을 알고 있고 상호보완적인 측면을 인식하고 있다.

학술연구자들의 이론적 토대가 현장연구의 가치를 돋보이게 하는 것은 너무나 당연하다. 한 해에 수많은 현장연구 논문들이 발표되지만 그것 모두가 현장에 효과적인 것은 아니다. 이유는 명백하다. 단위 교실이나 학교 내에서 교사의 경험과 사례를 근거로 모든 교육에 적용할 수 있는 결과를 생산하기가 쉽지 않기 때문이다. 교육 환경과 상황, 교사와 학생들의 실천 과정에 따라 예측할 수 없는 결과가 유발되기 때문이다. 학자들의 이론적 연구는 이 때문에 중요하다. 이론적 연구는 실천적 방법의 효과를 지지하는 가장 확고한 기반이다. 따라서 현장연구의 실천적 적용이 효과를 보이기 위해서는 학술연구의 이론을 수용하여야 한다. 이와 더불어 현장연구의 실천적 방법을 학술연구에 적용한 이론적 검증 또한 요구된다. 우수한 현장연구 결과물은 교육적인 효과를 기대할 수 있을 뿐 아니라 보편적 적용이 가능한 경우도 많다. 이러한 현장연구를 발굴하여 학술연구의 대상으로 삼고, 그것을 바탕으로 새로운 이론을 도출하려는 시도를 하여야 한다.

III

이 책은 어떤 의미를 갖고 있는가? 이 책이 독자에게 어떤 의미를 주는가? 혹은 의미가 있기는 하는가? 망설이고 주저하는 것만으로 의미를 만들어 낼 수 있다면 더 기다렸을 것이다. 그러나 무작정 기다리기보다 비판의 칼 날 위에 서서 절절 흐르는 피의 고통을 감수하는 편이 나을 거 같아 입김이 채 마르지도 않은 논문들을 주워 모았다. 아직은 무식한 용기로 인하여 딱딱하게 굳은살이 그 날을 버티고 서 있기는 하나 언제가 베일 날인지는 알 수 없다. 때가 되면 그 날의 아픔을 교훈삼아 칼을 무두질하여 더욱 선 날을 갈아 다시 한 번 비판의 심판대 위에 오를 것이다. 감히 이름조차 올릴 수 없는 고귀하신 분들의 뜻이 그 날 위에 번득일 때 이 책의 부족함과 부끄러움을 사죄드릴 것이다. 그분들의 지도와 격려가 이 책의 유일한 의미이며 가치이다.

목 차

제1부 쓰기의 텍스트 변용 교수·학습

제2부 CMC를 활용한 쓰기 교수·학습

제3부 쓰기 교수·학습의 창의성

국어교육의 창의성 발현

쓰기 교수・학습의 창의성에 관한 연구

제 1 부
쓰기의 텍스트 변용 교수·학습

Ⅰ. 서 론

국어과 교육에 대한 이론적 논의가 활발하게 전개되기 시작한 이래 영역별 교수·학습에 대한 관심 또한 높아지고 있다. 영역별 교수·학습에 대한 관심은 현장 적용이 가능한 이론과 연구의 필요성을 갖게 하였으며, 현장 적용이 가능한 연구와 이론의 필요성은 초등학교 쓰기 교수·학습의 올바른 방향을 제시하는 초석이 되었다.

여기서는 글을 중심으로 쓰기 교수·학습 활동 방법의 구안과 실천 적용에 대하여 논의할 것이다. 이를 위해 교육 현장의 실천 사례와 선행 연구 자료를 수집, 분류, 분석하였다. 쓰기 교수·학습 활동 방법의 실천을 위해 텍스트 변용을 도입하였으며, 텍스트 변용 활동의 효과적인 적용을 위한 근거 자료를 마련하였다.

텍스트 변용 교수·학습의 이론적 기반을 구축하기 위해 상호 텍스트성의 방법적 적용을 모색하였으며, 현장 적용이 용이하도록 학습자의 쓰기 수행 성취 기준안과 교수·학습 방법을 구안하였다. 교수·학습 방법은 학교 현장의 일반적 과정을 모델로 하여 쓰기 활동에 적용할 수 있는 핵심 과정을 제시하였다. 일반적인 교수·학습 방법과는 달리 텍스트 변용 교수·학습 방법은 학습자 활동 중심이기 때문에 상황에 따라 탄력적으로 적용할 수 있도록 설계하였다.

텍스트 변용 활동을 효과적으로 수행하기 위한 방법의 하나로 계획된 학습자의 쓰기 수행 성취 기준안은 쓰기 교수·학습 활동의 실천 적용 주체인 교사를 위해 마련된 교수·학습 자료이다. 최근의 학교 교육과정이 학습자의 수준별 학습에 초점을 맞추고 있는 것을 감안하여 학습자의 쓰기 성취도에 따라 '미숙한 학습자', '평범한 학습자', '능숙한 학습자'로 분류하여 수준에 맞는 쓰기 활동을 수행할 수 있도록 하였다.

논의의 핵심인 '텍스트 변용의 실례'는 쓰기의 실천적 적용이 가능한 방법을 학습자의 성취 수준에 맞도록 선별하여 적용한 실증 자료이다. 텍스트는 시를 중심으로 하였다. 모든 종류의 글을 대상으로 하기보다는 문자 해득기의 학습자에게 가장 익숙한 형식의 글을 제시하여 보다 효과적인 이해를 돕기 위한 것이다. 또한 초등 교육에 적용한 근거를 바탕으로 쓰기 능력을 개발하고 발달시킬 수 있는 교수·학습 방법을 구안하는 데에 초점을 두었으며, 적용 사례를 바탕으로 수업 현장에서 재적용할 수 있는 활동을 제시하였다. 여기서 보이는 실증적 자료들을 학년별 연령별로 분류하여 나타내지 않은 것은 학년별 연령별 쓰기 성취도가 뚜렷하게 구분되지 않기 때문이다. 단지 언어사용 능력과 의사소통 기능이 우수하다는 것만으로 학습자의 쓰기 수행 능력이나 성취도가 우수한 것은 아니다. 각 학년과 연령 수준에 맞는 대상텍스트를 선정하고, 거기에 알맞은 교수·학습 방법을 적용하였을 경우에는 학년이나 나이와 상관없이 성취도가 형성되기 때문이다. 어떤 경우에는 고학년 아동보다 저학년 아동의 경우에서 성취도가 높게 나타날 수 있으며, 쓰기에 대한 동기 유발과 흥미 혹은 욕구와 관련한 성취도는 언어습득 초기의 낮은 연령에서 높게 나타나는 것을 발견할 수 있었기 때문이다. 그러나 쓰기 수행 성취 기준안은 학년별로 학습자 유형을 분류하고, 학습자 유형에 따른 학년별 텍스트 변용 방법을 구분하여 두었다. 이러한 구분은 확정적이거나 불변의 고정성이 아니라 쓰기 조건과 학습 환경의 변화에 따라 조정될 수 있는 유동성을 갖고 있다.

Ⅱ. 쓰기 교수·학습의 텍스트 변용 요인

창의성 발현에 의한 텍스트 변용은 학습자 중심의 쓰기 활동 과정이다. 텍스트는 의사소통이 가능한 모든 기호체계이다. 따라서 텍스트에는 다양한 정보가 담겨 있다. 텍스트에 담겨 있는 정보의 형태는 지은이에게서 발현된 창의성에 의하여 이미지나 상징 등 다양한 기호 체계로 표현된다. 쓰기 교수·학습의 텍스트 변용은 학습자에게 제공되어지는 작가의 다양한 정보를 재발견하여 그것을 자신의 상상력과 창의력에 의하여 재생산하는 표현하는 활동 과정이다. 텍스트의 정보들은 그대로 단순하게 재생될 수 있거나, 재생되어지는 것은 아니다. 정보가 재생될 경우에는 일련의 변형들(생략, 추가, 치환, 대치와 재결합)이 사용될 수 있다.[1]

이 연구는 이러한 텍스트 정보의 변형을 쓰기 교수·학습에 적용하여 '텍스트 변용'이라고 정의한다. 또한 텍스트 변용에 작용하는 요인을 상상력과 창의성 그리고 상호 텍스트성으로 분류하여 논의하기로 한다.

1. 상상력

노스럽 프라이(Northrop Frye)[2]는 상상력을 '정서와 지적인 것의 혼합체'라고 하였으며, '문학의 세계는 인간의 상상력이 만들어 낸 실재'라고 하였다. 르네 웰렉과 오스틴 워렌(Rene Welleck & Austine Waren)[3]

---

1) Teun A. van Dijk, 정시호 역, 『텍스트학(Textwissenschaft)』, 아르케, 2001, p.317.
2) Northrop Frye, 이상우 역, 『문학의 구조와 상상력』, 집문당. 1992, p.13.
3) Rene Welleck & Austine Waren, 이경수 역, 『문학의 이론』, 문예출판사, 1988, p.28.

은 문학예술의 핵심을 이루는 요소의 대상이 허구의 세계, 곧 상상력의 세계라고 할 만큼 상상력은 문학을 이루고 구성하는 과정의 필수 요인으로 인식되었다.

상상력의 의미를 생활 영역으로 확대하여 '학습자의 인지적 능력과 감성을 포함한 배경지식의 언어 구성 능력'이라고 규정한다면. 상상력은 실재하거나 실재하지 않았던 모든 일들을 마음속으로 재구성하는 것이며 새로운 사고 작용으로 재인식하는 작용이다. 또한 과거에 체험했던 일들을 존재하는 사물의 이미지를 통해서 대입하여 표현할 수 있는 사고 능력이며, 문학 작품의 세계를 형상화하는 이성적 구성체이다.

글을 쓰는 학습자의 선행 요인으로서의 상상력은 문학에서는 주로 언어적인 상상력을 전제로 한다. 언어적 상상력은 이성과 정서를 포괄하는 종합 정신 능력이므로 이미지를 만드는 기술 혹은 이미지를 형성하는 능력이다. 상상력의 동원은 언어를 어떤 실체로 보느냐에 따라 구체성을 달리 해석할 수 있다. 모든 텍스트가 문자 언어로 조직되어 있는가에 대한 의문으로부터 출발한다면 기호와 그림의 조합으로 이루어진 일부 텍스트들의 경우 상상력의 실체는 언어 이상으로 볼 수 있다. 따라서 쓰기 과정에서 나타나는 상상력의 실체는 학습자의 배경 지식과 사고 작용이다. 배경 지식과 사고 작용은 언어로 구체화되기 이전의 그림이나 음성 등의 형태로 존재하기 때문에 텍스트 변용의 중요한 요인이다.

상상력은 변용 능력을 확대한다. 상상력은 하나의 사물이나 현상에 대하여 새로운 사물이나 현상을 대입할 수 있는 상징적 기능을 갖고 있다. 문자텍스트를 보고 그림텍스트나 음성텍스트를 상상하여 나타낼 수 있으며, 문자텍스트를 다시 그림이나 음성으로 변용하여 나타낼 수 있게 한다.

상상력에 의한 변용은 대상텍스트에 대한 작품 정보를 재발견할 수 있게 한다. 변용텍스트에 대한 2차 변용을 가능하게 하며, 재변용된 텍스트의 평가와 재구성을 가능하게 한다. 즉, 상상력은 텍스트를 끊임없이 변화할 수 있게 하는 학습자의 능동적 변용 요인이다. 왜냐하면 상상력은 창의성을 바탕으로 하고 있을 뿐만 아니라 유동적 생산성이 있으며, 다양한 경험적 사고를 동원하여 텍스트를 유연하게 만들기 때문이다. 결국 상상력에 의해 텍스트 변용이 가능하며, 상상력에 의한 지속적인 텍스트 변용은 학습자의 쓰기 능력을 확보할 수 있게 한다. 기성 작가의 작품일지라도 지속적인 변용을 통해 학습자의 창의적인 상상력으로 인해 새로운 텍스트로 변모하기 때문이다.

2. 창의성

창의성은 텍스트의 변용 과정의 상상력과 깊은 관련이 있다. 대상텍스트를 기초로 텍스트를 변용하는 과정은 자칫 단순한 '모방'이나 '흉내내기' 혹은 '따라하기'처럼 보일 수 있다. 대상텍스트가 유명 작가의 작품일 경우에 더욱 그렇다. 텍스트를 변용하여 하나의 새로운 텍스트가 탄생하기까지는 여러 단계의 순차적 과정을 거쳐야한다. 학습의 욕구와 흥미 그리고 쓰기 성취도에 따라 변용의 단계와 횟수가 결정되며, 쓰기 활동 과정에서 발현하는 창의성에 의해 변용텍스트의 쓰기성이 확보된다.

기존의 관념이나 사고의 틀을 벗어나 지식의 범위를 확대하는, 인류가 지닌 무한한 가능성의 보고요 어떤 문제에 대해서도 만족스럽고도 독창적인 방법으로 해결할 수 있는 소중한 능력인 창의성은 변용텍스트의 정당성을 인정할 수 있는 요인으로 작용한다.[4] 또한 창의성은 문학 작품에 대한 해석과 이해를 돕는다. 텍스트 변용 요인으로서의 창의성은 대상텍스트를 선별하고 수용하는 과정에서 학습자의 주체성을 확보할 뿐 아니라 텍스트의 분석과 적용을 통해 효과적인 변용 활동을 수행한다. 결과적으로 창의성을 바탕으로 하는 텍스트에 대한 새로운 이해의 결과는 문학 작품의 미

---

4) 신헌재, 「창의적 사고력 신장과 국어과 교육」, 『국어교육』 제73·74호, 1991, pp.38-41.

적 체험과 정서의 함양은 물론 작품의 내면화에 영향을 준다.

　창의성은 우리들 자신에 대한 일종의 신념이다. 그것은 자기 방식대로 대부분의 문제를 해결할 수 있는 내적인 능력을 지시한다. 좋은 음악을 들으면서 음악에 어울리는 가사를 짓고 싶어지거나, 우연히 발견한 아름다운 장소에서 자신도 모르게 읊조리게 되는 문구는 잠재적 창의성에 기인한다. 창의성의 원천은 바로 관심이다. 기회를 붙잡고 탐구하고 발견하는 일은 창조, 즉 우리에게 중요한 것을 만드는 것의 모든 부분이다. 창조를 위해서는 어느 정도의 지식과 도구가 필요하지만, 우리의 생각이나 꿈을 결실 맺게 하는 것은 결국 우리 스스로 만들고 계획한 것이 다른 사람의 해결책에 의해서는 얻을 수 없는 우리 내부에서 일어나는 절실한 필요에서 나온 것이다. 창의적으로 산다는 것은 삶의 한 방식이며, 우리의 소망과 희망, 꿈을 이룩하는 것에 대한 자기 존중에서 나온다. 그것은 어떤 문제에 대한 해결 방안을 전문가나, 권위자, 프로에게 구하기 전에 우리 자신에게 먼저 구한다는 것을 의미한다.

　학습자의 주체적인 쓰기 활동은 창의성을 바탕으로 하는 텍스트 변용에 기인하며, 창의성에 의한 텍스트 변용은 학습자의 쓰기 결과물에 가치를 부여한다. 결국 텍스트의 변용이 대상텍스트를 단순히 모방하거나 개작한 것이 아니라, 학습자의 쓰기물이 될 수 있는 것은 대상텍스트가 갖고 있는 작품의 본질성에 학습자의 창의성을 바탕으로 한 변용 활동 과정이 있기 때문이다. 쓰기가 교육 활동의 과정으로 인식되고 효과적인 쓰기 교수·학습 방법의 모색을 필요로 한다면 텍스트 변용이 그 방법이며, 창의성은 방법의 타당성을 뒷받침하는 논거가 된다.

3. 상호 텍스트성

상호 텍스트성은 텍스트와 특정 상황 속에 위치한 또 다른 텍스트가 서로 관계를 맺고 있는 것을 말한다. 상호 텍스트성에 의하면 텍스트는 진공 상태에서 작성된 것이 아니라 그것이 작성된 사회·문화 및 역사적 상황과 매우 밀접한 관계를 갖는다. 이러한 관점에서 보면 텍스트는 작가의 창조적인 사고 활동의 결과가 아니라 지금까지 존재하였던 다른 텍스트들 속에 들어있는 일부 내용, 아이디어 등이 작가에 의해서 부분적으로 반영된 결과라는 관점이 가능해 진다.[5]

롤랑 바르트(Roland Barthes), 줄리아 크리스테바(Julia Kristeva) 같은 이론가들에 따르면 "어떤 텍스트도 다른 텍스트들과의 관계에서 떼어 놓고 읽기는 불가능하다."고 말한다. 읽고 있는 텍스트의 내용과 형식 모두에 대해 일정한 예상을 지니게 만드는 이 텍스트들의 상호 관계 망에서는 어떤 텍스트도, 어떤 독자도 빠져나갈 수 없다. 이 텍스트들의 관계는 패러디, 패스티쉬, 인유, 모방 등을 포함하는 다양한 형식을 취할 수 있다.[6]

비교문학 연구에 있어서 가장 실질적인 방법으로 실천되어지고 있는 상호 텍스트성은 몇 가지 텍스트 사이의 영향과 수용 및 문학사에서의 그 상관관계를 단순한 현상이라고 일축해 버린다. 그것은 다른 텍스트를 반향하든가 반영하는 하나의 텍스트 내에 존재하는 다양한 텍스트를 강조한다. 즉, 상이한 텍스트와 그 텍스트성―비유적 언어, 언어적 실체, 신조어의 선호 및 사회 역사적 전후 상황―을 교직함으로써 비평적으로 읽고 말하고 쓰는 행위를 의미한다. 이제 하나의 텍스트는 그 자체의 고유하고 특별한 의미구조인 텍스트성의 지지를 받아 그 자체를 분명하게 드러낼 수 있게 되었다. 이렇게 볼 때에 〈모든 기술은 텍스트이다〉라는 논지는 참이지만

---

5) 최현섭 외, 『구성주의 작문 교수 학습론』, 박이정, 2000, pp.66-67.
6) Joseph Childers & Gary Hentzi, 황종현 역, 『현대문학·문화 비평 용어 사전』, 문학동네, 1999, p.246.

〈모든 텍스트는 기술이다〉라는 논지는 거짓이다. 이러한 두 가지 논지에 의해서 이렇게 결론지을 수 있다. 텍스트는 모든 가능한 인간행위에 포함되어 있으며 텍스트성은 텍스트를 중심으로 하는 전후 상황에서 교직되는 〈의견의 삽입〉을 근간으로 하는 상호 텍스트성을 형성한다.7)

텍스트 변용 과정에서 발생하는 언어의 조직은 학습자의 배경 지식을 동원한 문화적 표현 구조이다. 다분히 우연적이고 비의도적인 현상으로 이해되는 상호 텍스트성은 문학 작품의 쓰기 과정에서 필연적으로 발생한다. 언어를 습득하거나 이해하지 않은 상태에서 텍스트의 생산은 불가능하다. 왜냐하면 텍스트는 언어가 존재하는 문화 범위 내에서 가능하기 때문이다. 언어의 형태나 의미 체계가 다를 뿐 모든 텍스트들의 연관성은 다른 어떤 텍스트를 중심으로 확산적 구조를 갖는다. 하나의 텍스트는 그 자체로 완전무결한 의미를 지닌다기보다는 의미를 향하여 지속적으로 열려있다. 주어진 텍스트를 이해하기 위해서는 다른 텍스트들의 끊임없는 개입을 허용 내지는 조장하여야 한다. 따라서 상호 텍스트성의 본질은 개방성과 미확정성에 있다.

한 편의 글이 하나의 문학 작품으로 인식되기 위해서는 존재하는 다른 텍스트와의 유기적 관계를 부인해서는 안 된다. 텍스트의 범위가 넓어지고 수준이 깊어질수록 수집되고 정리되는 자료의 양은 많아질 수밖에 없으며 새롭게 첨가되는 자료들은 시 해석의 새로운 기반으로 작용하게 되어 새로운 의미를 창출해 내게 된다. 따라서 한 편의 시에 내재되어 있는 사상과 철학을 완전하게 해석한다는 것은 사실상 불가능하다. 작가의 사상과 철학을 통해서 잠정적인 해석의 결과를 얻을 수는 있으나 작가의 사상과 철학은 다른 수많은 텍스트들로부터 습득한 배경 지식에 의거하기 때문이다. 따라서 텍스트의 의미는 언제나 잠정적 결론에 불과하며 새로운 작품의 의미를 향해 개방되어 있으며, 변화의 유동성을 갖고 있다.

롤랑 바르트의 다음과 같은 말은 상호 텍스트성 요인을 적용한 쓰기 교

---

7) 윤호병, 『비교문학』, 민음사, pp.338-339.

수·학습의 타당성을 상징적으로 표현하고 있다.

　스탕달이 인용한(쓴 것이 아닌) 한 텍스트를 읽으면서 나는 조
그마한 세부적인 것에 의해 프루스트를 재발견한다. 레스카르 주
교는 자기의 부주교 질녀를 일련의 애정 어린 호칭으로 부르고
있는데(내 귀여운 조카, 내 친구, 내 예쁜 갈색 머리 아가씨, 이
조그마한 귀염둥이!), 이것은 발백 호텔에서 두 명의 심부름꾼, 마
리 주네스트와 셀레스트 알바레가 프루스트의 화자를 지칭하는
것을 연상시킨다.(이 귀여운 검은 머리의 악마, 이 지독한 장난꾼,
이 젊음, 이 아름다운 피부!) 게다가 같은 방식으로, 나는 프루스
트를 통해 플로베르에게서 노르망디의 꽃 핀 사과나무를 읽는다.
형식구의 지배, 기원의 역전, 후에 씌어진 텍스트로부터 전에 씌
어진 텍스트를 불러오게 하는 그 무례함을 나는 음미한다. 프루스
트의 작품은 적어도 내게 있어서는 지침서이자 일반적인 지식, 모
든 문학 진화론의 만다라이다. 마치 세비네 부인의 편지가 프루스
트 화자의 할머니에게, 기사도 소설이 돈키호테에게 그랬던 것처
럼. 그렇다고 해서 내가 프루스트의 <전문가>라는 말은 전혀 아니
다. 프루스트는 내가 호출하는 것이 아닌 그냥 내게로 다가오는
것이다. 그것은 <권위서>가 아닌, 단지 순환적인 추억이다. 이것이
바로 상호 텍스트(inter-texte)이다. 그것이 프루스트이든 신문이든
텔레비전 화면이든 간에 무한한 텍스트를 벗어난 삶의 불가능성[8]

　언어문화 공간에서의 상호 텍스트성은 실생활의 경험과 독서를 통해 얻
어진 배경 지식에 기반을 두고 있다. 텍스트를 생산한 작가는 동시에 텍스
트의 해석과 이해를 바탕으로 하는 독자일 뿐이다. 작가는 쓰기 주체이면
서 동시에 존재하는 수많은 작가의 텍스트를 읽는 독자일 수밖에 없었다.
여기서 상호 텍스성의 불가피함이 발생한다. 작가는 작품을 쓰기하기 위해

---

8) Roland Barthes, 김희영 역, 『텍스트의 즐거움』, 동문선, 1999, pp.83-84.

자신의 배경 지식을 능력이 가능한 범위 안에서 모두 동원한다. 동원되는 배경 지식은 작가의 상상력과 창의성에 의해 의미 구조가 바뀌게 된다. 그러나 궁극적으로 작가의 상상력과 창의성은 이전의 독서와 경험을 바탕으로 하고 있기 때문에 다른 텍스트와의 무의식적 연관성으로부터 이탈할 수 없다.

하나의 텍스트가 갖고 있는 또 다른 텍스트와의 연관성으로 인식되어지는 상호 텍스트성은 그 개념 자체가 매우 광범위하고 확산적이다. 언어가 존재하는 한, 인류의 문화가 존재하는 한 상호 텍스트성의 일반적 개념을 부인할 방법은 없다. 그러나 광범위한 개념의 타당성 이면에는 본질적인 설득력이 요구된다. 개념의 설정 범위를 제한하여 보다 실천적으로 적용할 수 있어야 한다.

상호 텍스트성은 쓰기 교수·학습의 실천적 적용에 작용할 수 있는 수렴적 속성과 발산적 속성의 양면성을 갖고 있다. 하나의 텍스트는 존재하는 다른 텍스트의 자질을 부여받을 수밖에 없는 수렴적 속성은 작가의 작품이 다른 작품의 사상과 철학을 어떠한 형태로든 부여받을 수밖에 없다는 것이며, 이러한 사상과 철학이 독자를 통해서 수없이 변화하면 변화를 통해서 새로운 사상과 철학을 양산한다는 것이다. 이러한 상호 텍스트성의 속성은 쓰기 교수·학습 공간에서 이루어지는 학습자 중심의 텍스트 변용에 적용되는 구체적인 실례이다. 텍스트와 텍스트 사이에 존재하는 의미의 유기적 관계를 다양한 방법으로 통제하여 새로운 텍스트 유형을 만드는 것이다. 이 과정은 원래의 텍스트가 갖고 있는 특성을 순차적으로 변용하는 학습자의 창의적 활동이며, 상상력을 동원한 의미의 재구축임과 동시에 텍스트의 창조적 독립성을 획득하는 쓰기 교수·학습 방법이다. 뿐만 아니라 상호 텍스트성의 이론을 실천적으로 재해석하는 현장 적용 방법론이며, 존재하는 텍스트로부터 학습자의 상상력과 창의성을 동원한 텍스트의 순차적 과정이다. 따라서 존재하는 모든 텍스트는 변용의 과정을 거쳐 새로운 텍스트의 의미와 자질을 구현한다.

Ⅲ. 쓰기 교수·학습의 텍스트 변용의 실례

텍스트는 그 자체로 다른 텍스트와의 연관성을 부인할 수 없다. 쓰기 활동은 의도적이든 그렇지 않든 간에 어떤 텍스트를 쓰기의 대상으로 삼고 있다. 여기서는 그러한 텍스트를 '음성텍스트', '그림텍스트', '문자텍스트'로 구분하여 학습자의 쓰기 활동의 모델이 되는 대상텍스트로 삼았다.

학습자에게 어떤 방법의 변용 활동을 적용할 것인지는 뒤에 제시 할 쓰기 수행성취 기준안과 학습자 수준별 쓰기 교수·학습 모형에 따라 설계를 하여야 한다.

1. 음성텍스트 변용

음성 언어는 전달하는 이가 듣는 이에게 무언가를 전하고 싶어 한다는 점에서 직접 언어이다. 만일 듣는 이가 받아들이고 싶어 하지 않거나 자리를 뜬다면 소리를 전달할 수 없다. 라디오나 텔레비전이 없었던 이전의 세대에서 기성세대가 후손들에게 지혜나 재치, 문화의 지식을 전달하는 유일한 통로는 이야기였다. 이야기와 공간을 공유하는 상호 활동은 소리를 전하는 이와 듣는 이에게 잠재적인 연관성의 느낌을 주면서 공동 사회의 유대감을 강화하고 심화시킨다.[9] 전통적인 언어 교육관에서 바라보면 음성 언어는 글이 말로 표현되는 것을 의미한다. 약간의 효과음과 몇 가지 소리를 복합하여 글을 낭독하는 것이다. 최근에는 음성 언어를 하나의 텍스트 군으로 분류하여 모든 종류의 소리를 포함한다. 리듬과 가락이 있는 음악

---

9) Nancy King, 황정현 역, 『창조적인 언어사용 능력을 위한 교육연극 방법』, 평민사, 1998, p.221.

은 물론 자연의 소리나 사물의 소리 등 존재하는 모든 소리를 음성 텍스트로 본다.

존재하는 모든 소리는 의미를 전달할 수 있는 조건을 갖추고 있다. 인디언의 북소리나 고래의 초음파, 모르스부호를 이용한 음파 발신기 등은 모두 의사소통 수단이다. 모든 소리는 의미 전달의 수단이 될 수 있으며, 모든 의미 전달이 가능한 소리는 음성 텍스트로 간주한다. 음성 텍스트를 활용한 쓰기 활동은 흥미와 욕구를 자극하는 매우 효과적인 방법이다. 충분한 교육 활동 시간과 인내를 가질 수만 있다면 학습자에게 쓰기가 얼마나 재미있고 해볼만한 가치가 있는 지를 체험하고 느끼게 하여준다. 여기서는 쓰기를 보다 현실적으로 접근할 수 있는 실천 활동에 초점을 맞춘다. 쓰기에 대한 자발적 욕구와 동기 유발 그리고 시 교육에 대한 흥미를 일차 과제로 삼고 놀이와 활동 중심의 쓰기 활동을 진행하기로 한다.

가. 소리 듣고 쓰기

우리 주변은 수많은 소리들로 가득 차 있다. 어떤 소리는 분명한 의사소통이 가능한 것이며, 어떤 소리는 상상력을 자극하는 것일 수 있다. 어떤 소리는 정체를 알 수 없는 모호함이 있으며, 어떤 소리는 궁금증을 자아내게 하기도 한다. 각각의 소리는 나름의 특성을 갖고 있으며, 어떤 방식으로든지 표현할 수 있는 가능성을 갖고 있다. 이른 아침에 닭이 우는소리를 듣고 '날이 밝았다'거나 '알을 낳고 있나?'라는 추측을 할 수 있다. 멀리서 들리는 기차의 경적을 들으면서 '철로 위를 달리는 기차'의 모습이나 '역으로 도착하는 기차'를 생각할 수 있으며, 아기의 울음소리를 통해 '배가 고프다'거나 '엄마를 찾는 아기'의 모습을 연상할 수 있다. 이처럼 소리에는 청자의 상상력을 유발하는 수많은 요인이 있다. 따라서 여러 가지의 소리를 이용하면 학습자의 상상력을 자연스럽게 유발할 수 있으며, 그와 관련된 여러 가지 낱말을 표현할 수 있다.

소리 듣고 쓰기는 단순한 놀이에서 시작한다. 한 가지의 소리를 들려주어 그것이 어떤 소리인 지를 표현하게 한다. 각각의 소리를 듣고 소리와 관련된 낱말과 어휘를 연상할 수 있다. 뿐만 아니라 여러 가지의 소리를 혼합하여 들려줄 수 있다. 제한된 시간 동안에 학습자들은 각각의 소리를 알아내고 소리와 관련된 단어를 연상한다. 연상된 단어를 통해서 문장을 구성하고 구성된 문장은 하나의 문단이 된다.

각각의 소리는 신중하게 선택되어야 한다. 학습자에게 제공되는 소리들은 학습자의 상상력을 자극할 수 있는 것이어야 한다. 생활 속에서 찾을 수 있는 소리이거나 자연의 소리이거나 신비의 소리로 각각의 소리들은 어떤 방식으로든 상상력을 동원할 수 있어야 하며 서로 연계가 가능해야 한다. 준비된 소리는 학습자들이 순간적으로 인식할 수 있는 짧은 시간이면 충분하다. 4박자의 노래 한 소절이 5초 내외인 것을 감안하여 소리의 제공 시간도 5초를 기준으로 하여 준비하는 것이 좋다. 그러나 여러 가지의 소리들이 혼합되어 있을 경우에는 그 소리의 수만큼을 곱하여 시간을 정하면 된다. 다만 학습 공간의 크기와 인원 그리고 학습 집단의 성취도 정도에 따라 반복 청취할 수 있다.

과거에는 소리를 찾기 위해 방송국을 찾거나 스스로 녹취하는 수고를 했지만 지금은 컴퓨터와 인터넷의 발달로 원하는 소리를 어디서든 얻을 수 있다. 따라서 교사는 학습자에게 제공될 소리를 미리 선별하는 작업 시간을 줄일 수 있다. 소리 모음에 투입되는 수고를 더는 대신 교사는 쓰기 집단의 수준에 맞는 소리를 신중하게 선별해야 한다. 또한 교사 자신이 소리를 듣고 상상하며, 단어를 연상하고 글을 지어보아야 한다.

소리의 선별은 소리의 유형별, 소재별로 구분할 수 있다. 소리의 연관성이 깊을수록 각각의 소리들로부터 연상되는 단어의 유기적 결합이 용이하다. 그렇지 않을 경우에는 각각의 소리를 알아맞히는 데에 급급할 뿐 소리의 특성에 알맞은 단어를 생각하거나, 소리들로부터 연상된 상상을 유기적으로 연결하여 문장이나 문단을 구성하는 어려움을 겪게 된다. 따라서 학습자의 학년별 성취도를 고려한 소리의 선별이 신중하게 이루어져야 한다.

1) 한 가지씩 듣고 쓰기

한 가지의 소리를 각각 준비하여 독립적으로 수행하는 방법이다. 하나의 소리를 듣고 그 소리가 어떤 소리인 지를 분간하고 소리에 대한 느낌과 관련된 상상 등을 표현하는 것이다. 이 방법은 주로 단어와 문장을 표현하는 방법의 적용으로 적합하다. 음성텍스트는 그림텍스트나 문자텍스트에 비하여 아주 순간적이고 짧은 인지를 통해 언어를 표현할 수 있는 상상력을 유발할 수 있다. 따라서 한 가지 소리에 집중하면서 그 소리가 어떤 소리인지를 분간하는 동안 소리의 특징이 자연스레 학습자에게 인식되어 느낌을 상상할 수 있으며, 소리와 관련된 배경 지식을 연상할 수 있다. 하나의 소리는 최소한 하나의 단어를 만들어낼 수 있으며, 소리와 관련된 느낌과 상상을 통해서 하나의 문장을 구성할 수 있다.

학습자의 상상력을 자극할 수 있는 소리들을 각각 따로 준비하는 것이 좋다. 각각의 소리는 5초를 기준으로 준비하며, 상황에 따라 반복하여 청취할 수 있도록 한다. 학습 집단의 학년별·수준별 쓰기 성취도와 쓰기 활동의 차시별 시간 운영에 따라 소리의 수와 주제, 느낌과 특성 등을 달리하여 준비한다. 즉, 한 차시에 세 가지 소리로 쓰기 활동을 할 경우 각각의 소리에 대하여 분절적으로 쓰기 활동을 운영할 수 있으며, 두 가지 혹은 세 가지의 소리를 연계하여 지도할 수 있다. 쓰기 활동 시간의 효율적 운영과 학습자의 흥미와 성취도 등을 고려하여 세 가지를 초과하는 소리 듣기는 피하는 것이 좋다. 과다한 활동은 정해진 교육 시간 내에 성취해야 하는 학습자의 쓰기 분량과 흥미 및 욕구의 한계 범위를 초과하여 학습 효과를 저해할 수 있다.

소리에 대한 느낌이나 소리의 정체를 표현하는 과정에서 학습자들은 제각기 다른 생각과 상상을 한다. 구분이 명확한 자동차 귀뚜라미 소리나 기차의 경적 소리에 대해서 그 표현이 제 각각인 경우가 많다. 만일 게임을 위주로 하였다면 소리의 정체를 정확하고 알아맞히는 것이 중요하겠지만 글을 쓰기하기 위한 활동이라면 정답의 중요성은 배제되어야 한다. 귀뚜라미나 기차의 경적 소리의 구분은 실제 청각 경험을 바탕으로 한다. 지역적으로 열악한 환경의 아이들은 파도 소리를 잘 분간하지 못한다는 것을 알 수 있다. 지역 환경이 좋은 아이들은 사람들의 발자국 소리를 듣고 백화점과 공항을 연상하지만 반대 상황의 아이들은 시장을 연상한다. 이처럼 아이들의 생각과 상상력은 매우 다양하다. 따라서 소리를 듣고 소리의 정체를 정확하게 알아맞히는 것에 비중을 두어서는 안 된다. 오히려 자신의 생각을 바탕으로 느낌을 표현하고 관련된 상상을 하도록 하는 것이 쓰기 교수·학습의 기본 학습이다.

학습자의 생각과 느낌 그리고 상상력의 발현을 구체적으로 파악하고, 차시 학습에 활용하고자 한다면 교사는 쓰기 수행 학습지를 준비하는 것이 좋다. 학습지는 학습자 자신의 생각과 느낌을 조리 있게 표현하도록 하며, 문장이나 문단 쓰기 활동으로 나아가기 위한 보조 자료로 활용된다. 따라서 교사와 학습자 상호간 교수·학습 활동이 용이한 학습지를 구안하는 것이 좋다. 다음에 제시하는 활동은 소집단 쓰기 활동에서 발현된 아동들의 다양한 반응과 그것을 학습지로 구체화한 경우이다.

가) 한 가지 소리 활동

소리 활동의 가장 기초 단계이며, 미숙한 학습자들의 단어와 문장 연습에 활용되는 한 가지 소리 활동은 반복 수행을 통해서 두 가지 소리나, 세 가지 소리 활동으로 나아갈 수 있다. 주로 소리에 대한 느낌이나 관련된 생각들을 표현하는 활동을 위주로 한다. 쓰기의 가장 기본이 되는 것은 자신의 생각과 느낌을 표현할 수 있는 낱말을 찾는 것이다. 소리는 이야기나 그림 등에 비해 빠르고, 쉽게 관련된 언어를 생각해 낼 수 있다. 일상생활 속의 소리를 선별하여, 명확하고 쉽게 전달될 수 있도록 준비하는 것이 중요하다. 흥미를 높이기 위해 소리의 상태를 약간 변환하거나, 소리의 크기를 달리하여 집중력을 높일 수 있다.

① 소리듣기
· 귀뚜라미 소리
② 소리 이름 맞추기
· '귀뚜라미', '귀뚜라미 울음소리', '귀뚜라미 웃음소리', '귀뚜라미 날개 소리' 등.
③ 느낌 표현하기
· '어둡고 칙칙하다.', '조그맣다', '외롭다', '떨고 있다.', '갇혀있다' 등.
④ 관련된 것 상상하기
· '달 밝은 가을 밤', '시골 할머니 댁 부엌', '추수를 끝낸 들판', '귀신이 나올 것 같은 무서운 집', '혼자서 걸어가는 골목길' 등

순	활 동	표현 1	표현 2	표현 3
①	소리듣기	귀뚜라미 소리		
②	소리이름 맞추기	'귀뚜라미', '귀뚜라미 울음소리', '귀뚜라미 웃음소리', '귀뚜라미 날개 소리' 등.		
③	느낌 표현하기	'어둡고 칙칙하다.', '조그맣다', '외롭다', '떨고 있다.', '갇혀있다' 등.		
④	관련된 것 상상하기	'달 밝은 가을 밤', '시골 할머니 댁 부엌', '추수를 끝낸 들판', '귀신이 나올 것 같은 무서운 집', '혼자서 걸어가는 골목길' 등.		
⑤	단 어	'귀뚜라미', '울음', '웃음', '날개', '어둠', '외로움', '떨다', '갇히다', '달', '가을밤', '할머니댁', '추수', '들판', '귀신', '무서움', '혼자', '골목길' 등.		
⑥	문 장	'달 밝은 가을 밤', '추수 끝낸 들판의 외로운 귀뚜라미', '시골집 부엌에서 떨고 있는 귀뚤이', '집으로 돌아오는 어두운 밤 골목길 울고 있는 귀뚜라미' 등		
⑧	문 단			

나) 두 가지 소리 활동

두 가지의 소리를 따로 준비하여 활동을 하게 한다. 한 가지 소리만을
들려주는 것과는 달리, 한 가지 소리를 듣고 활동 한 후에 같은 방식으로
한 가지 소리를 더 들으면서 이전의 활동을 반복한다. 즉, 소리는 두 가지
이지만 그 소리를 동시에 들려주는 것이 아니라 하나의 소리를 듣고 그 소
리에 대한 생각과 느낌, 낱말 등을 표현한 후에 다른 또 하나의 소리를 듣
고 앞에서 활동한 것과 같은 방식으로 활동을 한다. 이 두 가지 소리에 대
한 활동의 연관은 두 소리에 대한 느낌과 생각 그리고 낱말을 유기적으로
결합하여 문장을 만들 수 있다는 것이다. 따라서 두 가지의 소리는 어떤
방식으로든 연관성이 있어야 한다. 가급적이면 생활 속에서 들을 수 있는
소리들이어야 하며, 그 두 가지 소리들이 복합적인 상황에서 발생할 수 있
는 것이어야 한다. 그러나 무엇보다 중요한 것은 소리의 특성을 갖는 것이
다. 학습자의 쓰기 욕구와 흥미를 자극할 수 있으며, 소리에 대한 호기심
을 유발할 수 있는 소리야말로 표현을 유발할 수 있다. 두 가지 소리 활동
은 단어에서 문장으로 나아가는 단계이며, 두 가지 소리를 통해 표현된 문
장은 다양한 변용을 통해서 문단을 구성할 수 있기 때문이다. 소리는 명료
하고 명확해야 하며, 두 가지 소리를 동시에 섞었을 경우 조화를 이룰 수
있다면 더욱 효과적이다.

① 소리 듣기
·기차가 달릴 때 나는 소리, 아기 울음소리.
② 소리 이름 맞추기
·기차 ~ '기차소리', '기차가 달리는 소리', '기차가 철로를 달리는 소리' 등.
·아기 ~ '아기 울음', '아기가 젖 달라는 소리', '아기가 엄마 찾는 울음
소리' 등.

③ 느낌 표현하기

· 기차 ~ '빠르고 경쾌함', '시끄럽다', '여행을 떠나고 싶다', 등

· 아기 ~ '불쌍하다', '배고프다', '아프다', '엄마가 보고 싶다', '무섭다' 등.

④ 관련된 것 상상하기

· 기차 ~ '지난여름 온 가족이 여행 가던 일', '기찻길 옆 오막살이', '길
　고 구불구불한 기차 레일' 등

· 아기 ~ '어릴 적 엄마가 보고 싶어서 울던 일', '아기들은 울음소리로
　말을 한다' 등

36

순	활 동	표현 1	표현 2	표현 3
①	소리듣기	기차가 달릴 때 나는 소리	아기 울음소리.	
②	소리이름 맞추기	'기차소리', '기차가 달리는 소리', '기차가 철로를 달리는 소리' 등.	'아기 울음', '아기가 젖 달라는 소리', '아기가 엄마 찾는 울음소리' 등.	
③	느낌 표현하기	'빠르고 경쾌함', '시끄럽다', '여행을 떠나고 싶다', 등	'불쌍하다', '배고프다', '아프다', '엄마가 보고 싶다', '무섭다' 등.	
④	관련된 것 상상하기	'지난여름 온 가족이 여행 가던 일', '기찻길 옆 오막살이', '길고 구불구불한 기차 레일' 등	'어릴 적 엄마가 보고 싶어서 울던 일', '아기들은 울음소리로 말을 한다' 등	
⑤	단 어	'기차', '레일', '철로', '기차길', '달리다', '기적', '빠르다', '소음', '여행', '떠남', '지난여름', '오막살이', '길다', '구불구불' 등	'아기', '울음', '배고픔', '엄마', '그리움', '젖', '불쌍하다', '아프다', '보고 싶다', '무섭다' 등.	
⑥	문 장	'지난여름 기차 여행', '길고 구불구불한 철로 옆의 작은 집들', '빠르게 달리는 기차, 멀어지는 기적 소리', '기차길 따라 떠나고 싶은 여행' 등.	'젖 달라고 보채는 아기 울음', '엄마가 그리워 울고 있어요.', '울음으로 말하는 아기', '아무도 없는 방에서 혼자 무서워 울고 있네', '어디가 아파서 울고 있을까?' 등.	
⑧	문 단	지난여름 기차 여행 기차길 옆 작은 집에서 아기가 울고 있어요. 어디가 아파서 우는 걸까? 젖 달라고 우는 걸까? 엄마 찾아 우는 걸까? 아냐, 기적 소리 무서워 우는 걸 거야.		

다) 세 가지 소리 활동

각각의 소리를 한 곳에서 들려주는 방식을 취하는 경우가 일반적이지만, 소리를 들려줄 수 있는 학습 기재가 교육 공간에 여러 대 있다면 각기 다른 곳에서 들려주는 것이 훨씬 효과적이다. 가령 세 가지의 소리가, 녹음기, 비디오, 텔레비전, 컴퓨터 등의 장치에서 따로 따로 나올 경우 소리나는 곳이 서로 다르기 때문에 호기심을 자극할 뿐 아니라 동기 유발에 효과적이다. 이것은 마치 극장의 음향이 분리되어 나오는 스테레오 돌비 효과와 흡사하다. 이 세 가지 소리가 각각 다른 위치에서 하나씩 분리되어 나오고 학습자는 소리의 순서에 따라 느낌과 상상을 표현하는 활동을 한다. 세 가지 소리 활동은 두 가지 소리 활동과 같이 하나의 소리를 순차적으로 들려주면서 학습자의 생각과 느낌, 단어, 문장 등을 표현하는 것이다. 세 가지의 소리를 듣고 활동을 한 후에 문단을 구성하는 활동에서 교사는 세 가지 소리를 한꺼번에 번복해서 들려주도록 한다. 최근의 학습 공간(교실)에는 최소한 세 가지 이상의 음향 기기들이 갖추어져 있기 때문에 교사의 적절한 사전 준비가 있다면 보다 효과적이고 흥미 있는 쓰기 활동을 수행할 수 있을 것이다.

① 소리 듣기
· 새소리, 시냇물 흐르는 소리, 아이들의 웃음소리
② 소리 이름 맞추기
· 새소리 ~ '종달새', '뻐꾸기', '참새', '까치' 등.
· 시냇물 ~ '물 흐르는 소리', '수돗물 소리', '강물 소리', '폭포', '냇물 소리' 등.
· 아이들 ~ '웃음소리', '떠드는 소리', '노는 소리', '이야기 하는 소리' 등
③ 느낌 표현하기
· 새소리 ~ '밝고 명랑', '하늘을 나는 기분', '봄이 오는 기분', '따뜻함',

'상쾌함' 등.

· 시냇물 ~ '깨끗함', '시원한 여름', '물장구를 치고 싶다.', '차가움' 등.

· 아이들 ~ '즐거움', '명랑', '활발', '이리 저리 뛰어다님', '자유로움' 등.

④ 관련된 것 상상하기

· 새소리 ~ '숲 속의 솔바람', '높이 나는 비행기', '하늘, 구름, 태양', '즐거운 노래' 등.

· 시냇물 ~ '시골 뒷산', '물장구치며 놀기', '물고기 잡기', '여름 수련회', '친구들' 등.

· 아이들 ~ '내 짝꿍', '우리 반 아이들', '운동장', '어릴 적 친구들', '생일 잔치' 등.

순	활 동	표현 1	표현 2	표현 3
①	소리듣기	새소리	시냇물 흐르는 소리	아이들의 웃음소리
②	소리이름 맞추기	'종달새', '뻐꾸기', '참새', '까치' 등.	'물 흐르는 소리', '수돗물 소리', '강물 소리', '폭포', '냇물 소리' 등	'웃음소리', '떠드는 소리', '노는 소리', '이야기 하는 소리' 등
③	느낌 표현하기	'밝고 명랑', '하늘을 나는 기분', '봄이 오는 기분', '따뜻함', '상쾌함' 등	'깨끗함', '시원한 여름', '물장구를 치고 싶다.', '차가움' 등.	'즐거움', '명랑', '활발', '이리 저리 뛰어다님', '자유로움' 등.
④	관련된 것 상상하기	'숲 속의 솔바람', '높이 나는 비행기', '하늘, 구름, 태양', '즐거운 노래' 등.	'시골 뒷산', '물장구 치며 놀기', '물고기 잡기', '여름 수련회', '친구들' 등.	'내 짝꿍', '우리 반 아이들', '운동장', '어릴 적 친구들', '생일잔치' 등
⑤	단 어	'종달이', '뻐꾹새', '지지배배', '까치', '밝음', '상쾌함', '봄맞이', '숲', '솔바람', '비행기', '하늘', '구름', '해', '즐거움', '노래' 등	'물', '소리', '수돗물', '강', '폭포', '냇물', '물장구', '차가움', '여름', '시골', '뒷동산', '물고기', '수련회', '친구들' 등.	'웃음', '떠들다', '놀이', '이야기', '즐거움', '명랑', '활발', '뛰놀다', '자유', '짝꿍', '우리 반', '아이들', '운동장', '어릴 적', '친구들', '생일잔치' 등
⑥	문 장	'봄이 오는 소리', '숲 속의 솔바람을 타고 들려오는 종달새 노래', '새 소리를 들으면 하늘을 나는 기분이에요.', '참새들이 지저귀는 즐거운 노래 소리' 등.	'시골집 뒷동산의 작은 시냇물', '여름에 고기 잡고 물장구치던 작은 시내', '폭포를 타고 오르는 힘찬 물고기', '지난여름 수련회에서 친구들과 놀던 강가' 등.	'여기 저기 모여 있는 친구들의 웃음소리', '어릴 적 친구들과 뛰놀던 기억', '즐거운 이야기에 웃음꽃이 만발', '운동장을 자유롭게 뛰어다니는 내짝꿍' 등
⑧	문 단	봄이 오는 소리 시골 집 뒷동산 작은 시냇물 숲 속의 솔바람 타고 들려오는 작은 새의 지저귐 어릴 적 뛰놀던 기억 지난여름 수련회에서 친구들과 놀던 일 물장구치던 작은 시내에서 봄이 오는 소리가 들려요.		

2) 섞인 소리 듣고 쓰기

몇 가지의 주제별, 특성별, 느낌별로 선별된 소리들을 한꺼번에 녹취하여 들려준다. 한 가지의 소리만을 가지고 하였을 경우보다 훨씬 더 집중력을 필요로 할 뿐 아니라, 다양한 상상력의 발현과 폭넓은 연상 작용을 일으킨다. 섞인 소리들이 무엇인지를 알아내는 것만으로도 충분한 동기를 유발할 뿐 아니라 소리가 갖고 있는 느낌을 표현하고 그 느낌을 통해 관련된 연상 작용을 함으로써 풍부한 언어를 표현할 수 있게 한다.

섞인 소리의 이름을 알아맞히는 것만으로도 충분한 학습 동기가 유발된 학생들은 다음 단계로 넘어가기 위한 집중력을 발휘한다. 한 가지 소리 활동을 하였을 경우와 마찬가지로 쓰기 수행 성취도에 근거하여 학습자의 수준에 적합한 소리의 수와 선별 작업을 신중하게 하여야 한다. 가능하다면 섞인 소리는 하나씩 분리할 수 있는 것이 좋다. 여러 가지의 소리가 혼합되어 있을 경우 기기의 결함이나 쓰기 공간의 상황에 따라 소리의 판별이 매우 어려운 경우가 있기 때문이다. 이럴 때에 소리를 하나씩 따로 들려주고 다시 섞인 소리를 들려주면 보다 효과적으로 쓰기 수업을 진행할 수 있다.

한 가지씩 들려주기와는 달리 섞인 소리를 듣고, 느낌과 상상을 하는 활동은 통합적으로 이루어진다. 한 가지 소리를 들은 후에 느낌과 상상을 적고, 그 활동이 끝난 후 다른 한 가지 소리를 듣고 똑같은 활동을 반복한 후에 각각의 소리에 대한 느낌과 상상을 연계하는 것과는 달리 섞인 소리 활동은 학습자가 먼저 인지한 소리에 대한 것부터 활동을 수행한다. 뿐만 아니라 학습자들의 성취도에 따라 제한된 시간 안에 활동을 수행하는 방식과 양도 다를 것이다. 가령 다섯 가지의 소리를 혼합하여 들려줄 경우(소리의 선명도와 혼합 상태, 기기의 종류, 인지도 등을 고려하였을 때 다섯 가지 이상의 소리를 혼합하는 것은 무리이다.) 학습자에 따라서 한 가지에서 다섯 가지 까지 인지의 정도가 매우 다르다. 소리의 인지 순서 또한 서로 다르기 때문에 느낌이나 상상이 학습자 모두에게서 순차적으로 일어나지 않는다. 결국 섞인 소리를 듣고 활동하는 쓰기 시간은 소리듣기에서 문단까지의 통합 활동으로 이루어진다.

소리의 주제와 특성 등의 난이도에 따라 소집단 활동으로 진행하는 것이 보다 효과적일 수 있다. 소집단 쓰기 활동은 동기 유발에 매우 효과적일 뿐 아니라 미숙한 학습자와 능숙한 학습자를 유기적으로 연결하여 흥미와 쓰기 성취도를 공유하여 모든 학습자들의 쓰기가 가능하다. 쓰기 수행 성취 기준안에 의해 학습자의 수준을 판별하고 그에 적합한 활동 방법을 부여한 후에 학습자의 성취 진행 속도에 따라. 능숙한 학습자는 미숙한 학습자를 보조하여 활동을 효과적으로 수행할 수 있게 된다.

① 소리 듣기
· 구세군 종소리, 눈 밟는 소리, 성탄 노래 소리, 자동차 소음, 사람들의 목소리.
② 소리맞추기
· 구세군 종소리 ～ '종소리', '두부장수 소리', '학교 종', '자선냄비 소리', '교회 종' 등.
· 눈 밟는 소리 ～ '빨래 소리', '비비는 소리', '눈 위를 걷는 소리', '거울 닦는 소리'.
· 성탄 노래 소리 ～ '징글벨 소리', '노래', '성탄 노래', '크리스마스 노래' 등.
· 자동차 소음 ～ '길거리 소음', '자동차 엔진', '버스 소리', '택시 소리', '자동차 소리'.
· 사람들 목소리 ～ '떠드는 소리', '길거리 사람들 소리', '극장 안', '텔레비전 소리', '라디오에서 나는 소리', '싸우는 소리', '예배 보는 소리' 등.
③ 느낌 표현하기
· 구세군 종소리 ～ '처량함', '은은함', '불쌍하다', '기쁨이 넘침', '불길함', '소란함' 등.
· 눈 밟는 소리 ～ '깔끔함', '소름끼침', '행복함', '놀고 싶은 마음', '기쁨' 등.

· 성탄 노래 소리 ~ '행복', '즐거움', '탄생', '구원', '기쁨', '선물', '웃음' 등.

· 자동차 소음 ~ '소란스러움', '분주함', '혼잡스러움', '다툼', '바쁨', '지겨움' 등.

· 사람들 목소리 ~ '분주함', '소란', '혼잡함', '바쁨', '기쁨', '방문', '만남' 등.

④ 관련된 것 상상하기

· 구세군 종소리 ~ '성탄절', '멀리서 울려 퍼지는 예배당 종소리', '불우이웃 돕기', '우리 반 고아원 아이', '교실의 아이들이 떠들 때 치는 선생님의 종' 등.

· 눈 밟는 소리 ~ '떠들다 걸려서 닦던 교실 유리창문', '함박눈이 펑펑 쏟아지는 겨울밤', '달빛에 반짝이는 하얀 들판', '눈썰매 타던 지난겨울', '이리저리 뛰어다니는 행복한 바둑이' 등.

· 성탄 노래 소리 ~ '크리스마스이브', '산타클로스 할아버지의 선물', '촛불 들고 집집마다 돌아다니면 부르던 성탄 노래', '십자가에 못 박혀 돌아가신 예수님', '예수님의 탄생', '크리스마스트리와 양말에 담긴 선물', '굴뚝으로 내려오는 뚱뚱한 산타클로스와 루돌프 사슴'.

· 자동차 소음 ~ '길거리에 가득 찬 자동차', '추석에 시골 내려가던 지겨운 고속도로', '새로 산 우리 집 자동차', '아빠 차타고 선물을 사러 가던 일'.

· 사람들 목소리 ~ '시장에 모인 사람들', '크리스마스이브의 길거리를 오가는 사람들', '온 가족이 한 데 모여 이야기를 나누는 기쁨' 등.

순	활동	표 현
①	소리듣기	구세군 종소리, 눈 밟는 소리, 성탄 노래 소리, 자동차 소음, 사람들의 목소리
②	소리이름 맞추기	'종소리', '두부장수 소리', '학교 종', '자선냄비 소리', '눈 위를 걷는 소리', '거울 닦는 소리', '성탄 노래', '크리스마스 노래', '자동차 소리','떠드는 소리', '길거리 사람들 소리', '극장 안', '텔레비전 소리'
③	느낌 표현하기	'은은함', '불쌍하다', '기쁨이 넘침', '행복함', '놀고 싶은 마음', '기쁨', '탄생', '구원', '기쁨', '선물', '분주함', '혼잡스러움', '방문', '만남'
④	관련된 것 상상하기	'성탄절', '멀리서 울려 퍼지는 예배당 종소리', '불우이웃 돕기', '함박눈이 펑펑 쏟아지는 겨울 밤', '달빛에 반짝이는 하얀 들판', '눈썰매 타던 지난겨울', '크리스마스트리와 양말에 담긴 선물', '굴뚝으로 내려오는 뚱뚱한 산타클로스와 루돌프 사슴', '아빠 차를 타고 선물을 사러 가던 일', '크리스마스이브의 길거리를 오가는 사람들', '온 가족이 한 데 모여 이야기를 나누는 기쁨'
⑤	단어	'종소리', '눈', '성탄', '자선냄비', '거울', '크리스마스', '거리', '은은함', '넘치는 기쁨', '탄생', '구원', '선물', '만남', '방문', '만남' 등
⑥	문장	'흰 눈 쌓인 들판', '멀리 울려 퍼지는 성탄의 종소리', '온 가족이 한 데 모여 나누는 기쁨', '선물을 사러 거리를 오가는 사람들', '굴뚝을 타고 내려오는 산타클로스 할아버지' 등
⑧	문단	흰 눈 쌓인 들판 썰매를 끌고 달리는 루돌프 사슴코 성탄의 종소리가 멀리서 울려 퍼지면 도시의 사람들은 선물을 사기 위해 분주하고, 온 가족이 한 데 모인 시골 집 안방엔 굴뚝을 타고 내려오는 산타클로스의 기다림 누구의 선물을 갖고 오실까?

섞인 소리 듣고 쓰기의 활동 결과는 학습자의 쓰기 성취도에 따라 매우 다양한 형태로 나타난다. 몇 가지의 소리가 혼합되어 있기 때문에 한 가지씩 소리를 들려주고 활동을 하였을 때와는 달리 매우 불규칙하고 연속성이 없어 보인다. 그것은 학습자가 소리를 인지할 때에 어떤 소리인 지를 파악하려고 하는 집중력과 정확한 소리를 파악하지는 못했지만 느낌으로 받아

들이는 소리가 서로 다르기 때문이다. 따라서 들은 소리와 느낌이 서로 다를 수 있으며, 관련된 것을 상상하는 과정에서도 들은 소리와는 전혀 다른 것들을 관련지을 수 있다. 쓰기 성취도가 높은 능숙한 학습자의 경우에는 서로 유기적인 관련을 맺고 있다.

나. 가사 쓰기

가사 쓰기는 노래 말이 들어있는 모든 음악을 대상으로 한다. 노래 말이 들어있는 음악은 두 가지 유형으로 존재할 것이다. 하나는 기존의 글이나 말에 가락을 붙이거나 가락에 노래 말을 붙이는 경우이다. 가락이 존재하는 역사와 병행하여 가사의 역사가 존재한다. 좋은 곡에는 좋은 가사가 존재하며, 좋은 글에는 좋은 곡을 붙이려는 욕구가 작용한다. 따라서 음악은 좋은 글을 쓸 수 있는 동기를 유발한다.

따라서 가사 쓰기 대상 음악은 보다 개방적이어야 하며, 쓰기 욕구와 흥미를 유발할 수 있는 학습자 선호 중심의 것이어야 한다. 만일 학습자들이 교과 음악에 호감을 갖고 있다면 당연히 교과 음악을 중심으로 활동을 수행하여야 한다. 그러나 대중음악의 학습자 지배 성향을 무시할 수는 없기 때문에 대중음악의 긍정적인 면을 찾아 좋은 곡을 선별하여 적용하는 포용적 교수·학습 활동을 고려해야 할 것이다. 학교 음악은 학교 음악대로 교육적인 내용과 의미를 담고 있지만 대중음악 또한 그 나름대로 학습자에게 유용한 내용을 많이 담고 있다. 다음은 초등학교 4학년 음악 교과서에 나오는 임교순 작사·이수인 작곡의 '방울꽃'과 체리필터라는 음악 그룹의 '낭만 고양이'라는 청소년 인기 대중음악을 대상텍스트로 하여 변용한 예이다.

· 대상텍스트

방울꽃

아무도 오지 않는 깊은 산 속에
쪼로롱 방울꽃이 혼자 폈어요.
산새들 몰래몰래 꺾어갈래도
쪼로롱 소리날까 그냥둡니다.

· 변용텍스트

개나리

뒷동산 울타리에 활짝 피어서
등굣길 웃으면서 반겨 주지요
한송이 몰래몰래 꺾고 싶어도
선생님 보실까봐 그냥갑니다.

대상텍스트의 분위기를 그대로 살려서 옮겨놓은 듯하다. 초등학교 저학년 학생들의 경우에는 대중음악에 별로 민감하지 않기 때문에 교과서에 수록되어 있는 곡을 같이 부르고, 가사의 내용을 음미한 후에 가사를 제외한 곡을 다시 한 번 들으면서 변용 활동을 하는 것이 효과적이다. 개별 쓰기 활동을 할 수도 있겠지만 소집단 학습이 보다 효과적이다. 가사 쓰기 변용의 경우는 단순히 글을 쓰는 활동으로 끝이 나는 것이 아니라 새롭게 재구성한 가사에 가락을 붙여 노래를 불러보는 것이 좋다.

· 대상텍스트

낭만 고양이

내 두 눈 밤이면 별이되지
나의 집은 뒷골목 달과 별이 뜨지요.
두 번 다신 생선 가게 털지 않아.
서럽게 울던 날들 나는 외톨이라네.

이젠 바다로 떠날 거에요, 더 자유롭게.
거미로 그믈쳐서 물고기 잡으러

나는 낭만 고양이
슬픈 도글을 비춰 춤추는 작은 별 빛
나는 낭만 고양이
홀로 떠나가버린 깊고 슬픈 나의 바다여!

깊은 바다 자유롭게 날던 내가
한 없이 밑으로만 가라앉고 있는데
이젠 바다로 떠날 거에요, 더 자유롭게.
거미로 그믈쳐서 물고기 잡으러.

나는 낭만 고양이
슬픈 도글을 비춰 춤추는 작은 별 빛
나는 낭만 고양이
홀로 떠나가버린 깊고 슬픈 나의 바다여!

소외된 도시의 외로움을 고양이에 비유하여 나타낸 이 노래 가사는 고양
이의 날렵함을 느끼게 하는 빠른 박자의 가락에 붙여져 있다. 음악성이나

유행성을 고려하지 않는다고 하여도 가사만으로 훌륭한 완성도를 보여주고 있다. 청소년들이 좋아하는 대중가요가 기성세대의 시각처럼 삐뚤어지거나 왜곡되지 않았다는 것을 보여주는 예이다.

청소년들은 자신이 속한 집단에서 자신들이 좋아하는 음악과 노래 가사를 이용하여 자신들의 의지를 전달한다. 다분히 자율적이고 기본적인 욕구의 충족을 위한 것이며, 그들 세대의 성취를 위한 수단으로서의 '노래 가사 바꿔 부르기'가 그것으로 운동회나 학예회, 야영수련이나 수학여행, 축제나 파티 등 다양한 장소에서 다양한 방식으로 표현되어지는 텍스트 변용 활동이다. 자신들이 선호하는 음악에 자신들의 의지가 담긴 가사를 만들어 노래 부를 수 있다는 만족감이 쓰기 효과를 더해준다. 학습자 스스로 원하는 활동이기 때문에 다른 어떤 교육보다 적극적이고 자율적이다. 공동의 관심사를 공동 작업을 통해 표현하기 때문이다. 목적이 분명하고 방법이 구체적이기 때문에 자연스러운 쓰기 활동이 수행되는 것이다. 다음은 초등학교 육 학년 어린이들이 가을 운동회의 응원가로 쓰기 위해 앞의 곡을 하여 변용한 예이다.

· 변용텍스트

우리 반 달리면 일등하지
이등도 좋지만 일등만이 목표지
두 번 다시 넘어지지 않게 해
꼴등 해 울던 날들 우린 정말 슬펐어.

이젠 정말로 승리할 거에요, 더 빠르게!
신발 끈 고쳐 메고 운동장 달리러.

우린 6학년 8반
슬픈 과거는 없어 용기만이 우리 것

우린 6학년 8반
함께 협동하면서 앞서 가는 우린 응암인.

학교생활 재미없어 하던 내가
한없이 기쁘게만 느껴지는 이유는
이제 8반이 좋아진 거야, 정말이야.
열심히 공부하고 열심히 놀고.

우린 6학년 8반
슬픈 과거는 없어 행복만이 우리 것
우린 6학년 8반
함께 사랑하면서 아껴 주는 우린 미래야.

가사 쓰기는 다른 변용 활동에 비해 적극적이고 창의적일 뿐 아니라 자유롭고 명랑한 분위기 형성이 가능하다. 학습자들이 속한 집단의 성격이나 연령에 관계없이 공통으로 선호하는 음악을 대상으로 하였기 때문에 별도의 안내나 활동 준비물이 필요하지 않다. 공간의 제약도 없으며, 발표의 제약도 없다. 목적은 운동회의 응원이었고 가사 쓰기 변용 활동의 대상텍스트는 '낭만 고양이'라는 대중가요이다. 이러한 변용 활동을 통해 재구성된 텍스트는 다양한 장소에서 불려진다. 구체적이고 명시적인 목적과 방법의 제시만으로 짧은 시간 내에 가장 효과적이고 협동적으로 재구성된다.

명시적인 목적은 텍스트 변용 활동의 핵심으로 다양한 목적을 통해 다양한 텍스트 변용의 동기가 된다. 가사 쓰기에서 재구성된 텍스트는 그에 어울리는 효과음과 배경 음악을 넣어 낭송하거나 합창하는 것이 좋다. 가사 쓰기를 통해 재구성된 텍스트를 문자화하고 거기에 새로운 음악을 추가하는 것이다. 대상텍스트의 가락을 변용하여 가사를 문자화하고 새로운 감상곡을 배경으로 낭송되거나 합창되는 작품은 텍스트 변용 활동의 또 다른 대상텍스트가 될 수 있다. 텍스트는 끊임없이 변화하며 대상텍스트의 변용

은 한 번으로 끝나는 것이 아니라 학습자의 의지에 따라 지속적으로 변화
할 수 있는 유동성을 갖고 있기 때문이다.

다. 이야기 듣고 쓰기

이야기를 할 때 우리는 두 종류의 공동체 즉, 이야기하는 사람과 듣는
사람 그리고 이야기하는 사람과 자기 자신이라는 두 집단을 형성한다. 이
두 집단은 동시에 작용하지만 다른 기능을 한다. 이야기하는 사람은 자신
이 알고 있는 것처럼 이야기의 전혀 다른 부분을 이끌어 내며, 말하면서
이야기를 발견해 간다. 발견과 기억 그리고 경험은 연결, 세부, 감정, 강
조와 형상에 영향을 미친다. 청자에게 이야기는 마술적인 시간과 공간을
창조한다. 마음의 눈으로 보면 이야기는 우리가 원하는 곳으로 우리를 데
려다 준다. 우리들 사이에 공명하는 이야기는 그 안에서 안전하게 상상하
고 창조하고, 탐구하고, 경험하게 한다. 우리들의 자아감은 깊어지며, 세
계를 이해하는 방법이 넓어지고 깊어짐에 따라 좀 더 잘 이해할 수 있게
된다.[10)]

이야기를 말로 한다는 것은 이야기 텍스트를 소리 내어 읽는 것, 알고
있는 이야기를 기억하여 말하는 것, 이야기를 지어 말하는 것 모두를 의미
한다. 즉, 줄거리가 있는 내용의 민담, 동화, 신화, 전설, 소문, 사건 등을
소리 내어 말하는 것이다. 이야기 말하기는 주로 의사소통 능력을 신장하
기 위한 언어 교수·학습 방법으로 활용되어 왔다. 어린이들이 집단 앞에
서 말하기 활동을 함으로써 얻어지는 언어 사용 능력은 일상생활의 언어
활동뿐 아니라 어휘력을 신장 시켜준다. 또한 각자가 갖고 있는 이야기들
을 말하고 들음으로써 배경 지식을 활성화한다. 이야기를 말하는 것은 대
리 경험을 가능하게 하고 자신의 생각과 느낌을 담아 전하기 때문에 자신

---

10) 앞의 책, p.222.

의 존재에 대한 애착과 확신을 갖게 하여 준다. 다른 문화와 시대의 이야기를 듣고 말하는 과정에서 학생들은 자신과는 다른 삶을 사는 사람들과 자신을 서로 분리시키기보다 그들의 일부라고 정의함으로써 인간 공동체에서 자신의 위치를 찾을 수 있게 도움 받는다.

이야기 듣고 쓰기는 전하는 이와 듣는 이의 상상력이 매우 자연스럽게 발현되는 활동이다. 말하고 듣는 과정 속에서 장면과 사건을 상상하고 이어질 내용을 예견하기도 한다. 전달되는 이야기가 얼마나 집단의 관심을 끌 수 있는가가 화자와 청자 사이에 존재하는 상상력의 크기를 좌우한다. 집단의 관심을 끌어들일 수 있고, 풍부한 상상력을 발현시킬 수 있는 한 이야기의 양은 제한적이지 않다. 다만 이야기를 통해서 발현된 상상력이 어떻게 변용되어 재구성되는 가에 관심을 가져야 한다. 이야기 듣고 쓰기에 활용되는 텍스트는 읽은 것, 본 것, 들은 것, 지어낸 것 등 학습자의 상상력을 자극할 수 있는 것이면 무엇이든 가능하다. 그것은 문자나 그림, 혹은 영상 등으로 존재하거나 기억, 창의적 사고에 의한 상상력 등으로 존재한다. 그러나 그 모든 형태의 텍스트는 이야기로 전달된다. 따라서 듣는 이가 이야기를 모두 받아 적거나 그대로 녹취하기 전에는 이야기는 텍스트 본래의 모습 그대로를 유지하기가 쉽지 않다. 따라서 이야기를 듣는 사람은 텍스트 내용을 자신의 기억과 상상력에 의존해야 한다.

이야기 텍스트를 대상으로 글을 쓰는 과정은 통합적인 성격을 갖는다. 능숙하고 재능이 있는 학습자는 이야기 텍스트로부터 자신만의 상상계를 구성한다. 이야기를 기억하고 재생하기 위해서 동원되는 어휘는 이야기 화자가 소유한 원래의 텍스트와 일치할 수도 있으나 전혀 새로운 방향으로 표현되어 지기도 한다. 이야기를 통해 구성한 상상계에 새로운 어휘를 가미하고 학습자 자신의 창의력을 발휘하여 이야기에서 출발한 새로운 글을 쓸 수 있다.

이것은 이야기 텍스트가 새로운 모습으로 재구성되는 모든 과정을 구조적으로 통합할 수 있는 학습자에게 제한적으로 적용되는 경우이다. 대부분의 학습자는 이야기의 구연을 통해서 글을 쓸 수 있는 가에 의문을 갖는 다. 학습자들의 배경 지식에 잠재된 이야기에 대한 관념은 시에 대한 것과 는 상당한 차이가 있다. 우선 텍스트의 크기에 관한 첫 인상이 그것이며, 쓰기 활동은 무엇인가를 만들고 구성해 가는 것이지 작게 축소하는 것이 아니라는 기존의 인식이 그것이다. 존재하는 모든 유형의 텍스트를 학습자 개인의 상상력을 동원하여 다양하게 표현하는 것이 쓰기임에도 불구하고 학습자들, 특히 쓰기 성취도가 미숙한 학습자들은 기존의 텍스트를 다양한 방법으로 표현할 수 있는 자신의 능력에 대해 회의를 갖는다.

이야기 듣고 쓰기는 원래의 텍스트를 함축적인 언어로 표현할 수 있는 변용 능력을 길러준다. 이야기 텍스트의 내용을 학습자 자신의 배경 지식 을 동원하여 새롭게 받아들이고, 상상력과 창의성을 동원하여 다양한 표현 을 한다. 이러한 변용 활동은 다음과 같은 통합적 교수·학습 절차에 의해 효율적으로 수행된다.

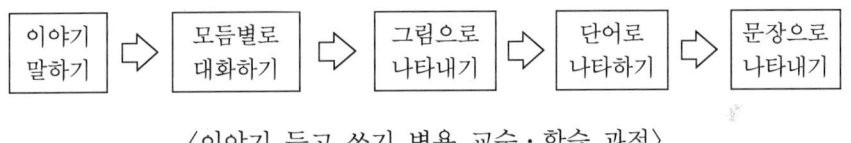

〈이야기 듣고 쓰기 변용 교수·학습 과정〉

이야기 말하기는 소집단 활동이 가장 효과적이다. 이야기 텍스트 는 교사에 의해 사전에 준비될 수도 있으나 이야기 듣고 쓰기 활동 을 하기로 약속한 학습 시간 이전에 소집단별로 이야기 텍스트를 준 비하도록 하는 것이 효과적일 뿐 아니라 학습 시간 운영상 경제적이 다. 이미 알고 있는 이야기를 즉흥적으로 재생하여 발표할 수도 있 겠으나, 쓰기 활동 수업의 운영상 학습자가 미리 준비한 이야기들을 상호 교환하여 읽어보거나 대표자를 선정하여 발표하는 것이 좋다. 물론 시간이 충분하다면 소집단 구성원 모두가 이야기를 발표한 후에 한 가지 이야기를 선택할 수도 있다. 이때 교사는 수업 계획 단계에서 학습자에게 적용이 가능한 수준별 이야기들을 미리 선별하여 놓은 작업이 필수적이다. 때로는 학습자들의 이야기가 쓰기 활동에 부적절할 수도 있다는 예측을 하고 있어야 하는 것이다. 또한 사전에 이야기를 준비할 수 없었던 학습자나 소집단을 위한 사전 배려이기도 하다.

단어와 문장을 재구성하여 하나의 글을 쓰는 활동 자체가 개별 학습보다는 협동 학습으로 하는 것이 효과적이다. 이야기 구성원의 수는 자유로운 분위기와 이야기 전달 경로 등을 감안하여 3~5명의 구성이 적절하다. 육성으로 전달될 수 있는 최소한의 공간 내에서 대화를 하고, 협동작업을 통해 이야기 내용을 그림 텍스트로 재구성하며, 이야기 텍스트에 어울리는 적절한 단어를 생각해야 하기 때문이다.

소집단별 대화는 이야기에 관한 것이다. 이야기를 하게 된 동기나 배경에 관한 것, 이야기에서 보충할 부분이나 필요 없는 부분, 들은 사람들의 기분이나 느낌, 말하지 않은 이야기의 앞이나 뒷부분, 이어질 내용의 상상 등 이야기를 통해서 얻을 수 있는 모든 것들이 포함된다. 이야기를 발표한 학습자의 부담을 줄이기 위해 일방적인 질문과 대답을 하기보다는 각자의 생각과 의견을 교환하는 방식으로 대화를 진행하는 것이 좋다. 자신의 생각과 상상을 상대방의 것과 비교하는 것은 좋으나 대립하거나 무조건 반대하는 등의 행위는 올바른 방법은 아니다. 자칫 소집단 구성원 간의 의견 마찰로 다음 활동의 진행이 어려워질 우려가 있을 뿐 아니라, 부정적 사고로 인한 쓰기 활동의 의욕 저하로 나타날 수 있기 때문이다. 종종 학습자 간의 대화 내용이 자신의 의견을 일방적으로 관철하려는 방향으로 흐르는 것을 볼 수 있다. 이럴 경우 교사의 중재는 쓰기 활동에 절대적인 영향을 미친다. 대화는 의견을 조율하고 자신의 생각과 상상력을 표현하는 것이지 다른 사람의 생각과 상상력을 무시하는 것이 아니라는 것을 반드시 주지시킬 필요가 있다.

그림으로 나타내는 활동은 대화를 통해 얻은 정보를 학습자의 상상력을 동원하여 텍스트의 형태를 변용하는 것이다. 이야기에 등장하는 주인공과 주변 인물에 관한 캐릭터를 그리거나 조각하기, 잡지나 사진 등의 화보에서 이야기의 인물들과 비슷한 사람 찾기, 사건이나 이야기의 배경을 그림으로 나타내기 등이 그것이다. 보다 충분한 시간을 마련할 수 있다면 활동에 참여하는 구성원이 이야기의 등장인물이 되어 연극을 꾸며보는 것도 좋다.

이야기를 듣고 충분한 대화와 그림으로 나타내는 과정을 거친 후에는 관련된 단어와 문장을 생각하여 표현할 수 있다. 단어는 이야기의 핵심을 이루는 낱말을 중심으로 자신의 상상력을 동원한 것이어야 하며, 문장은 그런 단어를 유기적으로 연결하여야 한다. 개별 활동을 하는 경우에는 학습자 스스로 모든 것을 해결해야 하는 어려움이 있으나 소집단 활동을 통해서 만들어지는 단어와 문장은 보다 수월하고 효과적이다. 다음은 이야기 듣고 쓰기의 활동 과정을 순차적으로 보여준다.

· 이야기 대상텍스트

거미 아난스는 이야기꾼이 되고 싶어서 신에게 찾아가 물었다. "당신의 이야기를 들으려면 어떻게 해야 하죠?" 신은 다음과 같이 대답했다. "살아 있는 표범과 꿀벌 떼 그리고 귀신을 데리고 오면, 네가 알고 싶어 하는 이야기를 해주마."

거미 아난스는 숲에서 제일 좋아하는 장소로 갔다. 그리고 4일 동안 그곳에 앉아서 생각했다. 5일째 되는 날 무엇을 해야 할지 알게 되었다. 그는 꿀이 가득 든 호리병을 찾았으며 큰 벌 떼도 찾아냈다. 그는 혼잣말로 노래 불렀다.

"내 항아리는 꿀로 가득 차있지. 그래서 꿀을 만든 벌들을 위한 자리는 없어."

그러자 벌들이 비웃으며 말했다.

"우리는 물론 들어갈 수 있어."

벌 떼들이 모두 호리병 안으로 들어갔을 때 아난스는 재빨리 뚜껑을 닫았다. 아난스는 벌들로 가득 찬 호리병을 가지고 신에게 갔다. 그러자 신이 말했다.

"나머지 두 가지를 가져와야 해."

아난스는 다시 숲으로 돌아와 바늘과 실을 만들었다. 강둑에 앉아서 그는 자신의 눈꺼풀을 꿰매었다. 금세 표범 한 마리가 다가와 아난스를 보고 물었다.

"왜 눈꺼풀을 꿰매고 있니?"

아난스는 대답했다.

"눈을 뜨거나 감는 사람은 결코 볼 수 없는 멋진 광경을 보기 위해서야."

"어떤 광경인데?"

표범이 물었다. 아난스는 표범에게 멋진 광경에 대해 많은 얘기를 해주자 표범은 자신의 눈도 함께 꿰매어 달라고 요구했다. 아난스는 잠시 생각하는 척 하다가 마침내 표범의 눈을 단단하게 꿰매어 주었다. 그리고 나서 아난스는 표범을 신에게 데리고 갔다. 신은

"한 가지 선물이 남았구나."라고 말했다.

아난스는 숲으로 되돌아와 단단한 어린 나무를 잘랐다. 그리고는 바위 위에서 햇빛을 쬐고 있는 귀신을 찾아갔다. 아난스는 귀신에게 속삭였다.

"짐승들이 그러는데 초록색 맘보가 당신보다 더 크다고 하더군요. 제가 아무리 아니라고 해도 당신이 초록색 맘보보다 작다고 우기더라구요."

귀신은 누군가가 자신의 크기나 강인함을 의심한다는 사실에 화가 났다. 아난스는 귀신을 도와 그가 더 크다는 사실을 증명하기로 했다.

"내 막대기 위에 기대어 몸이 그 끝까지 닿도록 누우세요. 그러면 당신의 길이를 유지할 수 있도록 막대기에 당신을 묶지요."

귀신은 나무의 길이만큼 몸을 늘인 다음 아난스에게 자신을 막대기에 묶게 했다. 아난스는 귀신을 신에게 데리고 갔다. 신은 웃으며 말했다.

"세 가지 선물을 모두 가지고 왔구나. 이제부터 나의 모든 얘기를 해주마."

신으로부터 이야기 상자를 받은 아난스는 숲으로 되돌아와 상자를 열었다. 세상의 모든 이야기는 그 상자로부터 나왔다.[11]

1) 이야기 텍스트에 대하여 말하기

이야기에 대한 화자의 배경 지식을 말하는 것으로부터 대화는 시작된다. 청자의 궁금증은 매우 다양하며 때로는 황당하기까지 하다. 그러나 대화의 시간은 충분하고 서로의 생각과 상상을 나눌 기회가 마련되어야 한다. 그들은 들은 이야기를 바탕으로 나름의 상상계를 구성한다. '아난스의 생김새는?', '거미가 표범의 눈을 꿰맬 수 있나?', '초록색 맘보를 본 적이 있나?', '신과 귀신은 어떻게 다른가?' 등의 등장인물에 대한 의견 교환, '거미 아난스는 어느 나라에 사는가?', '귀신이 사는 숲의 모습은 어떤가?' 등의 이야기 배경에 관한 것, '거미 아난스가 이야기꾼이 되고 싶은 이유는', '신은 왜 하필 그 세 가지를 원했나?', '아난스의 상자에 들었던 이야기들은 무엇인가?' 등의 사건에 관한 것들의 질문과 대답, 의견 교환 등의 형태로 오간다. 대화는 매우 자유스러운 분위기에서 이루어져야 한다. 그러나 이야기의 주제와 관련이 없는 내용을 의도적으로 말하는 학생이 없도록

___
11) 앞의 책, pp.207-208.

사전에 교사의 안내와 지도가 요구된다. 다음은 이야기를 들은 다음에 나누는 학습자 간 대화이다.

발표자: 재미있어? 선생님께서 알려주신 이야기인데 어제 읽어보았어.

지　훈: 우리나라 이야기는 아닌 거 같은데?

미　래: 그래 우리나라 이야기는 아닐 거야. 우선 주인공 이름이 '아난스'잖아.

발표자: 그래 맞아. 선생님 말씀이 브라질에서 전해오는 이야기래.

주　희: 그럼 거미 아난스는 브라질의 숲에 살고 있겠구나.

미　래: 브라질에는 아마존 강이 있고, 밀림 지대로 이루어져 있다잖아.

발표자: 그래 그렇겠다. 숲 속에는 거미가 많이 살잖아. 그래 맞다.

철　수: 아난스는 그럼 거미처럼 생긴 거야?

모두들: 거미니까 거미처럼 생겼지. 하하하.

철　수: 꼭 그렇지만은 않을 거야. 왜 신화에 나오는 주인공들의 모습은 좀 다르잖아.

발표자: 그래 철수 말대로 그럴 수도 있겠다.

지　훈: 그런데 왜 하필 거미가 이야기꾼이 되고 싶었을까? 거미라면 곤충의 왕이 되고 싶거나 밀림의 왕자가 되고 싶었을 텐데 말이야.

철　수: 신화니까 그렇지 뭐.

발표자: 이야기꾼에게는 많은 사람들이 따르잖아. 거미는 곤충이나 짐승이나 사람들 모두가 피하는 거잖아 그러니까 아마 친구가 필요했는지 모르지.

미　래: 이 이야기는 너무 과장된 것이 많아. 어떻게 거미가 귀신을 속이고, 표범의 눈을 꿰멜 수가 있어. 아무리 전설이래도 심했어.

발표자: 우리나라 전래 동화에도 이런 과장쯤은 얼마든지 있잖아. 그러니까 옛날이야기지 뭐. 그런데 말이야 귀신이 사는 숲은 어떤 모습일까? 어제 이 이야기를 읽으면서 그게 참 궁금하더라구. 귀신이 사는 숲은 따로 있나?

지　훈: 영화를 봐봐. 귀신이 나오는 거 같은 숲은 음침하고 해골바가지로
　　　　가득하잖아. 당연히 귀신이 사는 숲은 어둡고 더러울 거야.

철　수: 깨끗한 귀신도 있을 텐데. 귀신이라고 다 나쁜 것만은 아니잖아.
　　　　옛날 야기에 보면 은혜 갚은 귀신도 있더라 뭐.

모두들: 그래 그 말도 맞아. 하하하.

미　래: 그 상자에 담겨있던 이야기들은 다 무었이었을까?

발표자: 이 세상에 떠도는 이야기들이지 뭐.

철　수: 그럼 우리나라 이야기도 아난스의 상자에서 나왔단 말이야?

2) 그림으로 나타내기

　시간이 충분할 경우 다양한 재료와 방법을 동원하여 이야기의 주인공이
나 배경 등을 표현할 수 있다. 찰흙 만들기나 조각을 통해 입체적으로 표
현할 수 있으며, 생활 속의 사진들을 동원하여 이야기의 이미지를 대치하
여 나타낼 수도 있다. 이야기텍스트를 연극 대본으로 재구성하여 직접 공
연하는 방식은 공들인 시간과 열정만큼 효과가 크다. 그러나 제한적인 시
간과 공간일 경우 종이와 색연필을 이용하여 인물, 사건, 배경의 이미지를
그림으로 나타내는 활동은 경제적이고 효율적이다. 구성원 각자가 표현할
것들을 분담하여 할 수 있고, 동시에 자신의 상상력을 동원하여 표현할 수
도 있다. 무엇보다 이야기의 중심이 되는 이미지를 찾아 그림으로 나타내
는 것이 가장 중요하다. '거미 아난스', '신', '표범', '벌', '귀신', '초록색 맘
보', '상자', '신의 나라', '거미의 숲', '강둑', '귀신의 숲' 등 이야기의 중심
으로부터 '호리병', '막대기', '바늘', '실', '바위' 등 주변적인 것들까지 주어
진 시간 내에 표현이 가능한 모든 것을 그림으로 나타낸다.

　이미지를 그림으로 나타내는 활동은 미술이나 음악 혹은 무대 연극 활동
등을 포함하고 있다. 이러한 일련의 통합 활동은 예술 작품을 만드는 과정
과는 구분되어야 한다. 이미지를 그림으로 나타내는 활동은 상상력과 창조

력, 느낌, 생각들을 재발견하는 데에 사용되는 중요한 도구이다. 쓰기 교수·학습 공간의 학습자들이 협동하여 그림을 그리는 활동은 상호간의 신뢰를 형성한다. 뿐만 아니라 그림으로 표현되는 형태와 종류는 화자를 포함한 청자의 기억과 상상력 그리고 창의적 사고에 따라 매우 다양하고 흥미롭다. 동일한 이야기 공간에서 발표된 이야기 텍스트가 쓰기 공간의 모든 학습자의 상상력에 의해 변용되기 때문이다. 다음은 학습자의 이미지 표현의 예이다.

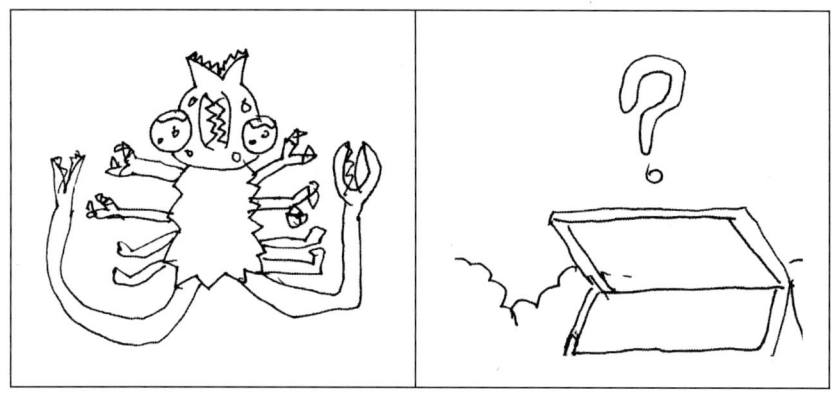

3) 단어로 나타내기

그림으로 표현된 이미지들을 상징할 수 있는 단어를 추출하는 것은 학습자의 상상력을 바탕으로 한다. 이야기 텍스트를 단순 재생하여 문자화하는 것이 아니라 표현된 이미지 그림과 가장 잘 어울리는 낱말을 단어로 선택해야 한다. 이야기 텍스트의 원래 이미지를 삭제하거나 첨가할 수 있으며, 전혀 다른 모습으로 변화시킬 수도 있다. '거미 아난스'는 '개구장이 아난스'나 '벙어리 아난스'로, '귀신'은 '도깨비'나 '숲의 정령'으로 학습자의 창의적 상상력에 의해 얼마든지 다양하게 표현될 수 있다.

이야기 텍스트를 듣고 상상한 그림을 바탕으로 거기에 어울리는 낱말이나 어휘를 표현한다. 앞서 그림으로 나타낸 이야기의 이미지들을 가지고 새로운 상상력을 발휘하여 보다 창의적이고 확산적인 어휘를 만들어 내는 것이다. 자신이 나타낸 이미지 그림을 가지고 단어를 만들어내는 것뿐 아니라 친구의 그림에 대한 자신의 생각과 상상력을 표현하는 것도 중요하다. 자신의 그림은 자신의 상상력을 바탕으로 하고 있지만 친구의 그림을 보고 자신의 생각과 상상력을 적용하는 것은 다른 이미지를 만들어낼 수 있기 때문이다.

이미지 그림과 관련한 어휘 추출은 학습자 상호간의 의견 교환을 통해 보다 용이하고 효과적으로 수행될 수 있다. 추출된 어휘들을 서로 비교하여 이야기 텍스트를 수용하는 학습자 상호간의 생각과 상상력을 관찰할 수 있으며, 그것을 바탕으로 자신의 상상력을 발휘하는 데 도움을 얻을 수 있다.

| '개구쟁이 아난스', '이야기 꾼 아난스' 등. | '이야기 상자', '선물 상자' 등. |

4) 문장으로 나타내기

이야기 듣고 쓰기는 다양한 활동을 통합한 쓰기 교수·학습이다. 이야기를 대상으로 만들어진 어휘와 상상력을 동원하여 단어를 문장으로 나타낸다. 각 이미지로부터 추출된 어휘들은 학습자의 상상력에 의해 재구성된다. 텍스트를 변용하기 위한 어휘의 배열은 쓰기 주체의 의지에 달려있으나 원래의 텍스트 사건 전개를 바탕으로 하는 것이 가장 기본적이다. 기본 배열을 바탕으로 이전의 변용 활동을 수행하면 재구성 텍스트의 완성도를 높일 수 있다.

이야기 텍스트로부터 단어를 만들어 내고 단어들을 가지고 문장을 구성하였다. 각각의 문장은 단어의 조합으로 이루어진다. 문장은 순차적으로 변용을 거듭한다. 주로 이야기의 핵심 단어들을 대상으로 보태거나 빼는 방식을 취한다. 소집단 학습을 통해서 결정된 단어들을 대상으로 구성된 문장은 특별한 문제가 없는 한 보태기 방식을 통해서 문단의 형태로 변용된다. T1의 경우는 이야기 텍스트로부터 도출된 핵심 단어들이다. 학습자들은 대화와 그림으로 나타내기, 단어로 나타내기 등을 통해서 이와 같은 핵심 단어를 생각하였다. T2는 핵심 단어와 함께 들은 이야기를 바탕으로 문장을 구성하여 나간다. 이것은 문자텍스트 변용 활동의 '보태기'와 같은 활동이다. T2는 다시 T3의 형식으로 점차 보태기 변용 활동을 하게 된다. 학습자들은 들은 이야기를 바탕으로 순차적인 보태기를 통해 이야기의 원래 내용을 함축적으로 표현하는 것이다. 그리고 T4의 경우는 텍스트 변용의 대상이었던 이야기의 내용을 새롭게 재구성하여 시의 형태로 나타낸 것이다. 물론 T5, T6 등 교수·학습 활동 시간과 상황에 따라 계속해서 변용하여 나갈 수 있다. 쓰기의 경우와는 달리, 산문 텍스트 변용 활동을 목적으로 하는 경우 시 텍스트를 대상으로 하여 이야기 텍스트를 변용하여 나가는 방법이 이와 같은 경우이다. 즉, 신화, 설화, 전래동화 등의 텍스트들과 상호성을 갖고 있는 시 텍스트를 대상으로 이야기 변용 활동을 하는 경우에 학습자의 상상력을 바탕으로 점진적인 보태기를 하면 시 텍스트의 양은 커지고 새로운 이야기 텍스트가 재구성되는 것이다. 따라서 이야기를 듣고 글을 쓰는 활동에서는 핵심 단어로부터 문장을 만들어내는 활동까지가 가장 적절하다. 그 이상의 변용은 처음으로 되돌아가는 현상을 유발할 수 있기 때문이다. 다만 학습자의 성취도를 고려한 단계적 변용 활동을 조절할 필요가 있다. 미숙한 학습자의 경우는 T2의 활동에서 머물 것이며, 능숙한 학습자의 경우에는 T4 이상의 활동이 가능하다.

T1

거미 아난스
이야기 신
세 가지 선물
꿀벌과 호리병
표범
초록색 맘보와 귀신
이야기 상자

⇨

T2

이야기꾼이 되고 싶은 개구쟁이 거미 아난스
신에게 줄 세 가지 선물
호리병의 꿀벌 눈을 꿰맨 표범 초록색 맘보와 귀신
상자에서 나온 세상의 이야기

T3

이야기꾼이 되고 싶은
개구쟁이 거미 아난스

이야기를 가지려면
신에게 줄 세 가지 선물이 필요
해요.
그것은
살아있는 꿀벌 떼와 표범 그리고
귀신.

호리병으로 꿀벌을 담고
표범의 눈의 꿰매고
초록색 맘보로 귀신을 속여
신에게 드렸답니다.

신에게 받은 아난스의 상자는
이 세상 모든 이야기를 담고 있
답니다.

T4

개구쟁이 거미 아난스는
세상에서 제일가는 이야꾼이 되고
싶데요.
신에게 빌었더니, 세 가지 선물을 준
비하래요.
살아있는 꿀벌 떼와 표범 그리고 귀신.

아난스는 꾀를 내어
호리병에 꿀벌을 담고,
표범의 눈의 꿰매고,
초록색 맘보로 귀신을 속여
신에게 드렸답니다.

상으로 받은 상자에선
이 세상 모든 이야기가 흘러나왔답
니다.

2. 그림텍스트 변용

그림은 그 자체의 의미와 기능을 갖고 있다. 그림은 의사소통의 한 방식
으로 존재하기 때문에 텍스트를 구성하는 필수 요인이다. 그림이 의사전달
수단으로 존재할 수 있다는 것은 텍스트의 지위를 확보함과 동시에 다른
형태의 텍스트와 상호 유기적인 지배 결속 관계를 갖고 있다는 것을 의미
한다. 소리나 문자가 포함되지 않은 그림에서 소리와 문자를 유추할 수 있
는가? 드러나 있지는 않지만 그림은 음성과 문자 요소를 내포하고 있다.
그것은 텍스트 간의 유기적인 지배결속 관계에 의한 상호성으로 설명될 수
있다. 마치 인상파 화가의 전시회장에서 들려오는 음악이나 전시회장 입구

의 팸플릿과 같은 것이다. 사람들은 화가의 그림을 보러 오는 것이 목적이었지만 자신도 모르는 사이 음악을 듣고 있거나 그림을 설명하는 팸플릿의 문자를 읽고 있다. 결국 그림은 음악으로도 문자로도 변용이 가능할 뿐 아니라 다른 어떤 방식으로도 표현할 수 있다는 것을 의미한다.

일상생활과 관련된 그림의 의미는 화가의 것과 다르지는 않지만 실제로 다양한 방식의 문자 메시지를 담고 있다. 빠른 속도록 고속도로를 달리다 순간적으로 눈에 띠는 광고를 상상해 보자. 아주 높고 험준한 산꼭대기에서 서서 이동 전화를 귀에 대고 있는 유명 산악인의 광고 그림은 무엇을 의미하는가? 자동차의 속도가 너무나 빠른 나머지 광고 문구를 읽을 수 없더라도 그림이 전하려는 이미지는 수많은 운전자들에게 공통으로 전달될 것이다. 순간적인 시각 효과만으로 운전자는 험준한 산봉우리와 유명 산악인을 기억하고 있을 것이며, 특이하게도 그렇게 험준한 산꼭대기에 서있는 유명 산악인의 손에 잡힌 이동 전화에 깊은 관심을 갖게 될 것이다. 운전자는 이미 그 광고판을 지나친 지 오래지만 광고가 전하는 메시지를 나름대로 해석하면서 나머지 길을 간다. 그는 머리 속에 산악인의 이름을 떠올리며 손에 쥔 이동 전화의 상품명과 어디서 본 듯한 산봉우리의 이름을 알고 싶어질지 모른다. 게다가 어느 누구도 그런 사실을 말해주지 않았음에도 불구하고 유명 산악인의 손에 쥔 이동 전화는 험준한 산악 지형에서도 잘 작동될 것이라는 추측이나 희망을 갖게 된다.

순간적으로 마주치게 된 한 장의 그림으로부터 운전자는 자신의 배경 지식과 상상력을 동원하여 그림으로 본 텍스트를 형상화하고 있다. 우리가 일상에서 접하는 그림들은 보는 순간부터 새로운 변용의 가능성을 갖고 있으며, 어떤 방식으로든 다른 텍스트로 표현된다. 물론 표현하려는 욕구와 의사가 포함되었을 때이다.

그림텍스트 변용 활동을 위해서는 당연히 그림텍스트가 존재해야한다. 그림텍스트 변용은 그림이 갖고 있는 다양한 상징적 이미지를 학습자의 상상력을 동원하여 재해석하는 것이다. 그림텍스트 변용 활동에는 이미 존재하는 그림텍스트에 대한 변용 활동과 학습자가 직접 만든 그림텍스트를 변용하는 활동 두 가지가 있다. 이미 존재하는 그림의 제시를 통해 그림에 담긴 상징적 이미지를 추출하여 단어를 생성하고 그 단어와 관련된 상상을 통해 문장을 구성하는 일련의 방식들은 능숙한 학습자들에게서 가능한 활동 방법이다. 따라서 음성텍스트 변용에서의 '이야기 듣고 쓰기' 활동을 포함한 그림 만들기를 통해서 단계적인 접근이 필요하다. 이야기를 바탕으로 하는 그림은 학습자의 생각과 기억 그리고 상상에 따라 매우 다양하다. 학습자들은 이야기의 한 장면이나 사건을 그림으로 표현하였기 때문에 여러 학습자들의 그림 조각을 이야기의 구성에 따라 맞추면 훌륭한 그림 이야기가 탄생한다. 바로 이러한 이야기 그림 조각을 이용하여 단어를 구상하고 구상한 단어를 대상으로 문장을 만들어 가는 것이다.

가. 만들어 변용하기

그림텍스트 만들기는 이야기를 듣고 머리 속으로 상상할 수 있는 장면을 그림으로 표현하는 활동이다. 이야기의 전반적인 내용을 기억하는 학습자들은 교사의 지시에 따라 가장 인상적이거나 선명한 장면 하나를 그림으로 나타낸다. 이야기의 핵심이나 중심 주제를 표현할 수도 있지만 이야기를 구성하고 있는 어느 한 부분에 대한 기억을 재생하는 것이다.

학습자에 따라 이야기의 한 장면을 그림으로 표현하는 방식은 매우 다양할 뿐 아니라 흥미롭다. 이야기의 핵심을 이루고 있는 부분을 집중적으로 표현하는 어린이가 있는가하면 이야기의 주제와는 동떨어진 작은 소품을 표현하기도 한다. 아동의 기억력이나 상상력 혹은 재생력의 차이로 볼 수도 있지만 이야기를 통한 자신의 생각과 감정을 그대로 드러낸다는 측면에서 볼 때 현재의 심리적인 상태를 이야기 그림으로 표현하고 있다는 추측을 할 수 있다.

학습자들이 자신의 재능을 발휘하여 만들어 낸 그림이나 조각은 그 자체로 중요하다. 하지만 쓰기 교수·학습 활동의 일환으로 그림을 만들 때의 기능은 자신의 의지를 그림에 담거나 그림으로부터 의미를 생성하기 위한 것이다. 그림은 가급적이면 빠른 시간 내에 상상하는 것이 좋다. 특별한 생각이나 경험, 장면 등을 구체적으로 연상하여 명확하게 상상하여야 한다. 사실 처음부터 짧은 시간에 구체적이고 명시적으로 자신의 의지를 표현할 수 있는 학습자는 별로 많지 않다. 그러나 쓰기 교수·학습 활동이 일시적이지만 않다면 이러한 문제는 자연스럽게 해결된다. 이야기의 한 장면으로부터 무엇을 그릴 지를 상상하였으면 그것을 그리기 전에 자신이 상상한 장면을 발표하는 시간을 갖는 것도 좋다. 상상한 내용은 가급적 빠른 시간 안에 색연필이나 컬러펜 혹은 볼펜, 그것도 여의치 않은 경우 연필 등의 필기구를 사용하여 준비된 종이에 그리는 것이 좋다.

이때 관심을 가져야 할 부분은 그림을 그리기 이전의 상상과 만들어진 그림의 차이에 관한 것이다. 이것은 머리 속으로 상상한 그림과 실제로 표현된 그림 사이에 존재하는 상상과 표현의 간극이 존재하는 것을 의미한다. 자신이 생각한 그림을 구체적이고 명시적으로 상상했음에도 불구하고 실제로 표현되어진 그림은 상상한 그림과 일치하지 않는 경우가 많다. 이것은 제한된 지면으로 인한 표현 공간의 제약 때문이다. 즉, 머리 속으로 상상한 그림이 아무리 구체적이고 명시적일 지라도 머리 속의 그림은 정지되어 있거나 머물러 있는 것이 아니라 사고 작용을 통해서 계속 이동하고 변화한다. 그런 유동적 상상을 정지된 평면 공간에 그대로 나타낸다는 것은 거의 불가능한 일이다.

그럼에도 불구하고 많은 예술가들과 정치 전략가 혹은 광고 디자이너들은 제한된 평면 공간 안에 단순하면서도 강렬한 시각적 그림을 통해 자신들의 의지를 전달하려고 노력한다. 그들의 의지는 전달 욕구와 목적에 따라 매우 구체적이고 명시적이며, 때로는 상징적이고 은유적이다. 결국 제한된 평면 공간에 표현된 그림 텍스트로부터 추출할 수 있는 의미는 구체적이고 명시적이거나 상징적이고 은유적인 것이다. 그 의미들은 다시 문자

언어 텍스트로 변용 되어지면서 매우 다양한 형태로 재구성된다.

그림텍스트를 만들기 위해 동원된 상상력과 배경 지식은 어떤 그림을 평면화해야 할지에 대해 고민하게 한다. 머리 속에 떠오르는 장면과 상상한 장면의 형상화가 매우 다양하고 복잡하기 때문이다. 따라서 쓰기 활동 과정의 효과적인 수행을 위해서는 학습자의 머리 속에 가장 먼저 떠오르는 그림을 그릴 수 있도록 격려하여야 한다. 능숙한 학습자들이거나 이러한 활동에 익숙한 학습자들은 이전의 활동을 경험으로 자연스럽게 이야기의 한 장면을 상상하고 그것을 그림으로 표현한다. 그러나 미숙한 학습자이거나 처음으로 활동을 하는 학습자들의 경우에는 이야기에서 장면을 상상하고 그것을 제한된 평면 공간에 나타내는 것에 다소간 어려움을 느끼게 된다. 따라서 교사는 한시적으로-그림텍스트 만들기 활동 초기에-학습자들의 자유로운 상상과 자유로운 표현을 할 수 있도록 지속적으로 격려하여야 한다. 이야기의 장면을 그림으로 나타내기 시작하면서 많은 질문이 쏟아진다. 즉 이야기에 나오는 주인공들의 외모와 성격 혹은 어떤 색을 칠하고, 어떤 크기로 그리며, 글자를 써도 좋은지 아니면 바탕을 칠해야 하는 지 등에 관하여 질문을 한다. 이것은 활동에 익숙하지 않은 때문이기도 하거니와 자신의 생각을 자유롭게 표현하는 데에 자신감이 부족하기 때문에 머뭇거리는 현상이다. 교사는 이런 질문에 대하여 끊임없이 '정답은 질문자의 머리 속에 있다.'는 확신을 주면서 격려하여야 한다. 당연히 활동에 익숙해지면서 학생들의 질문은 줄어들고 표현의 폭은 넓어진다. 그림 만들기는 다음의 과정을 거친다.

| 이야기 말하고 듣기 | ⇨ | 조각 그림 만들기 | ⇨ | 이야기 그림 만들기 |

〈그림텍스트 만들기 과정〉

앞서 언급하였지만 그림 만들기의 과정은 음성텍스트 변용의 '이야기 듣고 쓰기'의 활동과 관련이 있다. '이야기 듣고 쓰기'에서는 대화에 많은 비중을 두었다. 물론 이야기로부터 단어와 문장을 추출하기 위해 연상되는 그림을 그리기도 하였다. 그러나 그림텍스 변용 활동에서의 '그림 만들기'는 쓰기를 하기 위한 변용텍스트의 대상이며, 대상텍스트로서의 그림을 직접 제작한다는 데에 주안점을 두어야 한다. 따라서 학년별 쓰기 수행 성취도에 따라 그림 만들기는 매우 다양한 방법으로 적용할 수 있다. 즉, 이야기를 대상으로 그림을 만드는 것으로부터 음악이나 영상을 대상으로 그림을 만들 수도 있다. 과거의 경험이나 상상만으로도 그림을 만들어낼 수 있으며, 주제만으로도 그림을 만들 수 있다. 그러나 반드시 고려해야할 점은 이 활동의 목적이 어디에 있는가 하는 것이다. 화려하고 독창적인 작품을 탄생시키는 것이 아니라, 초등학생들에게 쓰기에 대한 흥미와 욕구를 발현하게 하는 것이다. 전문가로서의 쓰기 활동이 아닌 학교 교육 현장에서 이루어지는 교수·학습 활동의 범위 내에서 이루어지기 때문에 그림 만들기 활동의 대상은 초등학생들의 흥미를 유발할 수 있는 이야기를 대상으로 하는 것이 가장 합리적이고 효과적이다.

1) 이야기 말하고 듣기

이야기 말하고 듣기는 쓰기 공간(교실) 전체를 대상으로 교사가 진행하거나, 학습자 소집단 활동으로 할 수 있다. 음성텍스트 변용 활동의 '이야기 듣고 쓰기'처럼 이야기는 학습자들이 미리 준비하는 것이 좋으며, 교사 또한 활동에 적합하고 재미있는 이야기를 선별하는 데에 시간을 아끼지 말아야 한다. 아동 스스로 준비하는 이야기의 대부분은 이미 잘 알려진 이야기들이 대부분이다. 이미 잘 알려진 이야기들을 말하고 듣는 것은 인지도를 높이고 재확인 할 수 있다는 측면에서 효과적일 수 있으나, 이야기 듣기에 대한 집중도가 떨어질 뿐만 아니라 말하는 이에게도 주도적 입장을 확보하지 못하기 때문에 자칫 산만한 분위기가 형성될 우려가 있다. 시간적인 제약이 있을 경우에는 누구나 잘 알고 있는 이야기의 대강을 들려줌으로써 그림을 만들 수 있는 동기를 유발할 수 있다. 그러나 쓰기 학습 효과를 높이기 위해서는 잘 알려져 있지 않은 이야기를 준비하는 것이 좋다. 굳이 잘 알려진 것들을 발표하는 것보다는 차라리 학습자 자신의 경험담을 생생하게 구연할 수 있는 방법을 제시하는 것도 좋다. 따라서 교사는 학습자의 흥미를 유발할 수 있는 이야기들을 발굴하는 데에 많은 노력을 기울여야 할 것이며, 그 노력만큼 효과를 볼 수 있다는 것을 주지하여야 한다.

이야기의 흥미와 관심을 집중하기 위해서 효과음이나 그림자 극 배경 화면 등을 준비할 수도 있다. 그러나 시간적, 경제적으로 많은 노력과 투자가 요구되고 자칫 시 이외의 것에 비중을 둔 나머지 쓰기 활동이 소홀해질 우려가 있기 때문에 신중하게 적용하는 것이 좋다. 따라서 충분한 시간을 두고 통합 교육 활동을 하는 경우에는 다양한 보조 장치나 소품을 준비하는 것도 좋다. 그렇지 않을 경우에는 목소리 구연을 원칙으로 한다. 다음의 이야기는 우리의 전래동화와 비슷한 브라질 전래 동화의 내용 일부분이다.

· 대상텍스트

휘파람새는 어떻게 예쁜 색깔을 얻게 되었을까?

옛날에 어두운 회색 빛 깃털을 가진 휘파람새가 있었다. 그 새는 화려한 색깔의 깃털을 갖고 싶어 했다. 휘파람새는 푸른 잎과 파란 하늘, 노란 해, 빨간 앵두, 오렌지 빛 꽃을 볼 때마다 한숨지으며 자신도 아름다운 색을 갖기 바랬다. 휘파람새는 가는 곳마다 어떻게 하면 화려한 색을 얻을 수 있는지 물었다. 하지만 숲 속의 어느 누구도 알지 못했다. 아름다운 동물들 사이에 있을 때 휘파람새는 자신이 초라하고 평범하다고 느꼈다.

어느 날 꽃에서 꿀을 얻고 있을 때 휘파람새는 으르렁거리는 무서운 소리를 들었다. 그 순간 모든 동물들처럼 휘파람새는 너무

놀라서 도망갈 수조차 없었다. 휘파람새는 이 소리가 도대체 무슨 소리인지 알고자 두리번거렸다. 그리고는 화가 나 울부짖는 표범을 보았다. 휘파람새는 용기를 내어 표범에게 날아가 왜 그렇게 슬피 우는 지 물었다.

"이틀 전에 우연히 쥐의 집을 밟아 생쥐를 죽이고 말았어. 며칠 후 자고 있는데 엄마 쥐가 와 내 눈에 고무와 진흙을 발랐어. 그래서 난 지금 아무 것도 볼 수 없어. 밤인지 낮인지조차 알 수 없어. 세상을 다시 보고 싶어."

휘파람새는 표범에게 말했다.

"무언가를 간절히 원하는 것이 어떤 건지 알아요. 나는 화려한 색깔의 깃털을 갖고 싶어요. 나는 칙칙하고 둔해 보이기 싫어요. 많은 도움을 청했지만 아무도 나를 도울 수 없었어요. 아! 정말 칙칙한 깃털의 색을 아름다운 색깔로 바꾸는 방법을 알고 싶어요."

표범은 휘파람새의 불행에 귀를 기울였다.

"만일 네가 내 눈에서 고무와 진흙을 떼 내어 준다면 난 다시 세상을 볼 수 있을 거야. 그러면 내가 깃털을 아름답게 만드는 방법을 알려줄게."

휘파람새는 표범이 무서웠지만 고무와 진흙을 떼어 주었다. 이제 표범은 다시 예전처럼 모든 것을 분명하게 볼 수 있었다. 표범은 약속을 지켰다. 그는 무지개의 빛깔을 띠고 있는 모래와 진흙이 있는 곳으로 휘파람새를 데려갔다.

표범은 흙, 태양, 달, 별의 색을 아름다운 거미줄에 섞어 실을 짜는 방법을 가르쳐 주었다. 휘파람새는 여러 가지의 색으로 실을 짜 아름다운 천을 만들었다. 그리고 그 천으로 칙칙한 회색이 보이지 않도록 온몸을 덮었다.

표범은 휘파람새를 물가로 데려가 모습을 보여 주고는 웃으면서 말했다.

"새 옷이 참 아름다워."

휘파람새는 날개를 펄럭였다. 표범은 눈을 깜빡거렸다. 그 두

친구는 헤어져 평화롭게 자신의 길을 갔다.[12]

학습자의 연령이나 성취도가 낮을수록 이야기 구연의 반복 설명이 요구된다. 대상텍스트의 완성도가 떨어지는 경우가 있거나 상황이 자연스럽게 연결되지 않는 경우, 혹은 이야기텍스트가 준비되지 않은 상태의 학습자 기억만으로 구연되는 경우에 더욱 그렇다. 별도의 말하기·듣기 시간을 통해서 이야기 구연 활동이 사전에 이루어질 경우보다 효과적인 활동이 이루어질 수 있다.

2) 조각 그림 만들기

시간적·경제적으로 색연필이나 컬러펜 혹은 다색 볼펜 등이 효과적이나 준비되지 않았을 경우에는 단색 필기구를 이용하여도 무방하다. 어떤 경우에는 칼라펜을 이용하는 것보다도 연필 한 가지를 이용하는 것이 훨씬 효과적이다. 충분한 시간과 타 교육과의 통합 활동인 경우에는 찰흙으로 입체 활동을 하거나 연극 놀이를 할 수도 있지만 대개의 쓰기 활동 시간은 제한적이다. 따라서 머리 속에 떠오른 그림을 순간적으로 나타내는 데에는 단 색 펜이 훨씬 효과적이다. 나이가 어릴수록 학습 경험이 적을수록 그림을 그리고 색칠을 하는 데에 시간을 낭비하기 때문이다. 또한 종이의 크기나 그림의 형태를 사전에 제한하는 것도 효과적인 방법 중의 하나이다. 인물이나 사물 중심으로 그림을 만드는 경우와 배경이나 사건을 중심으로 그림을 구성하는 경우, 전체적인 것을 모두 만들어 내려고 하는 경우가 있다. 그림은 순간적인 학습자의 느낌을 상상력에 의존해서 만들어내는 것이다. 따라서 가장 확실하고 인상적이고 흥미로운 것을 가장 짧은 시간에 표현하도록 해야 한다. 적절한 지면과 시간, 도구나 표현 방식은 학습자 집단 상호간의 대화와 진행 양상에 따라 정해지지만 활동 초기에는 교사의

---

12) 앞의 책, 271-272.

격려가 필요하며 자세한 안내를 하는 것이 효과적이다.

이야기의 한 장면을 상상하여 그린 학습자의 조각 그림은 매우 다양하다. 이야기의 등장인물 하나를 사실 그대로 표현하는 경우가 있는가 하면, 배경을 그리는 경우가 있다. 하나의 사건 장면을 묘사하는 가하면, 주어진 지면을 분할하여 이야기 전체를 나타내는 경우도 있다. 물론 사전에 교사의 격려와 안내가 있었지만 막상 이야기의 한 장면을 그림으로 나타내고자 하였을 경우의 학습자의 반응은 천차만별이다. 동일한 연령의 학습 집단임에도 불구하고 쓰기 의욕과 수행 성취도가 다르기 때문에 발생하는 문제이다. 전제하였듯이 회화표현 기능을 배제한 상태에서 발생하는 학습자의 다양한 수준 차이는 매우 다양하여 쓰기 학습 활동의 개별화를 구안하지 않을 수 없다.

다음은 앞의 이야기를 바탕으로 얻어진 그림들이다. 그림을 통해서 학습자의 상상력을 가늠할 수는 없으나 어떤 장면을 기억하고 상상하였는가를 파악할 수는 있다. 이와 같은 조각 그림은 학습자 나름의 그림텍스트 원본이기 때문에 하나라도 소홀히 다루어져서는 안 된다. 아무리 회화적 표현 능력이 미숙하고 조잡해 보일지라도 수용하는 입장에 따라서 전혀 다른 변용 결과를 가져올 수 있다.

・조각 그림 짜 맞추기

3) 조각 그림을 문자로 나타내기

그림텍스트를 문자화하는 과정을 시인의 쓰기 과정에 비추어 생각해보아야 하는 것은 앞서 제기한 그림의 의미와 기능 그리고 그림 표현의 다양성과 관련이 있다. 여기서는 제한된 공간의 평면 그림을 대상으로 하고 있으나, 실제로 그림 텍스트는 우리의 상상력을 동원할 수 있는 모든 시각적, 청각적, 심리적 요소를 포함한다. 시인의 눈에 비친 풍경이나, 감동적인 음악, 미지의 상상력 등이 그것이다. 모든 그림들은 정지해 있지도 않으며 불변하는 것도 아니다. 그것은 매우 유동적이고 다발적이며, 환상적이고 신비스럽기까지 하다. 시인의 작품은 바로 그런 수많은 그림들이 유기적으로 결합하여 문자텍스트로 변용된 것이다. 한 장면의 그림에서 한 편의 글을 쓰는 것은 쉽지 않은 일이다. 연속된 이야기 그림이나 다매체를 동원한 영상에서 문자텍스트를 구성하는 편이 훨씬 쉬울 수 있다. 학습자의 흥미를 유발하는 이야기로부터 학습자 스스로 그림을 만들고 그 그림을 통해서 텍스트를 변용하는 활동은 다분히 자율적일 뿐 아니라 교육적 효과를 낳는다.

조각 그림을 문자로 나타내는 활동은 완결된 메시지를 담고 있는 그림을 한꺼번에 수용하는 부담감을 줄일 수 있는 학습 방법이다. 이야기를 대상으로 그림을 만들고 그 그림을 통해서 문자 변용을 하는 경우에는 이미 이야기에 대한 배경 지식과 자신의 그림에 대한 상상력을 갖고 있기 때문에 용이할 수 있다. 그러나 다음에 예시된 '기존의 그림 텍스트를 문자로 나타내기' 활동의 경우처럼 전혀 익숙하지 않은 그림텍스트를 문자로 변용할 경우에는 그림을 분할하여 자신의 생각과 사고를 정리할 필요가 있다. 순간적인 인식을 목표로 하고 있는 광고 그림의 경우와는 달리 예술 작품의 경우에는 그림 한 폭에 많은 이야기들이 담겨 있다. 예를 들어 미켈란젤로의 '최후의 만찬'을 텍스트 변용의 대상으로 정했다고 했을 때 학습자들은 매우 혼란스러워 할 것이다. 그 그림 속에 등장하는 많은 사람들뿐 아니라 그림의 장면이 의미하는 수많은 사건의 과거와 미래가 상상력의 한계를 뛰어넘기 때문이다. 그와 같은 경우 그림을 여러 개로 나누어 바라본다면 보다 접근이 수월하다. 실제로 미술을 관람하는 태도가 그렇다. 그림 속에 숨겨 있는 수많은 이야기들에 접근하기 위해서는 그림을 여러 가지로, 여러 영역으로 구분하여 감상하여야 한다. 모든 예술 작품의 접근 방식이 이와 다를 리 없다. 한 편의 글을 감상하기 위해서 문장과 단어를 재해석하고 다른 시각으로 바라보는 것과 같은 맥락이다. 따라서 조각 그림으로부터 단어와 문장을 생성하는 것은 그림텍스트 변용의 기본이 되는 활동이다. 다음은 학습자 각각의 조각 그림을 문자로 나타낸 경우이다. 소집단 활동을 통해서 얻어진 단어와 문장은 이야기 그림텍스트를 문자로 변용하는 활동의 기초가 된다.

	'칙칙한 깃털', '못생긴 휘파람새', '불쌍한 휘파람새', '내 얼굴 같은 깃털', '겉모습이 뭐가 중요해', '아무도 못 말리는 휘파람새', '새 인생을 살게 되었네', '화려한 날개를 어디서 구하나', '겁 없는 휘파람새', '겉모습이 목숨보다 귀한가', '화려한 깃털을 달고 무엇을 하였을까?', '세상 사람들이 다 휘파람새 같으면 어떻게 하나?' 등.
	'멍청한 표범', '부주의한 표범', '살인마 표범', '엄마 생쥐에게 당한 불쌍한 동물', '휘파람새의 은인', '화려한 깃털을 만들어 준 표범', '평생을 장님으로 살 뻔 했다네', '휘파람새의 미래', '앞이 보이지 않는 표범', '어떻게 화려한 깃털을 만드는 방법을 알고 있었을까?', '화려한 깃털을 주는 숲의 요정' 등.

4) 조각 그림텍스트의 변용

이야기 구연을 듣고 자신이 만들어낸 그림 텍스트로부터 의미를 생성하고, 생성된 의미를 바탕으로 창의적 사고와 상상력을 동원하여 시 텍스트

를 재구성한다. 아래의 경우는 표범의 눈에 진흙을 바르는 어미 쥐의 모습
이 담긴 그림 텍스트를 보고 표범과 생쥐의 관계를 교실의 힘 센 아이와
약한 아이로 의미를 생성하여 시 텍스트로 재구성한 예이다.

원수 갚은 어미 쥐

생쥐들이 사는 곳에 가지를 말았어야지
멍청한 검은 표범.

덩치가 크다고
자기 생각만 하다니

불쌍한 아기 쥐는
천국으로 갔을까?

힘없고 약한 생쥐를 얕보고 깔보더니
엄마 쥐에게 잘도 당했지.
자기의 잘못은 언젠가 벌 받는 법.
고것 참 쌤통이다.

다음은 칙칙하고 못생긴 휘파람새의 그림이 그려져 있는 그림 텍스트를
자기의 모습과 동일시하여 시 텍스트로 재구성한 경우이다.

못생긴 얼굴

칙칙한 내 얼굴은 거울도 싫어해
내 짝궁, 언니, 동생
나보다 예쁜데
누굴 닮아서 그럴까? 내 얼굴

아무리 들여다봐도
거울 속 미운 모습
변함이 없는 걸.

하지만 내 미래는 아직도 많아.
아빠가 그러는데
엄마도 어렸을 적엔 나처럼 미웠었는데
나는 엄마 딸.
내가 커서 결혼할 때쯤엔
엄마만큼은 예뻐지겠지.
그걸 위안으로 삼아야지
못생긴 내 얼굴.

5) 이야기 그림텍스트의 변용

조각 그림을 모아 하나의 이야기 그림으로 재구성한 후에 그것을 다시
시 텍스트로 변용하는 활동이다. 조각 그림을 모아 하나의 이야기 그림으

로 재구성하는 활동과 조각 그림을 통해 얻어진 단어와 문장을 시 텍스트로 재구성하는 활동이 복합적으로 이루어진다. 두 가지의 활동을 동시에 수행할 수 없을 경우에 과정은 순차적으로 이루어진다. 먼저 조각 그림을 재배열하여 하나의 이야기그림을 완성한 후에 그 그림을 대상으로 텍스트 변용 활동을 하는 것이다.

각각의 조각 그림들은 서로 다른 학습자들의 상상에 의해 만들어진 것이다. 이러한 그림들은 등장인물, 배경, 사건 등 다양한 형태의 모양을 갖고 있다. 소집단 학습자들이 한 편의 이야기를 바탕으로 만들은 조각 그림은 주어진 시간과 학습자의 표현 능력에 따라 그 수가 다르다. 그러나 각각의 그림들은 학습자가 들은 이야기를 바탕으로 하고 있기 때문에 서로 다른 학습자의 그림들을 조각하여도 이야기의 구성은 이루어진다.

조각 그림을 반드시 이야기의 흐름과 내용에 맞출 필요는 없다. 등장인물과 배경 그리고 사건 등이 표현되어 있는 그림을 이리 저리 배치하여 새로운 등장인물과 배경, 사건 등으로 재구성할 수 있다. 오히려 새롭게 재구성된 조각 그림 텍스트를 활용하면 변용할 대상텍스트가 새로운 그림텍스트로 재구성되며, 새롭게 재구성된 그림텍스트를 대상으로 하는 문자텍스트는 매우 흥미로운 인물, 사건, 배경을 갖게 된다. 결국 학습자의 자유로운 상상력에 자유로운 창의성이 용해되어 쓰기 결과물이 탄생하는 것이다. 실제로 이러한 활동을 몇 차례 실시하게 되면 학습자의 구성 능력과 표현 활동이 매우 적극적이 되기 때문에 자연스럽게 새로운 텍스트로의 변용이 가능하다. 또한 2차, 3차의 텍스트 변용 활동 과정을 거치면 대상텍스트와는 전혀 다른 내용의 텍스트가 만들어진다. 텍스트의 상호성에 준거한 변용 활동의 결과이다.

이야기를 바탕으로 구성된 조각그림들은 학습자들에 따라 사건의 장면을 보여주는 것들이 있다. 소집단 학습을 전제로 사건 장면을 표현한 그림들을 이야기의 구성에 어울리게 조각 그림 맞추기를 한다. 활동에 익숙하거나 능숙한 학습 집단일수록 이야기 그림은 사건 위주로 표현되는 것을 알 수 있다. 따라서 사건 중심의 조각 그림은 학습자 집단의 상호 의견 교환과 이야기 재구성 활동을 통해서 새로운 흐름의 이야기 그림을 만들어낼 수 있다. 다음은 여러 개의 조각 그림을 배열하여 이야기 전체의 그림으로 재구성한 후에 그것을 보고 시로 변용하여 나타낸 예이다.

1.
나는 깃털이 칙칙한 휘파람새
숲 속의 못난이
아무도 나를 알아주지 않아
매일매일 혼자서 지내지

2.
표범을 만난 건 행운이야
인생이 바뀌게 될 줄이야.
표범은 성형외과 의사야.

3.
화려한 새 옷을 입었느니
이젠 나도 달라지겠지.
하긴
내 노력이 아니었으면
이런 행운도 없었겠지.

4.
외모가 중요한 건 아니지만
그래도 예쁜 게 좋은 걸 어떻해

나. 있는 것 변용하기

자신이 만든 그림텍스트를 중심으로 문자화하는 변용 활동에 익숙해지면 타인의 그림 텍스트는 물론 모든 종류의 그림 텍스트로부터 의미를 생성하여 문자화 할 수 있다. 시 텍스트로의 문자화 변용 활동은 순간적이고 즉각적인 반응이 아니라 점진적이고 꾸준한 과정의 수행을 통해서 가능하다. 뿐만 아니라 그림 텍스트로부터 변용된 텍스트는 재구성 요인에 의하여 정교화 되고 세련되게 다듬어진다. 다음은 광고 그림과 유명 화가의 그림을 그림 텍스트의 원으로 하여 재구성한 경우이다.

· 대상텍스트

· 변용텍스트

짝째기

코도 삐뚤
입도 삐뚤
뭐 이런 그림이 다 있어.
색칠도 엉망이야.

엄마는 맨날 내 그림 보고
엉망이라고 하시는데
그렇게 유명한 피카소도
내 그림만 못하네

하지만 어떻게 유명해졌을까?
피카소도 어렸을 적에는
엄마한테 혼나면서
그림을 그렸을 거야.
그렇지 않고서야
어떻게 저런 그림을 그릴 수 있지?
나도 크면
피카소처럼
훌륭한 화가가 될 수 있을까?

・대상텍스트

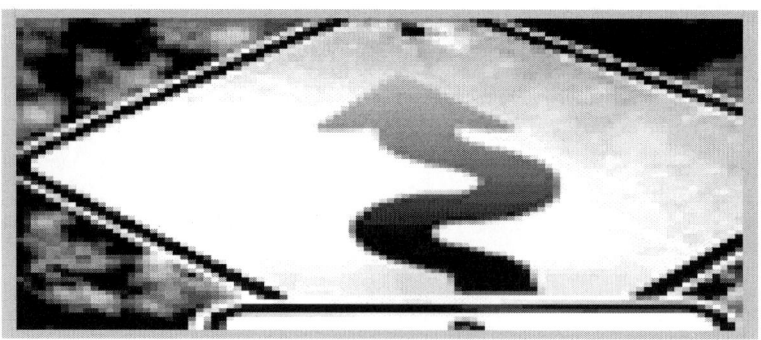

· 변용텍스트

> 지옥 가는 길
> 저 길로 가면 끝이다.
> 다시는 돌아오지 못할 길
> 천벌을 받은 사람들이나
> 걸어가는 길
>
> 지난 밤 꿈에서 보았던
> 불타는 지옥.
> 잠에서 깨자마자
> 한숨을 푹 쉬었던
> 그 장면이 생각난다.
>
> 친구한테 빌린 돈,
> 엄마한테 한 거짓말,
> 숙제 안한 것,
> 그런 거 다 모아서 벌 받으면
> 저 길로 갈 수도 있는데 ……
>
> 이제부터는 착한 일을 많이 해야겠다.

기존의 그림 텍스트를 중심으로 쓰기를 하는 경우에는 다른 활동에 비하여 그림 발상의 전환과 창의성 및 상상력이 최대한 발휘되어야 한다. 위의 활동은 보다 능숙한 학습자들에게 적용이 가능한 추상적 그림 텍스트의 변용 활동이다. 미숙한 학습자들에게는 보다 구체적이고 명시적인 그림 텍스트의 제공을 통해 쓰기 활동을 할 수 있다. 개방적인 교육 장소인 경우에는 상업적이고 대중적인 그림 텍스트를 활용하는 것도 좋다. 그림 텍스트의 선정은 궁극적으로 학습자의 몫이기 때문에 그들이 선호하는 것을 중심으로 텍스트를 생성하는 것이 효과적이다. 그러나 전통적이고 폐쇄적인 교실 학습의 경우에는 많은 제약이 따른다. 텍스트의 선정은 당대의 문화적 인식에 기초하여야 한다. 전통과 역사를 거부하는 것이 아니라 변화하는 사회의 흐름에 안착하고 미래를 예견하는 지향성을 가져야 한다. 글을 쓰는 것은 과거의 가치를 밑거름으로 하여 미래의 문화를 생산하는 것이다. 따라서 학습자의 상상력과 창의적 사고를 발현할 수 있는 한 쓰기 교수·학습의 장은 보다 개방적이어야 한다. 더불어 학습자의 의지와 욕구를 자극할 수 있는 한 대중성과 진보성에 다가갈 수 있어야 한다.

3. 문자텍스트 변용

의미 소통으로서의 문자텍스트는 쓰기 교수·학습의 기본 유형이다. 일반적으로 문학 작품을 거론할 때에는 문자로 표현되어 있는 텍스트를 전제로 한다. 완성된 문학 작품 내에 존재하는 다양한 시각적 표현 형태(만화·사진·그림·의미 기호 등)에 우선하는 문자텍스트는 쓰기 교수·학습의 가장 확실한 실체이다. 텍스트 변용을 위한 대상텍스트가 확실하게 존재하기 때문이다. 음성텍스트를 문자텍스트로 변용하거나, 그림텍스트를 문자텍스트로 변용하는 활동과는 달리 문자텍스트의 변용은 말 그대로 문자텍스트를 변용의 대상으로 하고 있다. 따라서 문자텍스트 변용 활동의 대상텍스트들은 이미 문자화된 쓰기 결과물로 존재하고 있다.

음성텍스트나 그림텍스트가 문학 작품과는 다른 장르의 분야라는 것을 감안할 때에 문자텍스트 변용 활동은 매우 구체적이고 명료할 뿐 아니라 교수·학습 방법의 적용이 체계적이다. 그만큼 다양한 방법을 개발하여 적용할 수 있다는 것이다.

가. 채워 쓰기

채워 쓰기 활동은 문자텍스트 변용의 기초 단계이다. 텍스트의 일정 부분을 여백으로 설정하여 문맥에 어울리도록 재구성하는 활동이다. 여백의 설정은 교사가 학습 시간 이전에 미리 준비한 쓰기 활동지를 중심으로 이루어질 수 있으며, 학습자 집단에서 이루어질 수도 있다. 소집단 활동을 전제로 하였을 때 학습자의 자율성을 감안하여 쓰기 성취도가 높은 학습자 주도로 여백의 공간을 설정할 수 있다. 대개의 경우 미숙한 학습자의 쓰기 활동을 돕기 위해 제공되는 텍스트를 기본으로 활동하게 된다.

텍스트의 여백 설정은 주로 학습자의 상상력과 창의적 사고를 충분히 동원하여 재구성할 수 있도록 계획되어야 한다. 텍스트 변용 활동은 처음부터 학습자 중심으로 이루어지고 있지만 미숙한 학습자의 쓰기 활동을 보조하기 위해서는 능숙한 학습자의 도움이 필수적이다. 쓰기 교수·학습의 목적은 미숙한 학습자부터 능숙한 학습자에 이르기까지 모두가 쓰기에 대한 관심과 흥미를 기본으로 하여 쓰기에 대한 욕구를 실천하는 데에 있다. 따라서 미숙한 학습자의 수준과 능력을 고려한 활동이 필요하며, 미숙한 학습자에게 제공되는 텍스트는 가급적 심리적인 부담을 주지 않는 쓰기 수행 성취 기준에 적합한 것이어야 한다.

채워 쓰기를 통한 텍스트의 변용은 미숙한 학습자에게 쓰기 활동의 기초 능력을 자발적으로 인식하게 한다. 따라서 채워 쓰기의 대상텍스트는 그 자체가 미숙한 학습자에게 매력적이어야 한다. 변용 대상텍스트에 대한 매력은 학습자에게 풍부한 상상력과 쓰기 욕구를 자극한다.

채워 쓰기는 미숙한 학습자를 중심으로 진행되지만 여백의 공간적 크기와 요구되는 사고력의 차이에 따라 난이도를 달리할 수 있다. 텍스트의 여백은 단어 수준에서 문장 수준으로 문장에서 문단으로 다양하게 조정할 수 있다. 채워 쓰기의 대상텍스트가 어떤 수준의 학습자에게 적용이 가능한가에 따라 그 조정의 범위가 결정된다. 미숙한 학습자에 의해 생성된 대상텍스트의 경우 단어 중심의 변용 활동이 주가 될 것이다. 평범한 학습자는 단어와 문장 중심의 변용 활동이 가능하며, 능숙한 학습자의 경우에는 문장이나 문단 수준의 변용이 가능하다. 쓰기 교수·학습에서는 단어로부터 문장으로 문장에서 연으로 연에서 묶음 연으로 진행한다.

  텍스트는 변화한다. 변화의 손길을 기다리고 있는 것이 텍스트이다. 텍스트는 존재 이전부터 새로운 모습을 갖출 준비를 하고 있다. 언어의 생성 능력이 그것을 말하여 준다. 새로운 언어의 탄생과 문화의 변화는 존재하는 텍스트로 하여금 새로운 텍스트를 생산하기 위한 상상력과 창의력을 제공한다.

$$To \Rightarrow To' \Rightarrow To'' \cdots\cdots To1 \Rightarrow To1' \Rightarrow To1'' \cdots\cdots Ton' \Rightarrow Ton^n$$

〈문자텍스트의 변용의 연속성〉

1) 단어(시어) 채워쓰기

  텍스트를 구성하는 단어의 일부를 여백으로 설정하여 미숙한 학습자에게 제공되는 텍스트 변용 활동의 예이다. 처음부터 대상텍스트가 여백 텍스트와 동시에 제공되는 것은 아니다. 주로 능숙한 학습자와의 협동 학습이나 교사에 의해 제공되는 여백 텍스트는 대상텍스트의 선정이나 결정 또한 교사나 능숙한 학습자에 의존하고 있다. 미숙한 학습자는 대상텍스트를 미리 접할 수 없는 상태에서 공간 텍스트를 제공받는다.

· 대상텍스트

저 햇빛 속에

밝게 밝게 아른대는

미루나무 잎사귀들의 눈부심이어야.

저 바람 속에
맑게 맑게 일어서는
풀잎의 초록 함성들이어야.

아아,
우리 어린 마음들은

산에 들에 피어나는
산의 산꽃, 들의 들꽃이어야.
하늘마다 내어 걸린 무지개이어야.

<손동연, 「우리 어린 마음들은」 전문>13)

· 여백 텍스트

저 햇빛 속에

(㉮   ) 아른대는
미루나무 잎사귀들의 눈부심이어야.

저 바람 속에
(㉯   ) 일어서는
풀잎의 초록 함성들이어야.

아아,
우리 어린 마음들은

---

13) 서울교육대학 초등국어교육 연구소·한국어문 교육학회 편, 『우리 선생님이
    추천한 동시 300편』 1·2, 박이정, 1996, p.150.

산에 들에 피어나는
산의 산꽃, 들의 들꽃이어야.
(　　㉱　　)내어 걸린 무지개이어야.

　미숙한 학습자를 중심으로 하는 단어 중심의 여백은 대상텍스트의 외형
을 거의 비슷한 수준으로 유지하는 상태로 설정된다. 미숙한 학습자에게
제공되는 텍스트의 여백은 미숙한 학습자의 언어 사용 능력과 배경 지식
동원 능력과 관련이 있다. 학습자의 쓰기 동기를 유발할 수 있는 시 텍스
트를 대상으로 설정된 여백은 미숙한 학습자의 학년별 성취 수준과 일치하
는 것이 가장 효과적이다. 그러기 위해서는 실제 수업 이전의 계획 단계에
서 평가된 쓰기 수행 성취 능력을 바탕으로 하여야 한다. 쓰기 활동이 이
루어지는 교육 공간의 주도적 위치는 능숙한 학습자와 교사이다. 교사는
쓰기 공간의 협조자이며 동반자이다. 교사의 역할은 능숙한 학습자로서뿐
아니라 쓰기를 위한 대상텍스트의 제공자 역할을 수행하여야 한다.
　이때 미숙한 학습자의 심리적인 부담은 자신의 능력에 대한 평가에 달려
있다. 이전의 쓰기 교수・학습 활동에서 학습자의 자발성을 억제한 요인
중의 하나는 제도권 교육 활동에 수반되는 평가와 관련한 문제 때문이었
다. 관심과 흥미의 자발성은 평가에 대한 부담을 상회하지 못한다. 따라서
미숙한 학습자에게 유발될 수 있는 평가에 대한 심리적 부담을 줄이기 위
해서는 텍스트 변용 활동에 작용한 학습자의 단어에 대해 꾸준한 격려와
칭찬을 아끼지 말아야 한다는 것이다.
　㉮는 '흔들 흔들,' ㉯는 '벌떡', ㉰는 '뒷동산'으로 변용한 학습자의 경우
대상텍스트의 이미지와는 거리가 먼 단어들을 생각하였다. 미숙한 학습자
의 쓰기 활동 초기 단계의 전형이다. 여백의 단어의 생각하기 위해 동원된
배경 지식은 여백의 앞과 뒤에 있는 대상텍스트의 단어를 모방 선택하는
데에 그치고 있다. 대상텍스트에 내재하는 이미지나 상징에 대한 창의적
상상력을 발견할 수 없다. 채워 쓰기 변용 활동이 미숙한 학습자에게 왜

필요한 활동인지를 보여주는 단적인 예이다.

그러나 여백 채우기 활동의 기본 목표는 단어의 생성과 표현에 어려움을 느낄 뿐 아니라 쓰기에 대한 흥미와 욕구를 갖고 있지 않은 모든 학습자를 대상으로 보다 쉬운 접근 방식을 가르쳐 주는 것이다. 주어진 이미지나 주제만을 대상으로 한 편의 글을 쓰는 것이 미숙한 학습자들에게 얼마나 힘든 일인지는 여백 채우기 활동 초기의 학습 결과에서 발견할 수 있다.

단어의 선택 조건은 대상텍스트의 다양한 여백 설정에 의해 변한다. 동일한 텍스트를 가지고 여러 종류의 단어에 해당하는 여백을 설정하는 것이다. 소재나 배경으로부터 은유와 상징에 이르기까지 학습자의 쓰기 수행 능력의 정도에 따라 순차적인 변용 활동이 수행되어야 한다.

미숙한 학습자의 수준과 시각에서 쓰기 활동이 이루어질 때 평범한 학습자와 능숙한 학습자의 쓰기 활동의 가치가 빛을 발한다. 쓰기 교수·학습의 장은 동일한 능력과 욕구를 겸비한 학습자들로만 이루어진 것이 아니다. 모든 학습자의 자발적인 협조와 적응이 없이는 쓰기 교수·학습이 효과적으로 수행될 수 없다. 미숙한 학습자 중심의 쓰기 활동 욕구와 동기 유발은 물론 풍부한 상상력과 창의적 사고를 자극한다. ㉮의 '흔들흔들'이 '산들산들'로 그것이 다시 '맑고 밝게'로 변화되어 가는 과정을 통해서 미숙한 학습자는 텍스트의 변용을 단순 과업이 아닌 자신의 쓰기 활동으로 인식하게 된다. 단어 중심 채워 쓰기의 순차적인 활동은 점진적으로 문장의 재구성 효과를 유발한다.

2) 문장(행) 채워쓰기

문장 채워 쓰기는 단어 채워 쓰기 활동을 마친 미숙한 학습자와 단어 선택에 어려움을 겪지 않는 평범한 학습자들에게 효과적인 변용 활동이다. 문장이 여백으로 설정된 텍스트는 대상텍스트와 동시에 주어지지 않으나 여백의 문장을 채워 가는 과정에서 필요할 경우 원래의 대상텍스트가 제시될 수 있다. 원래의 대상텍스트가 제공되는 경우는 여백의 문장을 구성하는 데에 어려움을 겪는 미숙한 학습자의 경우와 문장 구성이 거의 마무리되어 가는 과정의 학습자에게 제공된다. 이러한 경우는 대상텍스트와 변용된 여백 텍스트의 상호성이 어떤지에 대한 되돌아보기 과정의 일부이다. 다음은 문장 여백 설정의 예이다.

· 대상텍스트

　　꽃이
　　예쁘지 않는 일은 없다.
　　열매가
　　소중하지 않는 일도 없다.
　　하나의 열매를 위하여
　　열 개의 꽃잎이 힘을 모으고
　　스무 개의 잎사귀들은
　　응원을 보내고

　　그런 다음에야
　　가을은
　　우리 눈에 보이면서
　　여물어 간다.

　　가을이
　　몸조심하는 것은
　　열매 때문이다.
　　소중한 씨앗을 품었기 때문이다.

　　　　　　　　　　　　<정두리, 「가을은」 전문> (앞의 책: 64)

· 여백 텍스트

꽃이
예쁘지 않는 일은 없다.
열매가
(   )
하나의 열매를 위하여
(   )
스무 개의 잎사귀들은
응원을 보내고

그런 다음에야
가을은
우리 눈에 보이면서
(   )

가을이
몸조심하는 것은
(㉮   )
소중한 씨앗을 품었기 때문이다.

　문장을 중심의 여백 설정은 그 행을 포함한 연의 문장들이 서로 유기적
인 관계로 맺고 있어야 한다. 여백만으로 상상력을 동원하기 위해서는 연
을 구성하는 나머지 문장들이 여백을 채울 수 있는 학습자의 상상력을 동
원할 수 있는 결정적 단서를 제공해야 하기 때문이다. 문장과 문장의 유기
적인 관계는 순차적인 변용 과정을 통해서 새로운 하나의 연으로 재구성된
다. 즉, 하나의 연이 네 개의 행으로 구성되었을 경우 네 개의 행을 순차
적으로 여백으로 설정하고 여백 행을 지속적으로 변용하는 과정을 통해서

대상텍스트의 원래 모습은 사라지고 학습자의 상상력에 의한 연으로 새롭게 재구성된다. 결과적으로 글을 구성하는 모든 연이 재구성되는 효과를 낳는다.

다음은 ㉮행을 여백으로 설정한 대상텍스트를 재구성하는 과정이다. 학습자의 상상력과 창의적 사고의 발현 정도에 따라 텍스트의 모습은 새롭게 재구성된다.

To
```
가을이
몸조심하는 것은
열매 때문이다.
소중한 씨앗을 품었기 때문이다.
```

To′
```
가을이
몸조심하는 것은
(새 생명을 탄생하기 위해서다.)
소중한 씨앗을 품었기 때문이다.
```

To″
```
가을이
(풍성하게 살찌우는 것은)
새 생명을 탄생하기 위해서다.
소중한 씨앗을 품었기 때문이다.
```

To
```
가을을
풍성하게 살찌우는 것은
새 생명을 탄생하기 위해서다.
(황금벌판으로 물들이기 위해서다.)
```

〈문장 중심의 텍스트 변용 과정〉

대상텍스트 To에서 변용된 To1은 나름의 새로운 면을 갖추고 있다. 기본적으로는 변용 이전의 운율과 리듬을 그대로 갖고 있지만 학습자의 상상력은 대상텍스트에 기초하여 새로운 단어와 문장을 구성하게 한다. 학습자의 창의적 사고의 발현은 텍스트의 운율과 리듬의 변용에 기여한다. 텍스트의 변용이 지속적이고 순차적인 한 텍스트는 다분히 창의적일 뿐 아니라 선천성과 독창성을 무색하게 하는 새로운 텍스트의 탄생을 가져온다. 텍스트 변용 요인으로 작용하는 이미지와 상징의 변용이 그것을 가능하게 하는 것이다.

문장 중심의 텍스트 변용 활동을 통해 재구성된 텍스트는 다시 대상텍스트의 역할을 할 수 있다. 텍스트 변용은 지속적인 유동성을 갖는다. 자신의 생각과 상상력을 지속적으로 발현하는 한 텍스트는 끊임없이 변화하며, 변화를 통해 텍스트의 완성도는 높아진다. 학습자는 이와 같은 지속적 활동 과정을 통해 단어의 선택과 문장의 변용 능력을 갖추게 된다.

To1

```
가을을
풍성하게 살찌우는 것은
새 생명을 탄생하기 위해서다.
황금벌판으로 물들이기 위해서다.
```

To′

```
(나의 오늘을)
풍성하게 살찌우는 것은
새 생명을 탄생하기 위해서다.
소중한 씨앗을 품었기 때문이다.
```

To1″

```
나의 오늘을
(살과 뼈로 채우는 것은)
새 생명을 탄생하기 위해서다.
소중한 씨앗을 품었기 때문이다.
```

To2

```
나의 오늘을
살과 뼈로 채우는 것은
새 생명을 탄생하기 위해서다.
(아름다운 삶의 하루를 위해서다.)
```

〈재구성 텍스트를 대상으로 하는 2차 변용 과정〉

어느 행을 여백으로 둘 것인 지에 대한 판단은 궁극적으로 쓰기 활동에 참여하는 학습자의 몫이다. 단어 중심의 여백 텍스트가 교사나 능숙한 학습자의 주도로 이루어졌다면 문장 중심의 여백 설정은 학습자 자신에게로 이양되는 과정을 거친다. 이러한 과정은 쓰기에 대한 욕구와 참여도, 흥미와 관심, 성취 수준과 능력에 따라 다양하게 작용한다. 이해와 탐색을 통해 학습자 스스로 대상텍스트를 선정하였을 경우에는 학습자가 직접 여백을 설정하는 방법도 좋다. 궁극적으로 학습자의 변용 능력은 쓰기 성취도와 비례한다. 따라 주어진 텍스트에 대한 여백 채우기만을 반복하기보다는 어느 정도 성취 수준에 이르렀을 경우에 자기 스스로 여백을 설정하여 쓰기 활동을 수행하는 것이 보다 효과적이다.

3) 문단(연) 채워쓰기

대상텍스트의 한 연을 여백으로 구성하는 방식의 변용 활동이다. 단어나 문장에 비하여 여백의 양이 크기 때문에 비교적 능숙한 학습자들에게 효과적인 활동이다. 학습자는 대상텍스트를 선별하는 과정에서 텍스트에 대한 충분한 이해와 해석이 필수적으로 수반되어야 한다. 대상텍스트를 선정하는 과정이 주로 텍스트에 대한 정보의 수집과 이해에 중점을 두고 있기 때문에 학습자는 텍스트에 대한 배경 지식을 충분히 갖고 있어야 한다. 그러나 텍스트에 대한 배경 지식이 단순히 기억의 재생으로 작용할 수도 있다. 따라서 능숙한 학습자를 중심으로 수행하는 문단 중심의 채워 쓰기는 이전의 단어나 문장 채워 쓰기 과정을 충분히 수행하면서 자신의 상상력과 창의력을 발휘하도록 격려하여야 한다.

· 대상텍스트

온 세상이 하얗게 된 아침.
나는 동화 속의 아이가 되어,
아무도 걷지 않은
눈 위를 걸어 봅니다.

한참 걷다가 뒤돌아보면
움푹움푹 나를 따라오는 발자국.
숲 속의 요술쟁이 할멈을 만나도
무섭지 않아.

나는 다시 걸어갑니다.

이렇게 자꾸만 가면,

이 세상을 하얗게 만든 분을

꼭

만날 것만 같습니다.

<윤석중, 「눈 온 아침」 전문>[14]

위의 글은 눈 온 아침 길을 걸으며 상상하는 내용을 시간의 흐름에 따라 표현한 것이다. 대상텍스트를 선정하는 방식은 다양하다. 교사가 학습자의 쓰기 성취도에 따른 개별 작품을 선별하는 과정이 선행될 수 있으며, 성취도가 높은 학습자들을 중심으로 스스로 대상텍스트를 선정하여 활동을 할 수 있다. 또한 소집단 학습의 경우에는 학습자 간 의견 교환을 통해 변용할 대상텍스트를 선정하는 방법이 있다. 그러나 무엇보다 중요한 것은 어떤 방식에 의해 어떤 텍스트가 선정되건 간에 학습자의 흥미를 유발할 수 있는 내용의 작품이어야 한다. 결국 다양한 작품의 이해와 해석을 통해서 올바른 대상텍스트의 선정이 이뤄질 것이다.

어느 연을 여백으로 둘 것인지에 대한 결정은 전적으로 쓰기 주체인 학습자의 몫이다. 쓰기 시간의 제한적 요인과 교과 학습 시간의 통제로 인해 교실 수업에서는 교사의 주도하에 미리 학습지를 준비할 수 있다. 그러나 변용 활동이 지속적으로 수행된 학급의 경우에는 지정 수업 시간 내에 학습자 중심의 활동이 이루어짐을 확인할 수 있다. 따라서 어느 정도의 활동 기간이 지나면 학습자 중심의 자율적인 여백 설정을 유도하는 것이 효과적이다.

하나의 완결된 글을 구성하는 각각의 연은 그 자체로 하나의 부분 시이다. 따라서 어느 연을 여백으로 구성하더라도 학습자의 변용 활동에는 아무런 문제가 발생하지 않는다. 다만 대상텍스트 선정 과정에서 인식되었던

---

14) 앞의 책, p.125.

텍스트에 대한 배경 지식이 기억의 재생으로 작용하지 않도록 충분한 상상력의 발현이 있어야 한다.

　각각의 연은 문장의 경우와 마찬가지로 순차적인 과정을 거치게 된다. 하나의 연을 여백으로 설정하여 변용 활동을 수행하는 경우 학습자에게 제시되어지는 여백은 연과 연 사이의 것으로부터 시작하는 것이 보편적이다. 쓰기 교수·학습에서 가장 어려움을 겪는 상황은 쓰기의 시작과 마무리이다. 시작과 결과가 존재하는 한 그 사이의 내용을 상상하고 전개하여 나아가는 과정은 학습자에게 심리적인 부담감을 줄여준다. 대상텍스트의 중간 부분을 차지하는 연을 여백으로 설정하는 것이 가장 무난하다.

· 여백 텍스트

　　온 세상이 하얗게 된 아침.
　　나는 동화 속의 아이가 되어,
　　아무도 걷지 않은
　　눈 위를 걸어 봅니다.

　　나는 다시 걸어갑니다.
　　이렇게 자꾸만 가면,
　　이 세상을 하얗게 만든 분을
　　꼭
　　만날 것만 같습니다.

연과 연의 중간을 여백으로 설정하여 변용 활동을 할 때에 여백의 크기를 고려하지 않을 수 없다. 여백의 크기에 따라 학습자의 심리적 부담이 달라지기 때문이다. 대상텍스트에 대한 배경 지식이 있음에도 불구하고 몇몇 학습자들은 여백의 크기에 적지 않은 심적 부담을 갖는다. 여백 설정이 교사 주도로 이루어졌을 경우 그 영향은 더욱 크다. 사실 아무리 학습자 중심의 쓰기 교수·학습 활동을 수행한다 하더라도 다수의 학생이 존재하는 한 쓰기 활동의 일방적 전달 경로를 완전히 배제할 수는 없는 일이다. 특히 쓰기 교수·학습 교재의 구성이나 제작물들이 교사 주도로 이루어지고 있는 현실을 외면할 수 없는 교육 현실에서 더욱 그렇다.

결국 문제 해결은 학습자 중심의 쓰기 활동의 수행에 있다. 학습자의 상호 의견 교환을 통해 각자의 수준과 능력에 적합한 여백을 설정한다면 심리적인 부담은 학습자 자신의 것으로부터 기인한 것이므로 별개의 문제가 된다. 그러나 쓰기 교수·학습 활동을 위한 학습지가 교사 주도로 만들어질 수 있다는 것을 감안한다면 가장 효과적이고 효율적인 방법을 강구해야만 한다. 그렇다면 여백의 크기 설정에 대한 답은 학습자의 심리적 부담을 줄이는 것으로부터 출발한다는 데에 있다.

채워 쓰기는 존재하는 대상텍스트의 일부를 여백으로 설정하여 변용하는 활동이다. 채워 쓰기를 통해서 학습자는 여백의 공간에 이미 존재했던 단어·문장·문단에 대해 알고 있었다. 때문에 대상텍스트가 갖고 있는 운율과 리듬감은 물론 이미지나 상징으로부터 벗어나 자신의 자율적 의지에 의한 상상력의 표현이 쉽지만은 않았다. 그러나 변용 활동의 순차적이고 꾸준한 연습과 반복을 통해서 그 부담감은 적어지고 대상텍스트에 대한 기억의 재생은 전혀 새로운 모습으로 재구성될 것이다.

변용 활동의 지속성은 다양한 변화와 접근이 용이한 방법의 적용으로 가능하다. 전 후 연의 크기나 행의 수를 넘지 않는 범위 내에서 여백을 설정한다거나 다양한 모양으로 여백을 구성하는 방법도 생각해볼 필요가 있다. 또한 쓰기 수행 성취도에 따라 여백의 설정을 단순한 줄이나 상자가 아니

라 우화적이고 회화적인 모양으로 구성한다면 보다 높은 흥미와 관심을 유
발할 수 있다.

나. 보태고 빼기

보태고 빼기는 쓰기 주체의 적극적인 욕구와 주도적 실천 의지가 돋보이
는 변용 활동이다. 보태고 빼기는 학습자의 수준이나 능력보다는 쓰기 활
동에 대한 적극적이고 자발적인 참여를 유도한다.

보태고 빼기에 활용되는 대상텍스트의 선정과 이해 과정도 채워 쓰기와
마찬가지로 학습자의 쓰기 동기를 유발할 수 있는 한 개방적이어야 한다.
말하기·듣기 시간을 통해서 다양한 작품을 감상하고 낭송하며, 대화하는
과정을 통해서 변용에 활용되는 대상텍스트의 올바른 선정이 결정된다. 쓰
기가 작품의 이해와 직결되어 있다는 것을 보여주는 것이다.

뿐만 아니라 다양한 텍스트의 활용을 생각해볼 필요가 있다. 궁극적으로
글을 쓰는 활동이지만 일상생활에서 접할 수 있는 다양한 장르의 텍스트를
대상으로 할 수 있다. 짧고 핵심적인 광고 텍스트에 보태기를 적용한다거
나, 고전이나 동화의 인물과 사건을 빼어가면서 이미지와 상징을 함축적으
로 표현할 수 있는 것이다.

1) 보태기

보태기는 대상텍스트에 자신의 생각과 상상력을 추가하는 변용 활동이
다. 자신의 생각과 상상력은 단어·문장·문단 등으로 표현되며, 학습자의
적극적인 욕구와 참여가 요구된다. 보태기는 대상텍스트에 대한 유연성과
탄력적 변화의 가능성에 근거한다. 주어진 대상텍스트는 그 자체로 완결성
을 갖추었다고 할 수 있다.－이미 출판된 작가의 작품을 대상으로 하였을
경우－그러나 텍스트 변용의 대상 모두가 전문 작가의 완결된 작품만은 아

니다. 때로는 학급 친구들의 작품을 대상으로 할 수 있으며, 자신의 작품에 대한 지속적인 변용을 할 수도 있다. 결국 변용에 동원되는 텍스트는 본질적으로 존재와 동시에 변화를 기다리는 유연성을 갖고 있다. 텍스트의 유연성은 그 자체의 완결성을 부인한다. 따라서 모든 대상텍스트는 변용을 주도하는 학습자의 욕구와 동기에 의해 새로운 모습으로 변용된다.

보태기는 대상텍스트의 양을 늘리는 단순 작업이 아니라, 학습자의 요구와 판단을 최우선으로 하여 대상텍스트의 완성도를 높여 가는 과정이다. 이때 학습자는 대상텍스트에 대한 유연성을 확보해야 한다. 출판된 기성 작가의 작품을 대상으로 하였을 경우에는 자신의 생각과 상상력의 왜소함을 느끼게 된다. 이미 완결된 작품에 '무엇을 보탤 수 있는 가?'라는 문제에 봉착하게 된다.

사실 기성 작가의 작품을 변용하려고 할 때의 유연성을 확보하기란 쉽지 않다. 이 경우 교사의 시범과 안내가 매우 효과적으로 작용한다. 변용의 과정을 모델로 제시하여 학습자들에게 보여주는 것이다. 기성 작가의 유명한 작품을 변용하였을 때의 결과가 긍정적임을 보여주어야 한다.

상상력과 창의력을 동원하여 내용을 덧붙인다는 것은 대상텍스트에 담겨 있는 원작자의 생각과 상상력을 지배하는 것이다. 따라서 학습자는 유연성 외에 텍스트를 지배하려는 적극적인 자발성을 요구된다.

보태기 대상텍스트는 가급적 많은 이미지와 상징이 담겨 있지 않은 간소하고 함축적인 것들을 대상으로 하는 것이 좋다. 대상텍스트의 선정은 교사와 학생이 공동으로 준비한다. 교사는 학생의 수준에 적합한 텍스트를 찾는 데 심혈을 기울여야 할 것이며, 학습자는 충분한 독서와 이해를 바탕으로 알맞은 작품을 고를 수 있어야 한다. 이 활동의 초기 단계는 기존의 작품을 대상으로 하는 것이 효과적이다. 어느 정도 활동이 익숙해지거나 능숙해졌을 경우에는 학습자 상호간 작품 교환을 통해 변용 활동이 이루어지지만 그전에는 기성 작품을 대상으로 한다. 앞서 언급한 바와 같이 가급적이면 간소하고 축약적인 의미가 담겨 있는 비교적 짧은 형식의 텍스트를 선택하는 것이 올바른 학습 방법이다. 또한 시 텍스트에 국한하지 말고 다양한 장르의 텍스트를 선정하는 것도 좋다.

학습자 상호 의견 교환이나 교사에 의해 제공되어지는 텍스트의 공통점은 텍스트의 이미지와 상징 혹은 학습자의 사상과 철학이 겉으로 드러나지 않는다는 것이다. 축약된 대상텍스트에 잠재되어 있는 이미지와 상징을 드러내기 위해서는 학습자의 상상력과 창의력이 발현되어야 한다. 그것을 바탕으로 축약된 사상과 철학, 이미지와 상징을 표현할 수 있다. 보태기의 지속적인 수행은 겉으로 드러나지 않은 텍스트의 내적인 것들을 학습자 스스로 발견할 수 있게 한다.

· 대상텍스트

까치가 울었다.
산울림

아무도 못들은
산울림

까치가 들었다.
산울림

저 혼자 들었다.
산울림.

<윤동주, 「산울림」 전문>[15]

보태기는 채워 쓰기와는 달리 대상텍스트를 그대로 제시한다. 소집단원 간의 대화를 통해 자신의 상상력과 창의력을 동원할 수 있는 대상텍스트

---

15) 앞의 책, p.194.

선정의 작업은 중요하다. 보태기 대상이 되는 텍스트 선정에 동원되었던 배경 지식과 경험은 변화의 손길을 기다리는 유동의 상태일 뿐이다. 학습자는 대상텍스트 선정 과정에서 텍스트에 대한 이해와 해석을 충분하게 수행하였다. 따라서 학습자는 대상텍스트를 변용하기 위한 보태기 활동을 수행한다. 보태기는 단어, 문장, 문단의 변용 과정을 따른다.

가) 단어(시어) 보태기

단어 보태기는 대상텍스트의 한 행을 중심으로 단어와 단어의 간극을 이어주는 새로운 단어를 등장시키는 것이다. 각각의 문장과 의미의 연관성을 갖는 단어를 찾아 적절하게 보태는 활동이다. 단어의 위치는 문장의 분위기와 형식을 파괴하지 않은 한 학습자의 자유로운 창의성과 상상력에 의해 적용된다. 다음은 단어의 위치를 달리하면서 문장의 분위기에 어울리는 다양한 단어를 적용한 보태기의 예이다.

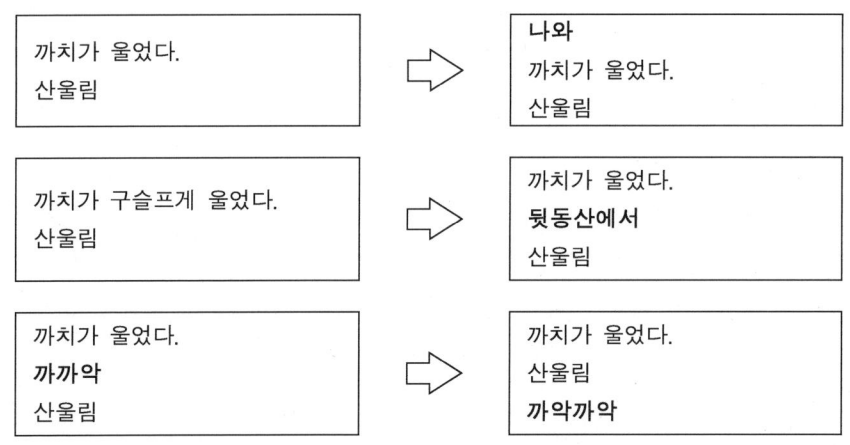

〈대상텍스트의 단어 보태기〉

나) 문장(행) 보태기

문장 보태기는 연을 구성하고 있는 문장의 전후나 중간에 삽입하여 시의 분위기를 살릴 수 있는 단어들로 이루어져야 한다. 단어 보태기에 비해 글을 이루고 있는 각 연의 분위기와 느낌을 최대한 이해하고 받아들이는 것이 중요하다. 다음은 문장의 위치와 느낌을 달리하여 보태기 변용을 한 예이다.

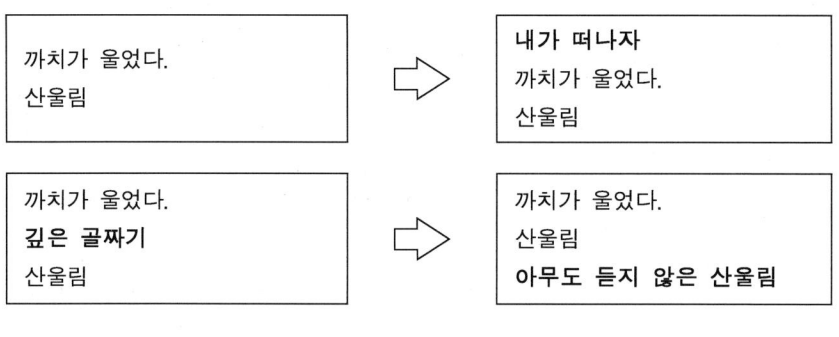

〈대상텍스트의 문장 보태기〉

다) 문단(연) 보태기

시의 느낌과 분위기를 그대로 이어가면서 하나의 문단을 보태기란 쉽지 않다. 작품에 대한 정확한 이해와 해석이 선행되어야 함은 말할 나위도 없거니와 처음부터 대상텍스트의 범위를 지나치게 벗어나려는 의욕은 적절하게 통제되어야 한다. 그러나 한편으로는 학습자의 과감한 변용 의지가 작용해야 한다. 따라서 문단 보태기는 쓰기 활동 시간과 연계한 말하기·듣기 시간의 사전 지식이 요구되며, 작품에 대한 정확한 이해를 바탕으로 자신의 창의성과 상상력을 동원한 재해석이 선행되어야 한다.

까치가 울었다.
산울림

아무도 못듣은
산울림

까치가 들었다.
산울림

⇨

내가 떠난
산골짝

까치가 울었다.
산울림

아무도 못듣은
산울림

까치가 들었다.
산울림

까치가 울었다.
산울림

깊은 계곡
아무도 없이

아무도 못듣은
산울림

까치가 들었다.
산울림

⇨

까치가 울었다.
산울림

아무도 못듣은
산울림

어디 갔나
구름은

까치가 들었다.
산울림

까치가 울었다.
산울림

아무도 못듣은
산울림

까치가 들었다.
산울림

해 저물어
길 떠나는 산울림

⇨

내가 떠난
산골짝

깊은 계곡
아무도 없이

어디 갔나
구름은

해 저물어
길 떠나는 산울림

〈대상텍스트의 문단 보태기〉

보태기의 각 연을 하나로 모아 텍스트를 구성하였을 경우 흥미로운 점을 발견할 수 있다. 대상텍스트의 기본 형식과 내용이 그대로 살아있으면서 새롭게 변용된 하나의 작품을 대하는 느낌을 받을 수 있는 것이다. 의도하였든 그렇지 않든 간에 보태기에 활용된 단어, 문장, 문단을 재구성하는 활동은 자신의 생각과 상상을 재확인할 수 있게 한다. 뿐만 아니라 재구성된 텍스트를 활용하여 연속적인 변용 활동의 대상텍스트로 활용할 수 있다.

2) 빼 기

대상텍스트의 일부를 빼는 활동은 '쓰기'의 측면에서 보면 타당성이 없어 보이나, 학습자의 상상력과 창의력을 동원한 변용 활동을 통해 새로운 텍스트가 재구성된다는 점에서 의미를 부여할 수 있다. 여기서는 대상텍스트 선정 과정에서 인식되었던 선입관을 배제하는 것이 무엇보다 중요하다. 오히려 기성 작가의 유명한 작품을 선정하여 대상텍스트를 과감하게 삭제할 수 있는 경험을 쌓는 것은 텍스트 변용을 통해 재구성한 자신의 텍스트에 대한 2차 변용 활동을 적극적이고 창의적으로 수행할 수 있도록 하는 조건이다.

보태기와 달리 빼기는 덜어내는 활동이다. 필요한 것만 담아놓은 그릇에서 불필요한 것을 찾기란 쉽지 않다. 텍스트의 완성도가 높은 경우, 기성 작가의 작품인 경우, 자신보다 능숙하다고 생각되는 학습자의 텍스트인 경우에 그 작품의 어느 부분을 뺀다는 것은 보태기 활동에 작용된 심리적 부담보다 훨씬 더할 수 있다. 원작의 의도와 내용을 훼손하지 않는 상태에서 작품의 부분을 덜어낸다는 것은 골격을 와해하는 것과 같다는 인식을 할 수 있다. 더구나 작품을 선정하는 과정에서 형성된 배경 지식과 작품에 대한 이해가 학습자의 적극성을 저해하는 요인으로 작용한다. 단어에서 문장을 문장에서 문단을 덜어낸다는 것은 대상텍스트의 내용과 형식을 부분적으로 혹은 전체적으로 훼손할 거라는 부담감 때문이다. 그러나 텍스트의 유연성과 변용의 무한함을 감안하여 앞으로 학습자 자신의 작품을 대상으로 변용할 때, 학습자 자신의 텍스트 완성도를 높이기 위해서는 필수적인 활동이다. 그것은 글을 보다 함축적이고 세련되게 한다.

가) 단어(시어) 빼기

단어의 압축과 함축적 의미를 아는 데에 효과적인 활동이다. 쓰기 교수·학습 활동을 하는 과정을 초등학교 전체를 대상으로 살펴보면 저학년 아동보다 오히려 고학년 아동들에게서 불필요한 단어를 많이 발견하게 된다. 언어 사용 능력과 쓰기 기능이 발달했기 때문이라는 긍정적인 결론을 내릴 수 있으나, 글을 쓰는 데에 있어서는 별로 도움이 되지 않는다. 시는 자신의 생각과 느낌을 함축적으로 나타낼 수 있는 압축어를 단어로 선택하여 표현하는 것이다. 고학년으로 갈수록 보고서와 논설문, 발표문과 설명문 등에 익숙해진 결과 시의 언어가 매우 산문적이 되어 불필요한 단어를 중복해서 나열하는 경우를 흔하게 발견할 수 있다. 따라서 단어 빼기는 다른 사람의 작품을 대상으로 연습을 하지만 궁극의 목적은 자신의 작품을 대상으로 시의 느낌과 분위기에 어울리지 않는 혹은 불필요한 단어를 골라 덜어낼 수 있는 능력을 기르는 것이다.

· 대상텍스트

초가지붕 마루엔
밤낮 꽃 핀다

낮에는 화안히
호박꽃 피고
밤에는 소롯이

박꽃이 피고

호박꽃은 낮에 피니
해와 같이 붉은 꽃,
박꽃은 밤에 피니
달과 같이 하얀 꽃,

<김종상, 「박과 호박」 일부>16)

· 변용텍스트

초가지붕엔
밤낮 꽃 핀다

낮에는 화안히
호박꽃
밤에는 소롯이
박꽃이

호박꽃은
해와 같이 붉은 꽃,
박꽃은
달과 같이 하얀 꽃,

  원래의 작품에서 반복 표현되거나 덧붙인 단어를 빼도 대상텍스트의 분위기와 많이 다르지 않다. 학습자의 성취도에 따라 단어 빼기의 결과가 다르기는 하지만 시의 함축성과 단어의 압축성을 인식시키는 활동으로 효과적이다.

---

16) 앞의 책, p.93.

나) 문장(행) 빼기

　주로 반복 표현이나 중복된 문장의 이미지를 중심으로 덜어내는 활동이다. 시의 함축성을 인식시키는 데에 효과적이지만 단어 빼기에 비하여 훨씬 세심한 고려가 필요하다. 반복 표현은 시의 완성도를 높이기 위한 쓰기 기법의 하나이기 때문에 기성 작가의 작품에 드러난 반복 표현을 무작위로 빼는 것은 무리가 있다. 따라서 글을 구성하는 모든 문장을 교대로 빼면서 글을 감상하는 과정을 거치는 것이 합리적이다.

· 대상텍스트

　　서울 아이들은
　　수박이 겨울에도 난다고 한다.

　　─히히 우습다. 수박은 여름에 나지.

　　서울 아이들은
　　국화꽃이 봄에도 핀다고 한다.
　　─히히 우습다. 국화꽃은 가을에 피지

　　아니, 서울 아이들은
　　돈만 있으면
　　겨울에도 수박을 살 수 있단다.
　　봄에도 국화꽃을 살 수 있단다.

　　─히히 우습다.
　　그게 어디 진짜 수박일까?
　　겨울에 수박을 무슨 맛으로 먹는담

그런 걸 돈으로 사 먹다니!

－히히 우습다.
그게 어디 진짜 국화일까?
봄에 핀 국화란 얼마나 싱거울까?
그런 걸 돈으로 사보다니!

<윤동재, 「서울 아이들」 전문>[17]

    선택된 대상텍스트는 서울 아이들에 대한 농촌 아이들의 생각을 사실적
이고 구체적으로 표현하고 있다. 동일한 단어와 문장의 반복을 통해 강조
는 물론 재미를 더하고 있다. 작품 구성상 뺄 수 있는 부분을 찾기란 쉽지
않다. 동일한 언어의 반복이나 생각의 표현이 이 글을 이루는 가장 핵심적
인 요소이기 때문이다. 그럼에도 불구하고 문장을 덜어내야 하는 상황의
학습자는 매우 조심스럽게 생각하고 판단해야 한다. 대상텍스트의 시적인
정서와 느낌을 유지하면서 내용을 훼손하지 말아야 한다. 앞서의 활동이
그랬듯이 과정은 모두 순차적으로 반복해서 일어난다.
    빼기 활동의 학습자들은 주로 대상텍스트의 반복 문장에 관심을 갖는다.
따라서 반복된 단어나 문장을 삭제하는 학습자의 활동은 다분히 의도적이
다. 동일한 문장의 지나친 반복은 시의 이미지와 분위기를 저해할 수 있음
을 체험하게 하는 것이다. 변용 대상 작품에 반복 문장이 없을 경우에는
전체적인 시의 내용과 분위기를 파악하는 것이 가장 우선되어야 한다. 이
전의 활동에서와 마찬가지로 작품에 대한 이해와 해석을 통해서 전체적인
분위기를 훼손하지 않는 범위에서 문장을 빼내야 하는 것이다.

---

17) 앞의 책, p.200.

· 변용텍스트

> 서울 아이들은
> 수박이 겨울에도 난다고 한다.
> 서울 아이들은
> 국화꽃이 봄에도 핀다고 한다.
>
> 아니,
> 돈만 있으면
> 겨울에도 수박을 살 수 있단다.
> 봄에도 국화꽃을 살 수 있단다.
>
> ─히히 우습다.
> 그게 어디 진짜 수박일까?
> ─히히 우습다.
> 그게 어디 진짜 국화일까?

대상텍스트 본래의 전달 의도는 축약되었으나 회화적인 이미지는 그대로 살아있다. 대상텍스트에 비해 완성도가 떨어지는 것은 사실이다. 그러나 동일한 언어의 중복 사용을 어느 정도 제한하더라도 시의 구성 조건에 결함이 발생하지 않는다는 것을 알게 하는 방법에 중점을 둔다면 빼기는 학습자의 불필요한 단어 남용을 조절 할 수 있을 것이다.

다) 문단(연) 빼기

하나의 연을 빼내어도 시의 맛과 의미가 그대로 전달될 수 있다는 것을 학습자 스스로 확인할 수 있는 활동이다. 설명이나 논증을 요하는 쓰기 활동의 경우에 학습자들은 불필요한 부연을 거듭하기도 한다. 어렵게 쓰기한 자신의 글 일부를 지워버리는 일은 몹시 괴로운 일이다. 그러나 때로는 보다 확실하고 명시적인 의미 전달을 위해서 과감히 삭제를 감행해야 하는 경우가 발생한다. 완결된 대상텍스트의 빼기를 통해서 텍스트의 문맥을 이해하고 불필요한 쓰기 활동을 줄일 수 있어야 한다.

· 대상텍스트

크레온을 잡으신
선생님 손끝에선
시냇물이 흐르고
예쁜 꽃이 피어나고

피아노에 앉으신
선생님 손끝에선
아름다운 노래가
넘쳐납니다.

부드러운 목소리로
이야기 하실 때는
우리들의 마음이
저절로 밝아지고

손을 잡아 이끌며
가르쳐 주실 때는
따스한 사랑이
전해옵니다.

· 변용텍스트

크레온을 잡으신
선생님 손끝에선
시냇물이 흐르고
예쁜 꽃이 ·피어나고

피아노에 앉으신
선생님 손끝에선
아름다운 노래가
넘쳐납니다.

손을 잡아 이끌며
가르쳐 주실 때는
따스한 사랑이
전해옵니다.

선생님의 모습과 마음씨를 어린이들의 시각으로 표현한 시이다. 다양한
비유와 상징적 이미지를 통해 선생님의 온유하고 따뜻한 이미지를 표현하
고 있다. 여기서 선생님을 표현하고 있는 이미지의 한 연을 뺀 변용텍스트
의 느낌과 분위기는 대상텍스트와 큰 차이가 없다. 다만 선생님의 모든 것
을 표현할 수 없는 아쉬움이 남을 뿐이다.

3) 보태고 빼기

보태기와 빼기 변용 활동을 통해 학습자는 상상력과 창의력을 동원하여
대상텍스트에 대한 적절한 가감을 적용할 수 있게 되었다. 자신의 것이 아
닌 이전의 텍스트를 대상으로 하여 시의 분위기와 흐름을 유지하면서 덧붙

이고 덜어내는 활동은 자신의 쓰기물에 대한 적절한 수정 보완을 할 수 있는 자발적 수행 능력을 습득하게 한다. 보태기와 빼기는 다분히 쓰기 교수·학습을 위한 의도적인 변용 활동이다. 대상텍스트에 담겨있는 철학과 사상을 부각시키기 위해 그림과 상징을 첨가하여 힘을 더하고, 함축적 의미 전달과 정교함을 가꾸기 위해 불필요한 중복과 부연 설명에 삭제를 가해야 한다. 두 가지의 쓰기 활동이 적절하게 병행되었을 때 텍스트의 완성도는 높아진다.

쓰기 과정의 가장 중요한 활동 중 하나는 '수정과 보완'이다. 텍스트 자체의 완성도를 높이기 위해 텍스트를 수정하고 보완한다. 쓰기가 된 텍스트는 학습자의 것이 아니다. 텍스트의 유동성으로 인해 다른 어떤 학습자에게로 이동할 수 있는 경로를 개방하고 있다. 따라서 텍스트 학습자는 언제나 자신의 쓰기물이 누군가의 쓰기를 위한 대상텍스트가 될 수 있다는 준비를 하고 있어야 한다. 그것은 전문 작가나 아마추어 작가나 쓰기 교수·학습의 장에 처해있는 학습자에게나 공통의 사항이다. 누구도 범접할 수 없는 텍스트는 없다. 특히 쓰기 교수·학습 현장에서는 학습자 상호간 작품의 교류가 이루어진다. 보태고 빼기는 텍스트 변용 초기 과정에서 발생하여 그 끝을 알 수 없을 정도의 지속성을 갖는다. 실제로 전문 작가들의 경우 이미 출판되어 일반인들에게 널리 알려있는 작품들조차도 첨가와 삭제를 통해서 수정하고 보완하는 작업을 게을리 하지 않는다.

대상텍스트의 보태고 빼기는 불규칙적이고 다발적이다. 텍스트에 대한 관심과 노력이 요구되며, 대상텍스트를 모델로 하여 재구성된 텍스트의 결핍 요소를 보완한다. 보태고 빼기는 앞의 두 과정에서와 마찬가지로 단어·문장·문단 보태고 빼기 활동으로 진행된다. 변용 과정은 단어 중심으로 시작하여 문단으로 나아가는 것이 효과적이다. 보태는 활동과 빼는 활동이 복합적으로 이루어지기 때문에 학년별, 연령별 쓰기 성취도에 따라 적절한 단계의 활동을 부여하는 것은 교사의 역할이다.

· 대상 텍스트

　　　눈이 덮인 마을에
　　　밤이 내리면
　　　눈이 덮인 마을은
　　　하얀 꿈을 꾼다.

　　　눈이 덮인 마을에
　　　등불이 하나
　　　누가 혼자 자지 않고
　　　편지를 쓰나?
　　　새벽까지 남아서
　　　반짝거린다.

　　　눈이 덮인 마을에
　　　하얀 꿈 위에
　　　쏟아질 듯 새파란
　　　별이 빛난다.
　　　눈이 덮인 마을에
　　　별이 박힌다.

　　　눈이 덮인 마을에
　　　동이 터오면
　　　한 개 한 개 별이 간다.
　　　등불도 간다.

　　　　　　　　　<박두진, 「하얀 눈과 마을」 전문>[18]

한 겨울 밤의 눈 덮인 마을 정경을 마치 그림을 그리듯이 회화적으로 표

─────────────────
18) 앞의 책, p.140.

현한 글을 대상으로 하였다. 원작자에 대한 배경 지식은 그만두더라도 시의 완성도 면에서 흠 잡을 곳이 없다. 이 대상텍스트에 보태고 빼기 활동을 하기 위해서는 작품에 대한 해석 능력과 배경 지식이 총동원되어야 한다. 보태고 빼기의 기본 목적은 텍스트를 새롭게 재구성한다는 측면보다는 재구성된 텍스트의 완성도를 높이기 위한 수정 보완 연습에 있다. 따라서 텍스트를 학습자의 입장에서 재해석하여 반응하는 것이 매우 중요하다. 대상텍스트가 갖고 있는 완결성을 해체하기 위해서는 학습자의 적극적인 반응이 우선적으로 작용하여야 한다. 대상텍스트에 내재하는 작가의 심리와 정서를 이해하고, 텍스트에 잠재되어 있는 상징과 이미지를 분석해야 한다. 텍스트의 유동성과 상호성에 근거하여 시의 이미지를 형상화하고 자신의 상상력과 창의력을 동원하여 변용 활동을 수행하여야 한다.

· 변용텍스트

눈 덮인 마을에
밤이 내리면
나는
하얀 꿈을 꾼다.

눈 덮인 마을에
등불이 하나
새벽까지 남아서
반짝거린다.

눈 덮인 마을에
내 꿈 위에
쏟아질 듯 새파란
별이 빛난다.

눈 덮인 마을에
동이 터오면
한 개 한 개 별이 간다.
등불이 간다.
내 마음도 따라간다.

 문장을 중심으로 중복된 부분을 빼고 학습자의 이미지를 보태었다. 대상
텍스트에 대한 배경 지식에 학습자 자신의 이미지를 작가의 이미지에 대응
하여 표현하였으며, 분위기와 리듬을 그대로 유지한 채 작가의 상상력과
학습자의 상상력을 동일시하였다. 대상텍스트에 비하여 변용텍스트는 완성
도 면에서 부족하다. 그러나 학습자 자신의 작품을 대상으로 보태고 빼기
를 하는 경우에는 전혀 다른 양상을 보인다. 대상텍스트가 유명한 작가의
작품일 경우에는 그 작품의 완성도에 지배되어 변용 활동이 수월하지 않으
나 보태고 빼는 과정을 통해서 작품에 대한 부단한 반성과 평가를 할 수
있는 쓰기 교수·학습의 한 방법을 배우는 데 의의가 있다.

다. 바꿔 쓰기

 보태고 빼기가 채워 쓰기에 비해 학습자의 자율적 의지와 적극성을 필요
로 하는 이유는 완성된 대상텍스트에 대하여 수정 보완을 지속적으로 수행
해야 하기 때문이다. 바꿔 쓰기가 보태고 빼기와 근본적으로 다른 것은 보
태고 빼기가 대상텍스트에 대한 수정과 보완을 가한다는 것과 달리 대상텍
스트 자체가 갖고 있는 본질적인 요소 자체를 모두 새롭게 전환할 수 있다
는 데에 근거한다. 바꿔 쓰기에 동원되는 대상텍스트는 생성 과정에서 학습
자의 흥미를 불러일으켰으며, 이해와 해석을 중심으로 활성화하는 과정에서
재구성에 대한 충분한 욕구를 분출하였다. 바꿔 쓰기 대상텍스트는 그 목적
여하에 구분하지 않고 주로 학습자 위주로 선택되는 것이 바람직하다.

바꿔 쓰기 대상텍스트 선정은 학습자의 필요와 욕구를 선행하기 때문에 학습자의 수준에 적합한 재미있는 텍스트여야 한다. 학습자 스스로 자신의 마음에 드는 텍스트를 선정하는 것은 물론이요, 교사에 의해 제시되는 경우에도 학습자의 흥미를 유발할 수 있어야 한다.

소재 중심의 바꿔 쓰기는 쓰기 성취도가 낮은 학습자에게 효과적이다. 텍스트에 등장하는 다양한 인물이나 사물을 시의 분위기에 어울리는 다른 것으로 대치한다. 또한 배경 바꾸기는 학습자의 자유로운 상상력에 따라 텍스트의 배경 속으로 자신을 이입하여 새로운 배경을 창조할 수 있다. 운율 바꾸기는 대상텍스트 본래의 운율을 변용하여 새로운 느낌을 갖게 할 수 있다. 이러한 소재, 배경, 운율 바꾸기 활동은 앞의 활동처럼 단어에서 문장으로 문장에서 문단으로 확대하여 변용할 수 있다.

바꿔 쓰기 대상텍스트는 가급적 소재, 배경, 운율이 확실하게 드러나는 작품을 선정하는 것이 중요하다. 궁극적으로는 텍스트의 특성에 따라 적용하는 방법이 다르겠으나 의도적인 바꿔 쓰기 쓰기 교수·학습 활동에 적용하기 위한 대상텍스트의 선정은 수업 계획 단계에서 교사와 학습자의 선행 활동을 통해서 미리 정하는 것도 좋은 방법이다.

· 대상텍스트

소년들은 꿈을 꾸는 게 아닙니다.
꿈속에서 소년들이 있는 것입니다.
구름을 말처럼 탈 수도 있습니다.
소나무에 업히기도 합니다.
바위와 이야기할 수도 있습니다.

강물과 뛰기를 합니다.
물고기와 숨바꼭질을 합니다.
바람이 불면

바람개비로 돌기도 합니다.

소년은 수수깡 안경을 쓰면
할아버지입니다.
교단에 서면 선생님입니다.
어머니 치마를 입으면
예쁜 색시도 됩니다.

소년들은 꿈을 꾸는 게 아닙니다.
꿈속에서 자라는 것입니다.
어른들은 꿈이 없습니다.
꿈 바깥에서 살고 있습니다.

<박남수, 「꿈나라」 전문> (앞의 책: 160)

위의 대상텍스트는 교사의 수업 계획 단계에서 선정된 것이다. 소재와 배경이 다양하고 초등학생들에게 익숙한 운율을 갖추고 있다. 이러한 텍스트의 선정은 다분히 의도적이기는 하지만 바꿔 쓰기 활동의 교육적 적용을 위해서는 효과적이다. 학습자의 수준이 어느 정도 향상되고 활동에 익숙해지게 되면 대상텍스트의 선정과 적용 방법을 스스로 판단할 수 있게 되기 때문에 교사 중심의 텍스트 선정은 한시적이다.

1) 소재 바꾸기

인물이나 사물 등의 소재를 중심으로 바꿔 쓰기를 하는 경우는 시 속에 학습자의 모습이나 주변의 것들을 대치하여 상징적으로 표현할 때 유용하다.

아기들은 꿈을 꾸는 게 아닙니다.
꿈속에 **아기들이** 있는 것입니다.

바람을 자동차처럼 탈 수도 있습니다.
초승달에 업히기도 합니다.
별님과 이야기 할 수도 있습니다.

시냇물과 뛰기를 합니다.
나비와 숨바꼭질을 합니다.
아침 해가 뜨면
그림자가 됩니다.

아기가 빨간 모자를 쓰면
산타 할아버지가 됩니다.
두 발로 서면 장군입니다.
언니 신발을 신으면
학교에도 갑니다.

아기들은 꿈을 꾸는 게 아닙니다.
꿈 속에서 자라는 것입니다.
어른들은 꿈이 없습니다.
꿈 바깥에서 살고 있습니다.

인물과 사물을 중심으로 소재 바꾸기를 한 예이다. '소년'을 '아기'로 바꾸어 대상텍스트의 순수성을 높이고 '구름', '소나무', 등을 '바람', '자동차' 등으로 바꾸었다. 전체적으로 시의 분위기는 그대로 흘러가고 있으면서도 소재의 변화로 인한 새로움이 돋보인다. 바꿔 쓰기에서 텍스트의 주인공을 학습자 자신이나 주변 인물로 대치하여 바꿔 쓰기를 할 수도 있다. 마음에 드는 텍스트의 주인공이 되어보는 것은 쓰기의 기쁨을 배가시키며, 대상텍스트를 단순하게 바꾸는 것이 아니라 새로운 모습으로 재구성한다는 기쁨을 갖게 한다.

2) 배경 바꾸기

소재 중심의 바꿔 쓰기 활동 텍스트를 바탕으로 배경이나 사건 중심의 바꿔 쓰기 활동을 추가하면 보다 새로운 시의 분위기가 만들어진다. 바꿔 쓰기 활동은 대상텍스트의 변용 활동을 순차적으로 수행한다. 대상텍스트를 원본으로 하여 소재와 별도로 배경을 바꿀 수도 있지만 소재, 배경, 운율을 혼합하여 복합적으로 활동할 수 있다. 여기서는 일차 변용된 텍스트를 대상으로 하여 배경 바꾸기를 하였다.

아기들은 잠자고 있는 게 아닙니다.
꿈속 세상을 만들고 있는 것입니다.
바람으로 자동차를 만들고
초승달로 송편을 빚고
별님의 이야기를 듣습니다.

시냇물로 무지개를 만들어
나비의 옷을 입혀줍니다.
해가 뜨면
그림자 나라로 돌아갑니다.

아기가 빠알간 고깔 모자를 쓰면
마법사가 됩니다.
두 발로 서서 아름다운 성을 짓습니다.
언니 신발은 배가됩니다.

아기들은 잠을 자는 게 아닙니다.
꿈나라를 만드는 겁니다.
어른들은 꿈나라가 없습니다.
잠만 자기 때문입니다.

소재와 배경 중심의 바꿔 쓰기는 독립적으로 따로 수행할 수 있으며, 위와 같이 순차적으로 진행할 수도 있다. 텍스트의 순차적인 변용 활동은 이와 같이 작은 영역에서 조금씩 확장된 영역으로의 확산을 의미한다. 교육 환경에서의 쓰기 학습 훈련은 영역별 독립적으로 수행되기도 한다. 학습자의 쓰기 수행 능력과 반응 양상에 따라 다르게 변용되지만 일반적으로는 하나의 변용을 수행한 이후 재구성 된 텍스트를 중심으로 바꿔 쓰기를 다시 수행하여 변화의 속도를 높이는 것이 효과적이다.

3) 운율 바꾸기

대상텍스트의 소재와 배경을 중심으로 바꿔 쓰기 한 변용텍스트는 운율을 의식하지 않는 한 상당히 변모된 모습을 갖추게 된다. 그럼에도 불구하고 여전히 대상텍스트의 영향권을 벗어나지 못하는 것은 대상텍스트가 지배하고 있는 고유의 운율 때문이다. 운율을 자극하는 것은 시의 음보와 관련이 있다. 이것은 시의 형식에 관한 학습자의 배경 지식과 창의적 사고가 요구되는 활동이다. 대상텍스트의 운율을 변용하기 위해서는 대상텍스트에 사용된 단어를 새롭게 변용하여야 한다.

> 아기들이 잠을 자면
> 바람이 자동차가 되고
> 초승달이 돛을 달아요.
> 별님의 이야기를 들어서 알지요.
>
> 시냇물은 무지개가 되어
> 나비 옷을 입히고
> 햇님이 웃는 아침 얼굴에
> 그림자로 태어납니다.

빠알간 고깔 모자, 예쁜 은수저
머리에 쓰고 한 손에 쥐고
마법사가 됩니다.

아기들의 꿈나라는
아기들의 잠자리에 있습니다.

　대상텍스트의 운율을 바꿔 쓰기 하여 재구성된 텍스트는 그 자체로 독립성을 갖는다. 이렇게 재구성된 텍스트는 2차 변용 활동에서 학습자의 상상력과 창의성이 작용하는 의지에 따라 새롭게 변모한다.
　대상텍스트에서 변용된 텍스트는 본질적으로 대상텍스트와의 상호성을 부인할 수 없다. 그러나 그 자체로서 텍스트의 본질을 갖추게 되면 변용 활동에 필요한 대상텍스트로서의 지위를 확보할 수 있다.

라. 삼행(이행, 사행)시 쓰기

　삼행시 쓰기는 쓰기의 전문성을 고려하지 않아도 되는 가장 일반적인 쓰기 방법일 것이다. 말 그대로 세 줄 글을 짓는 것이지만 때로는 두 줄이 될 수도 있고, 넉 줄이나 다섯줄이 될 수도 있다. 보통은 각 행의 처음 머리글자를 주어 각각의 행이 하나의 내용으로 연결이 되는 글을 짓도록 하는데, 머리글자로 적용되는 말은 매우 다양하고 흥미롭다. 사람의 이름을 사용하는 경우가 많기도 하지만 사물의 이름이나 지명, 혹은 역사적인 사건이나 고사에 이르기까지 매우 다양하다. 남녀노소, 장소와 때를 가리지 않고 즉흥적으로 할 수 있다는 장점이 있다. 재치와 해학이 넘치는 삼행시 쓰기는 주로 게임의 형태로 알려져 있지만 실상은 그 음보와 구성상 우리 민족의 시조와 매우 흡사하다. 따라서 삼행시 쓰기를 활용한 쓰기 활동은 학습자의 동기 유발뿐 아니라 쓰기 활동의 적극성을 유발하는 데에 매우 효과적이다.

삼행시 쓰기는 여럿이 모여 돌림 쓰기 활동을 하거나, 머리글자를 상대 방에게 제시하여 주는 주고받기 식의 쓰기 활동이 가능하다. 또한 시조의 형식을 가르치기 위한 방법으로 삼행시 채워 쓰기를 활용할 수 있다. 여기 서는 교실 쓰기 교수·학습으로 수행이 가능한 대표적 방법의 예를 들기로 한다.

1) 이름 삼행시

사람의 이름을 포함한 사물의 모든 이름을 머리글자로 하여 삼행글을 짓 는 활동이다. 이 방법은 사람과 사물의 성격이나 특징 혹은 생김새를 표현 하는 쓰기 활동으로 매우 효과적이다. 사람의 이름을 머리글자로 하였을 경우에는 그 사람의 성격이나 생김새가 잘 나타나도록 짓는 것이 매우 중 요하다.

좋은 글을 쓰기하기 위해서는 쓰기를 하기 위한 대상이 필요하고 그 대 상에 대한 정확한 관찰과 사고가 선행되어야 한다. 사람에 대한 삼행글을 쓰기 위해서는 그 사람에 대한 것을 보다 많이 알고 있어야 한다. 교실 수 업에서 사람의 이름을 대상으로 하는 삼행시는 학습 구성원 간의 인간적인 교감과 유대감을 형성한다. 따라서 소집단 활동을 성공적으로 수행하기 위 해서는 삼행시 쓰기를 게임 형식을 빌어서 하는 것이 필수적이다. 구성원 의 이름을 확인하고 각자의 성격과 특기, 가족 사항이나, 취미, 생김새 등 을 파악하는 과정을 통해서 우애가 생긴다. 뿐만 아니라 자신의 신상에 대 한 공개 발표를 통해서 의사소통 기능을 신장할 수 있는 양득의 효과가 발 생한다.

사물을 대상으로 하는 경우 사람의 이름을 대상으로 하는 것과 마찬가지 로 사물의 특징과 외형, 쓰임새와 종류 등 다양한 배경 지식과 상상력을 동원하여야 한다. 하나의 사물이 학습자의 시각에 따라 매우 다양할 뿐 아니라 학습자의 쓰기 능력에 따라 표현의 정도가 달라진다. 그러나 무엇보다 사물을 정확하게 관찰함으로써 사물을 표현하는 능력을 기르고 사물에 대한 적절한 단어를 선택하고 적용할 수 있는 기초 능력을 갖춘다는 측면에서 매우 중요한 활동의 하나이다.

삼행시 쓰기를 개별 쓰기 활동으로 진행할 경우에는 학습자 개인의 생각과 상상력, 단어의 선택과 사고력, 관찰력과 배경 지식들을 통해 쓰기 성취도를 파악할 수 있는 자료가 제공된다. 그러나 소집단 활동을 통해서 서로의 의견을 주고받는다든지, 한 행씩 주고받는 활동 등을 통해 쓰기의 재미를 유발할 수 있다. 따라서 조건과 상황에 따라 다양한 방법으로 활동을 수행하는 것이 효과적이다.

가) 인 물

학습자의 배경 지식 내에 있는 인물을 대상으로 하는 변용 활동이다. 만일 역사적인 인물을 대상으로 삼행글을 지을 경우에는 기본적으로 그 인물에 대한 배경지식을 갖춰야 하기 때문에 교과 통합 수업이 가능하다. 연극 활동을 할 때에 자신이 맡은 인물의 성격과 특성을 파악하기 위해 인물 삼행시 쓰기를 하기도 하는데 인물 삼행시는 그 인물에 대한 성격과 특성을 파악하는 데에 효과적인 활동이다. 그러나 쓰기 활동의 비중을 넘어서는 과도한 배경 지식의 동원은 자칫 학습자의 쓰기 욕구를 저하시킬 수 있다.

'내짝꿍'은 '조선우'라는 친구를 대상으로 하여 생김새와 성격 그리고 품행을 알 수 있게 표현하였으며, '세종대왕'은 자신이 알고 있는 배경 지식을 동원하여 세종대왕의 업적과 자랑스러움을 어린이답게 표현하였다.

내짝꿍

조: 그맣고 동그란 얼굴

선: 생님 말씀도 잘 듣는

우: 리반 학급 회장

세종대왕

세: 상에서 가장 훌륭한 임금이 나셨다.

종: 일 학문에 열중하시다 한글을 창제하셨으니

대: 단한 업적을 쌓으셨다.

왕: 중의 왕이로다.

나) 사 물

사물을 대상으로 하는 삼행시 활동은 아이들의 관찰력을 눈여겨볼 수 있는 좋은 과정이다. 뿐만 아니라 사물을 통해서 아이들이 어떤 생각과 상상을 하고 있는 지도 보인다. 다른 쓰기 교수·학습 활동과는 달리 삼행시 쓰기는 빠른 시간 내에 표현하는 것을 전제로 하기 때문에 아이들의 순발력이 돋보인다. 짧은 시간 안에 활동하기 때문에 머리 속에 떠오르는 생각과 상상을 거르지 않은 채 그대로 드러낸다. 따라서 교사의 의도적인 사물의 제시는 학습자의 생각과 상상력을 가늠할 수 있는 잣대로 활용할 수 있으며, 학습자의 쓰기 성취도를 파악하는 데에도 도움이 된다. 그러나 모든 학습자들이 사물의 특성이나 생김새를 그대로 표현하는 것은 아니다. 대다수의 학습자들이 주어진 사물의 특성과 생김새를 묘사하거나 표현하기보다는 그와 다른 생각과 상상력을 발휘하는 것을 볼 수 있다. 사물을 대상으로 하는 경우는 주변에서 볼 수 있는 것이 좋다. 교실의 물건이나 주변에서 쉽게 볼 수 있는 사물을 머리글자로 주면 학습자 개개인의 관찰력과 상상력이 그대로 표현된다.

쓰기 수행 성취도가 높은 능숙한 학습자의 경우에는 한 편의 글을 구성하고 있는 단어를 대상으로 삼행시를 짓게 하는 활동을 할 수 있다. 이와 같은 활동은 충분한 쓰기 시간과 조건을 갖춘 상황에서 가능하다. 미숙한 학습자와 능숙한 학습자가 공존할 수밖에 없는 제도권 교육에서 수준별 쓰기 교수·학습을 하는 데에 필요한 활동의 하나이다. 능숙한 학습자의 경우에는 주어진 소재에 대한 쓰기 활동이 미숙한 학습자에 비해 상당한 편차를 두고 앞서 진행된다. 여전히 미숙한 학습자가 쓰기를 수행하는 동안 교사는 능숙한 학습자에게 시 속의 단어를 대상으로 삼행시 쓰기를 시킬 수 있다.

'칠판'과 '분필'은 교실에서 매일 대하는 사물을 의인화하여 표현한 두 줄 시이다. 누구나 알고 있는 모양과 특징을 쓰임새에 걸맞게 표현하였다. '삼각자'는 용도와 특징을 간결하게 표현하고 있다. 그러나 '운동장'의 경우 주어진 것과는 전혀 다른 생각으로 상상력을 발휘하였음에도 불구하고 간결하고 분명한 의사 표현이 잘 드러나고 있다.

칠 판

칠: 칠맞기도 하지 누가 칠판이 되랬나?
판: 데기 하나 달랑 뒤집어쓰고 분필한테 얻어맞고.

분 필

분: 하고 원통해서 참을 수가 없네,
필: 통에 갖혀서 칠판을 만날 수가 없잖아.

운동장

운: 이 좋은 날
동: 전 한 닢 주워
장: 에 가서 군것질

삼각자

삼: 십센티미터 길이를 그을 수도 있고,
각: 을 그릴 수도 있는
자: 랑스런 삼각형 얼굴.

2) 고사성어 삼행시

우리말의 상당 부분은 한자말로 이루어져 있다. 교과서에 등장하는 고전 문학의 경우 상당수가 한자말이며, 한자말을 우리말로 풀이하여 수록한 것들도 있다. 또한 일상생활에서 사용하는 말 중에는 고사성어가 상당 수 차지하고 있다. 그럼에도 불구하고 학생들은 그 정확한 어원과 뜻을 알지 못한 채 습관적으로 쓰고 있음을 발견할 수 있다. 의사소통의 수단으로 사용되는 고사성어가 쓰기 활동에 동원되었을 때 그 의미는 사뭇 차이가 난다. '詩'라는 문학 장르 속에서 표현되는 고사성어의 의미는 그 시 한편의 의미를 모두 좌우한다고 해도 과언이 아니다. 정확한 어원과 뜻을 알지 못한 채 표현되어지는 고사성어는 차라리 쓰지 않는 것만 못하다. 따라서 쓰기 성취도가 높은 학습자에게 효과적인 활동이긴 하지만 초등학생들에게 익숙한 고사성어를 대상으로 하여 삼행쓰기 활동을 하는 것은 고사성어의 의미를 정확하게 파악하는 것뿐 아니라 시에서 작용하는 고사성어의 역할과 뜻을 이해하는 데에 도움이 된다.

고사성어 삼행시는 앞의 이름 삼행시와는 달리 고사성어에 관련된 자료를 교사가 미리 제공하거나 학습자가 선수 학습으로 준비하여 오는 것을 원칙으로 한다. 고사성어와 관련된 유래와 의미를 파악한 후에 고사성어를 머리글자로 하여 삼행글을 짓는 것이다. 삼행시의 내용은 고사성어의 의미 범위를 넘어서지 않도록 사전에 지도하는 것이 올바른 방법이다. 이름 삼행시의 '운동장'처럼 주어진 소재와는 전혀 다른 삼행시 쓰기 활동을 하는

것이 아니라 고사성어의 쓰임과 의미를 파악하기 위한 활동이기 때문에 주
어지거나 준비된 자료를 근거로 하여 표현하도록 해야 한다. 따라서 고사
성어 삼행시 쓰기 활동은 학습자에게 단어를 습득하는 활동으로 효과적이
다. 그러나 준비한 자료를 바탕으로 고사의 중심 내용을 표현한다는 측면
에서 학습자의 흥미가 저하될 우려가 있다. 따라서 다양한 쓰기 활동 중의
한 부분으로 활용하는 것이 효과적이다. 다음은 고사성어의 유래를 내용
중심으로 표현한 것과 고사성어의 의미를 재해석하여 표현한 쓰기 활동의
예이다.

① 고사성어
   등용문(登龍門)
② 뜻풀이
   용문(龍門)에 오르다. 곧 난관을 돌파함으로써 약진의 기회를 붙잡
는다는 말. 옛날에는 과거 시험에서 오늘날에는 고시 등의 어려운 시
험에 합격하여 출세와 성공의 길에 들어설 수 있는 길을 말한다.
③ 사용되는 경우
   판사가 되기 위한 등용문(登龍門)은 사법고시에 합격하는 길뿐이야.
④ 유래
   용문(龍門)이란 중국의 황하 상류에 있는 계곡의 이름이다. 이 골짜
기는 경사가 가파르고 물의 흐름이 매우 빨라 어지간해서는 물고기들
이 계곡을 거슬러 올라갈 수가 없다. 그래서 이 용문(龍門) 아래에는
수천 마리의 물고기들이 몰려들지만 단 한 마리도 용문에 오르지 못
한다. 하지만 일단 그곳을 통과하여 계곡을 오르기만 하면 용이 된다
고 전해지고 있다.
   중국의 후한 말기는 환관들의 횡포가 극심했다. 일부 정의파 관료
들은 환관들의 사악한 횡포에 항거하다가 이른바 '당고의 화'라는 대
규모의 탄압을 당하게 된다. 이 정의파 관료들의 우두머리로 지목된

인물이 있었는데 그가 바로 '이응'이라는 사람이었다. 출세의 길을 순탄하게 달려오던 그도 환관들의 눈 밖에 나서 지방으로 좌천되었다가 감옥에 갇히기까지 하였다.

혼란한 관계(官界)에서도 이응은 홀로 선현들의 가르침을 지키면서 지조를 굽히지 않았다. 그 때문에 그의 명성은 점점 높아져 마침내 '천하의 모범은 이응'이라는 칭송을 받았다. 신진 관료들도 이응의 인정을 받고 그에게 추천받는 것을 큰 영광으로 알았다. 그래서 이응에게 인정받게 되면 '용문(龍門)에 올랐다.'고 하였다. 따라서 '오르다'라는 한자어인 '등(登)'과 '용문(龍門)'이 합쳐서 '등용문(登龍門)'이라는 말이 생기게 되었다.

'등용문(登龍門)'의 반대되는 말로 '점액(點額)'이라는 말이 있다. '액(額)'은 이마, '점(點)'은 상처를 입는다는 뜻이다. 용문에 오르려고 급류에 도전한 물고기가 있는 힘을 다해 솟구치려 하다가 거센 물살에 휩쓸려 바위에 이마를 긁혀 상처를 입는다는 데에서 나온 말이다. 출세 경쟁에서 탈락한 낙오자를 가리키는 말이다.

· 재해석하여 삼행시 쓰기

등: 산을 하려고 높은 곳을 찾았다.
용: 케 오르니 더 높은 산이 보인다.
문: 을 나서는 게 아니었다.

· 내용 중심의 삼행시 쓰기

등: 용문 높은 곳을 아무나 오르나
용: 이 되기란 하늘의 별을 따는 것만큼 힘든 일이지
문: 전 박대, 점액을 얻기 전에 분수에 맞게 살아야지.

초등학생들에게 일반적으로 적용하기보다는 쓰기 성취도가 높은 학습자를 중심으로 활동하는 것이 효과적이다. 그러나 고사 성어의 의미를 알고 단어를 선택한다는 측면에서는 보다 쉬운 고사성어를 선택하고 이해하기 쉽게 풀이하여 제공할 필요가 있다.

3) 시조 삼행시

이제 막 읽고 쓰기를 시작한 어린이들에게 아무런 제한이나 구속, 형식이나 내용을 주지 않은 상태에서 자유롭게 글을 짓도록 하면 그 음보는 우리 민족의 전통적인 율격을 따라가고 있음을 알 수 있다. 다음은 일 학년 어린이가 그림일기에 표현한 글귀이다. 이 작품은 시조에 배경 지식을 갖고 있지 않은 어린이가 주어진 주제에 따라 한 편의 동시를 쓰게 한 교사의 과제에 의한 활동 결과이다. 아주 자연스럽게 우리의 전통 음보로 노래하고 있음을 알 수 있다.

달리기

셋이서 달리면 멍멍이가 일등이다
둘이서 달리면 형아가 일등이다.
혼자서 달리면 내가 일등이다.

심심해

아빠는 아직도 집에 오지 않는다.
엄마는 부엌에서 저녁밥을 지으신다.
나는 거실에서 텔레비만 보고 있다.

기본적으로 3·4 조의 음보를 따라가는 것이 어린아이들의 글쓰기 특성이다. 일기문의 경우에는 조금 자유롭기는 하지만 동시라는 형식을 주었을 경우에는 거의가 기본 율격을 유지하는 경우가 대부분이다.

　시조 삼행시는 어린이들이 자연스럽게 갖고 있는 기본 음보를 바탕으로 우리의 전통적 시의 형식인 시조 쓰기 활동을 수행하도록 하는 것이다. 시조 삼행시가 앞의 활동과 다른 이유는 시조의 기본 율격을 바탕으로 의도적인 쓰기 활동을 수행하게 한다는 것이다. 어린이들의 선천적 기본 율격이 시조의 모든 율격을 따라가고 있지는 않기 때문에 교사가 의도적 제작한 학습지 활동을 통해 시조의 기본 율격을 익히도록 하는 것이 효과적이다.

　머리글자는 이름이나 사물 등 어떤 것이어도 좋다. 이미 지어 놓은 글을 대상으로 재구성하는 활동도 효과적이다. 다만 주어진 빈 간에 맞는 자수의 단어를 표현하는 것이 이 활동의 핵심이다. 다음의 두 경우는 앞의 글을 시조의 형식으로 재구성한 것과, 주어진 머리글자에 새롭게 구성한 시조 삼행시의 예이다.

달리기

셋	이	서		달	려	가	면		멍	멍	이		일	등	한	다.
둘	이	서		달	려	가	면		형	아	가		일	등	이	다.
혼	자	서		달	려	가	다	가	넘	어	졌	다	아	프	다.

　초등학교 저학년 어린이의 재구성 삼행시이다. 이미 써 놓은 자신의 글을 시조의 형식으로 재구성하는 과정에서 발생하는 부자연스러움이 보인다. 그러나 지속적인 교수·학습 활동을 통해서 시조의 형식에 익숙해진 후에는 보다 발전적임을 알 수 있다.

심심해

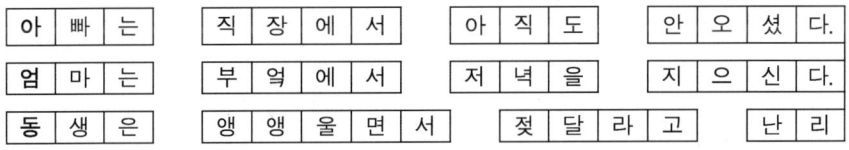

아 빠 는	직 장 에 서	아 직 도	안 오 셨 다.
엄 마 는	부 엌 에 서	저 녁 을	지 으 신 다.
동 생 은	앵 앵 울 면 서	젖 달 라 고	난 리

　빈 간 채우기의 시조 삼행시 활동을 경험한 학습자들은 주어진 머리글자를 매우 자유롭고 익숙하게 변용한다. 오히려 다른 활동에 비하여 훨씬 쉽고 수월함을 느끼기도 한다. 부분적으로 제한적 조건이 쓰기 활동에 도움이 될 수 있다는 것을 반증한다.

지우개

지 난 밤	꿈 속 에 서	천 사 가	놀 다 갔 나.
우 리 집	베 란 다 에	노 오 란	꽃 한 송 이.
개 나 리	봄 맞 이 하 러	하 늘 에 서	내 렸 나.

　초등학교 육 학년 어린이의 시조 삼행시이다. 주어진 사물의 특징을 표현하고 있지는 않지만 시조의 형식에 어울리는 내용의 비교적 세련된 단어를 구사하고 있다. 이와 같은 결과는 지속적인 쓰기 교수·학습의 결과로 보아야 한다. 시조의 기본 형식이 충분히 연습된 후에는 자수의 변화를 주어가면서 쓰기 활동을 수행할 수 있다. 다음은 종장의 첫 구를 제외한 나머지 시구에 변화를 주었을 경우의 결과물이다.

색연필

색	동	옷		갈	아	입	은		무	지	개	빛		미	술	요	정
살	짝			손	끝	으	로		그	림	자	를		치	우	면	
도	화	지		하	얀	종	이	위	로		그	림	춤		추	지	요

4. 학습자 수준별 쓰기 교수·학습 과정

일반적인 교실 수업은 교육과정의 범위 내에서 정해진 교육 내용을 중심으로 짜여진 시간에 따라 운영이 된다. 특별히 쓰기 교육 과정을 별도로 구성하고 시간 운영을 독립적으로 하지 않는 한 하나의 수업 계획 모형을 그대로 실천하는 데에는 적지 않은 무리가 따른다. 이러한 이유로 현장 중심의 수업 계획안은 차시별로 구성될 수밖에 없으며, 차시별 수업 계획안 역시 교수·학습 모형에 따르기보다는 모든 교과에 적용할 수 있는 일반적인 수업의 흐름(도입－전개－정리)을 따르고 있다.

근대화 이후 여러 차례 교육 과정의 개정을 거치면서 학교 교육과정의 자율성을 확보하고 교사의 창의적인 수업 운영을 유도하고 있지만 최소한의 법정 수업 시간 수를 확보해야 하는 교사의 입장에서는 특정한 교과목에 대한 집중적인 교육은 거의 불가능한 상태이다. 따라서 실제 수업에 적용될 수 있는 모형은 이러한 현장의 문제점을 포괄적으로 해결할 수 있어야 하며, 과목별·영역별·차시별 운영이 가능한 조건을 갖추고 있어야 한다.

학습자 중심의 교육 활동은 교사의 역할을 학습자에게 이양하는 과정을 밟는다. 학습자의 학습 활동의 질과 양을 높이기 위해서는 교사의 노력과 준비가 충실해야 한다. 이전의 교사 중심의 일방 전달 수업에서는 지정된 교과목의 지식만을 주입하는 형식이었다. 이 경우 학습자는 일방적으로 전달되는 내용을 숙지하는 것이 학교 교육의 전부라는 인식을 갖고 있었다. 그러나 교육과정의 개편 이후 최근의 학습 활동은 학습자 스스로 무엇을 공부할 것인가에 대한 인식을 갖고, 학습 내용을 스스로 구성하며, 학습 내용의 수용을 위한 다양한 활동을 전개하는 방향으로 나아가고 있다. 때문에 교사는 학습자의 자율적인 활동을 도모하기 위해 다양한 자료와 학습 내용을 준비하여야 한다.

학습자 중심의 교수·학습 과정은 학습자의 개별화와 맥을 같이 한다. 학습자 개개인의 학습 능력과 성향을 파악하는 것을 기본으로 하여 해당 교과의 해당 학습 내용을 어떤 학습자에게 어떤 수준으로 어떻게 적용할 것인지를 설계하는 것은 당연한 일이다. 이러한 교사의 학습자 진단은 이전 학년도 학업 수행 성취 결과의 분석과 현재의 지속적인 관찰과 평가를 통해서 이루어져야 한다. 따라서 학습 효과를 높일 수 있는 교수·학습 과정의 실천 적용을 위해서는 학습자에 대한 표준화 도구가 요구된다. 표준화 도구는 교과별·영역별·학년별 수행 성취에 관한 것이어야 하며, 이것을 바탕으로 수업을 계획하고 진행하여야 한다.

따라서 교수·학습 과정은 크게 세 단계로 구분되어야 한다. 즉, 본시 학습을 위한 단계이외에 본시 학습 운영을 위한 교사의 준비와 학습자의 활동이 그것이며, 본시 학습 후의 교사의 평가와 학습자의 추후 활동 등이다. 본시 학습의 운영은 사실 본시 학습 이전의 활동이 매우 중요하며, 본시 학습 이후의 활동은 차시 학습 운영의 기초 준비 자료가 되는 것이다. 모든 학습 내용은 교육 과정 편성 지침에 의하여 연간 학습 활동이 유기적으로 연결되어 있다. 물론 국가 수준의 교육 과정을 바탕으로 학급 단위의 교육과정을 편성하여 창의적으로 재구성할 수는 있으나 교사용 지도서, 교과서, 각종 보조 자료 등의 흐름을 재구성하여 운영하기란 현실적으로 쉽지 않은 작업이다.

교수·학습의 단계는 수업 전 단계와 본시 학습 단계 그리고 수업 후 단계로 나누었다. 수업 전 단계는 계획 단계로 실제 수업과 직접 관련이 있으나 수업 활동을 통해 수행하기보다는 방과 후 시간을 이용하여 준비할 수 있는 요소들로 이루어져 있다. 교사는 쓰기 학습을 위한 준비의 시간으로, 학생은 쓰기 활동에 필요한 사전 지식과 경험을 쌓는 시간으로 마련되어 있다. 실제 수업은 적용 단계로 하여 이것을 다시 '도입·전개·정리'로 구분하였다. 초등학교 현장에서 교사들이 실제로 활용하고 있는 수업의 단계를 그대로 적용한 것이다. 가장 익숙하고 가장 활용 빈도가 높은 학습 모형 단계를 실제 수업 단계로 활용하여 교수·학습 활동 내용과 요소를 제시하였다. 마지막으로 수업 후를 발전 단계로 구성하였다. 이것은 쓰기 교수·학습 과정에서 만들어진 결과물에 대한 검토와 반성, 진단과 처리의 과정으로 통합 교과 활동의 성격을 띠고 있다. 즉, 쓰기 결과물의 처리를 국어과 타 영역(말하기·듣기, 읽기, 국어지식)의 시간을 이용하여 독서 감상을 하거나 발표할 수 있으며, 다른 교과(미술, 음악, 체육, 컴퓨터, 영어, 특활 등) 시간을 활용하여 운영할 수 있다.

특히, 결과물의 처리는 연간 활동 계획을 마련하여 CMC[19]를 활용한 출판과 정보의 공개 저장 및 공유를 할 수 있다. 쓰기 결과물을 다른 교과와 연계한 활동을 문집이나 영상 혹은 사진 자료로 남기는 활동은 학습 과정을 지속적인 연장선에 올려놓는 효과를 발생한다. 최근 학생들의 정보 교류가 인터넷을 통해서 급속도로 확산되어 가고 있는 추세를 감안한다면 다양한 방법을 통해서 결과물을 정장하고 공개하며, 상호간 교류를 통해서 발전적인 결과를 재생산할 수 있다. 인터넷 공간의 학생 교류 공간과 표현 양식이 다양해지는 흐름과 맞물려서 학교와 교사는 학생들의 욕구와 흥미를 충족할 수 있는 다양한 방법을 마련해야 할 것이다. 따라서 과거의 문집 형태를 작성하는 단계로부터 인터넷 공간을 활용하여 정보를 교류하는 것으로 확대하여 나아가야 할 것이다. 학생과 학생 간 교류를 넘어서 교사

---

19) CMC(Computer Mediated Communication)의 활용에 관해서는 졸고(서울교육대학교 대학원 석사학위 논문, 2000.) 「CMC를 활용한 쓰기 교수·학습 연구」를 참고할 것.

와 학생, 학부모와 학생 등 다양한 연결 관계를 형성하여 보다 발산적인 유기성을 형성하여야 한다. 이것은 단순히 쓰기 활동이 교과목 이수를 위한 지식 습득이 아니라 자기표현과 발전을 위한 미래지향적 활동임을 체험할 수 있게 하는 것이다.

따라서 쓰기 교수·학습 과정은 매 차시가 순환적이야 하며, 유기적인 관계를 갖고 있어야 한다. 또한 고립된 쓰기 교수·학습이 아니라 타 교과와의 통합 활동을 통한 적극적인 수용과 이해관계를 통해서 발전해 나갈 수 있을 것이다.

단 계			교수·학습 과정	유의점
계 획		교 사	· 학습자의 쓰기 수행 성취도 진단. · 학습자 수준별 쓰기 활동 방법 선정. · 교수·학습 활동 소집단 구성. · 쓰기 학습지 작성 및 작품에 대한 정보 제공 자료 준비 ─학습자 개개인의 차시별 성취 목표 제시.	쓰기 수행 성취 진단은 평가의 성격을 띠지 않는 지속적 관찰에 의한다.
		학 생	· 문학 작품의 장르별 독서 감상 및 선별. · 문학 작품 관련 정보수집 및 이해.(CMC 활용)	
적 용	도 입		· 학습 목표 및 적용 활동 방법 인식. ─단원 학습 목표와 관련된 쓰기 활동 목표 인식 및 장르별, 제재별 적용 가능한 활동 방법 인식. · 학습자별, 소집단별 쓰기 성취 수행 목표 확인. ─학습자 스스로, 소집단 대화에 의해 해당 학습 활동의 도 달 성취 목표 설정 및 확인.	쓰기 수행 성취기준안을 근거로 한 학습자 쓰기 활동은 매 차시별 학습 과정과 결과에 따라 새롭게 재조정 되어야 한다. 학습자의 발달을 위해서는 본시 학습 과정에 대한 세심한 관찰이 요구된다.
	전 개		· 쓰기 활동과 관련된 소집단별 대화. ─작품의 배경 지식, 정보 등의 공유, 능숙한 학습자와 미숙 한 학습자 간 신뢰 형성. · 성취 기준안에 근거한 학습자 수준별 쓰기 활동 방법 적용. · 쓰기 활동 방법에 근거한 개인별, 소집단별 쓰기 활동. ─학습지와 활동 과정에 의한 쓰기 활동 수행. · 쓰기 결과물의 소집단별 비교 및 교환 감상.	
	정 리		· 쓰기 결과물의 자기 검토 및 수정. · 차시 학습 활동에 관한 대화 및 확인.	
발 전		교 사	· 쓰기 과정과 결과를 통한 학습자의 쓰기 성취도 조정. ─차시 학습의 학습자 개인별 성취도에 따른 쓰기 활동 방법 적용 근거 자료. · 조정된 쓰기 성취도에 따른 차시 적용 활동 방법 선 정 및 학습 계획. · 쓰기 결과물 발표회 개회. ─관련 교과나 '말하기·듣기', '읽기' 등의 시간 활용. · 쓰기 결과물의 출판 및 정보의 공유. ─CMC 활용.	쓰기 결과물은 낭송, 교환 독서, 출판, 공개 저장 등을 통해 반드시 재사용 될 수 있는 기회를 마련하여야 한다.
		학 생	· 쓰기 결과물의 포트폴리오 수행. · 학습 과정 및 결과에 근거한 자가 진단. · 쓰기 결과물의 낭송 및 학습자 상호간 교환 독서. · 출판을 위한 작품 검토 및 편집. · 쓰기 결과의 출판 및 정보의 공유(CMC 활용).	

〈학습자 수준별 쓰기 교수·학습 과정〉

5. 쓰기 수행 성취 기준안

학습자 중심의 쓰기 활동을 위해서는 학습자에게 어떤 수준의 어떤 방법을 적용할 지를 계획활 수 있는 기준이 마련되어야 한다. 쓰기 활동을 위한 실천 이론과 방법이 마련되었어도 학습자의 수준과 능력을 고려하지 않은 일방적 전달 교육은 한시적일 뿐 아니라 쓰기에 대한 흥미와 욕구를 현저하게 격감시킨다.

쓰기가 교실 공간의 학습자 수와 능력에 대한 판단은 전적으로 교사의 몫이다. 교사는 평소의 학습 활동 과정과 결과를 통해서 학습자의 성향, 특성 그리고 지적인 능력과 성취 수준을 개괄적으로 파악할 수 있다. 다양한 방법의 평가와 관찰을 통해서 아동의 성취 기준을 마련하고 있음을 부인할 수 없다. 그러나 모든 교과의 모든 영역에 대한 성취 기준을 마련하여 학생 개개인에게 차시마다 적용하는 것은 사실상 불가능한 일이다. 따라서 과목별·영역별 성취 기준안의 마련은 교수·학습 활동 운영의 효과적인 교육 기재이다. 또한 수행 성취 기준안에 의한 수업의 적용은 학습자의 활동 과정과 결과를 지속적으로 평가하고 관찰할 수 있게 하며, 일정한 기준에 의한 평가와 관찰에 의해 학생의 학습 결손 부분을 재검토하여 수정, 보충할 수 있게 된다.

학습자 중심의 수준별 개별화 교육을 가능하게 하는 쓰기 수행 성취 기준은 쓰기 교수·학습의 효율성을 높이고, 쓰기 활동의 타당성과 적합성을 높이며, 문학 교사의 자질과 전문성을 높이는 데 기여할 것이다. 이와 같은 요구에 의한 쓰기 수행 성취 기준안의 활용 방법은 다음과 같다.

① 학습자의 쓰기 수행 능력 판단의 기초 자료로 활용한다.
② 학습자에게 적용이 가능한 작품과 학습 활동을 선정한다.
③ 학습자의 쓰기 과정과 결과물에 대한 평가와 피이드백의 기준이 된다.

④ 학습자 상호간 성취도를 바탕으로 학습 집단 구성의 자료로 활용한다.

쓰기 성취 기준안의 목적은 궁극적으로 쓰기 교수·학습의 현장성을 바탕으로 하고 있다. 현장에 적용이 가능한 이론과 방법은 현장의 특성과 상황을 정확히 파악하고 현실성 있는 자료를 지원하여야만 실천성을 확보한다. 교사와 학생 모두에게 가장 익숙한 학습 자료를 근거로 마련되어야 함은 물론, 실제 수업 운영과 맥을 같이 하는 가장 현실성 있는 교재를 바탕으로 하여야 한다. 따라서 쓰기 수행 성취 기준 근거는 다음과 같다.

첫째, 학습자 군을 '미숙한 학습자'와 '능숙한 학습자' 그리고 '평범한 학습자' 군으로 분류하여 학습자의 성취 수준을 변별하고 거기에 적합한 쓰기 활동을 선정할 수 있게 하였다. 동일한 학년과 연령일지라도 지역적 특성과 학습 집단 능력의 편차로 인해 명확한 기준을 마련하기는 불가능하다. 따라서 기본 성취 기준과 심화 성취 기준을 바탕으로 평범한 학습자와 능숙한 학습자를 표준화하고 그에 미달되는 경우를 미숙한 학습자 성취 기준으로 마련하였다. 또한 학습자의 특성과 능력에 적합한 쓰기 활동을 명시하여 학습을 효과적으로 수행할 수 있도록 하였다.

둘째, 제7차 교육과정의 국어과 수준별 학습 내용을 참고로 하였다. 교육과정은 학생들이 무엇을 배우고 공부해야 하는 지에 대한 규정이며 지침서이다. 국가 수준의 고육과정이 마련되면 시도 수준의 교육과정을 거쳐 학교·학급 수준의 교육과정으로 재편성되어 교실 수업에 적용이 된다. 교육과정은 현장 적용의 실천성과 학습 내용의 적용이기 때문에 학교 현장의 가장 보편적인 교육 지침서이며, 모든 교과목의 교수·학습 활동의 근거가 되며, 교재 구성의 요인으로 작용하며, 교사와 학습자의 지식과 경험의 근간이 된다. 따라서 교육과정의 내용을 근거로 작성된 학습 내용과 학습 성취 기준은 보편적 타당성을 확보할 뿐만 아니라 현장 적용의 파급성을 띠게 된다.

셋째, 교수·학습 활동 중심으로 구성하였다. 학습자 유형에 따라 적용

이 가능한 활동을 구체적으로 명시하여 쓰기 교수·학습의 효율성을 도모
하였다. 특히 텍스트 변용 활동의 단계별 적용을 가능하게 하여 쓰기 교
수·학습이 일시적이고 단속적인 활동으로 끝나는 것이 아니라 지속적이고
통합적인 활동이 되게 하였다.

넷째, 쓰기 수행 성취 기준안의 활용도를 높이기 위해 학년별 학습자 유
형과 함께 수행 성취 기준을 제시하였다. 학습자군의 분류와 수행 성취는
상호 유기적인 관계와 개방성을 갖고 있기 때문에 다양한 변수에 따라 재
조정이 가능하며, 쓰기 교수·학습뿐 아니라 문학 교육 일반과 언어 교육
일반에도 적용할 수 있을 것이다.

유형 \ 학년	미숙한 학습자	평범한 학습자	능숙한 학습자
1	· 그림텍스트에 어울리는 낱말을 한 가지 이상 쓸 수 있다. · 동시나 동화에 나오는 등장인물이나 사물을 찾아 쓸 수 있다.	· 그림텍스트에서 재미있는 내용을 골라 짧은 글을 쓸 수 있다. · 동시나 동화에서 재미있는 말을 찾을 수 있다.	· 음성텍스트에서 글로 쓰고 싶은 내용을 선정하여 짧은 글을 쓸 수 있다. · 동시나 동화에서 재미있는 표현을 찾아 그 이유를 쓸 수 있다.
활동	· 음성-한 가지씩 듣고 쓰기-한 가지 소리 듣고 쓰기 · 그림-그림텍스트 만들기-이야기 말하고 듣기-조각 그림 그리기 · 문자-채워쓰기-단어중심 · 문자-보태기-단어중심 · 문자-빼기-단어중심	· 음성-한 가지씩 듣고 쓰기-두 가지 소리 듣고 쓰기 · 음성-섞인 소리 듣고 쓰기 · 그림-그림텍스트 만들기-이야기 말하고 듣기-조각 그림 그리기-조각 그림을 문자로 나타내기-단어 중심 · 문자-채워쓰기-문장중심 · 문자-보태기-문장중심 · 문자-빼기-문장중심	· 음성-한 가지씩 듣고 쓰기-세 가지 소리 듣고 쓰기 · 음성-섞인 소리 듣고 쓰기 · 그림-그림텍스트 만들기-이야기 말하고 듣기-조각 그림 그리기-조각 그림을 문자로 나타내기-문장중심 · 문자-채워쓰기-문단중심 · 문자-보태기-문단중심 · 문자-빼기-문단중심 · 문자-보태고 빼기 · 문자-바꿔쓰기-소재바꾸기 · 문자-삼행시쓰기-이름삼행시

〈학습자 유형에 따른 쓰기 수행 기준안〉[20]

---

20) 교육부(1998: 25-104)의 국어과 교육과정 '쓰기', '문학' 영역의 기본 및 심화 활동의 내용을 학습자의 유형에 적용하였다. 기본은 평범한 학습자, 심화는 능숙한 학습자에 적용하였으며, 미숙한 학습자는 두 가지 내용의 하위 활동으로 제시하였다.

　초등학교 1학년의 경우에는 교육 과정 운영상 글을 쓰는 학습 내용은 제시되어 있지 않다. 그러나 교육 과정의 운영과 더불어 학교 교실 수업 현장은 보다 진보적이다. 일기와 특별 활동 등을 통해 쓰기 활동이 자유롭게 이루어지고 있는 현실이다. 따라서 텍스트 변용의 가장 기초적인 방법을 적용하여 쓰기 활동을 실시한다면 학습자의 언어 사용 능력의 신장과 더불어 표현 능력을 발달시켜 줄 것이다. 따라서 그리기, 음악, 움직임 등의 활동과 연계하여 통합 운영을 하는 것도 좋은 방법이다.

유형 \ 학년	미숙한 학습자	평범한 학습자	능숙한 학습자
2	·자신이 원하는 것을 글로 표현할 수 있다. ·이야기를 듣고 생각나는 장면을 낱말이나 문장으로 표현할 수 있다. ·이야기나 극본의 등장인물을 쓸 수 있다.	·정보 전달, 설득, 정서 표현, 친교 등의 글을 쓸 수 있다. ·들은 이야기 중에서 읽을 사람의 흥미를 끌 수 있는 이야기를 골라 짧은 글을 쓸 수 있다. ·이야기나 극본의 다음 이야기를 이어서 쓸 수 있다.	·정보 전달, 설득, 정서 표현, 친교 등 목적과 대상을 알고 글을 쓸 수 있다. ·상상을 통하여 다른 사람이 재미있어할 만한 내용을 생성하여 짧은 글을 쓴다. ·이야기나 극본을 끝까지 읽고 흐름에 알맞게 다음 이야기를 쓸 수 있다.
활동	·음성-두 가지씩 듣고 쓰기-두 가지 소리 듣고 쓰기 ·음성-이야기 듣고 쓰기-단어 중심 ·그림-그림텍스트 만들기-이야기 말하고 듣기-조각 그림 그리기-조각 그림을 문자로 나타내기-단어 중심	·음성-한 가지씩 듣고 쓰기-세 가지 소리 듣고 쓰기 ·음성-섞인 소리 듣고 쓰기 ·음성-이야기 듣고 쓰기-문장 중심 ·음성-가사쓰기-단어중심	·음성-이야기 듣고 쓰기-문단 중심 ·음성-가사쓰기-문장중심 ·그림-그림텍스트 만들기-이야기 말하고 듣기-조각 그림 그리기-조각 그림을 문자로 나타내기-문단 중심 ·문자-채워쓰기-문단중심

유형 학년	미숙한 학습자	평범한 학습자	능숙한 학습자
활동	· 문자－채워쓰기－단 어중심 · 문자－보태기－단어 중심 · 문자－빼기－단어중심	· 그림－그림텍스트 만 들기－이야기 말하고 듣기－조각 그림 그 리기－조각 그림을 문 자로 나타내기－문장 중심 · 문자－채워쓰기－문 장중심 · 문자－보태기－문장 중심 · 문자－빼기－문장중심	· 문자－보태기－문단 중심 · 문자－빼기－문단중심 · 문자－보태고 빼기 · 문자－바꿔쓰기－소 재바꾸기 · 문자－삼행시 쓰기－ 이름삼행시 · 문자－시조쓰기(문장 중심 빈 간 채우기)

　2학년은 주로 쓰기에 관한 필요성과 홍미를 유발하는 데에 중점을 두고 있으며, 문학 작품에 홍미를 가지고 즐겨 읽는 습관을 형성하는 데에 중점을 두고 있다. 1학년과는 달리 학생 스스로 내용을 선정하여 짧은 글을 쓰게 하는 활동이 나오지만 실제 내용은 이해에 가깝다. 따라서 2학년은 1학년과 같이 교과의 통합 운영을 통해서 쓰기 교수·학습을 하는 것이 효과적이다. 이야기 듣고 쓰기는 교과 통합 운영에 매우 효과적이며, 지속적으로 쓰기 활동을 수행할 수 있게 하는 홍미 있는 학습 방법이다.

유형 학년	미숙한 학습자	평범한 학습자	능숙한 학습자
3	· 주어진 낱말과 관련 있는 내용의 짧은 글을 쓸 수 있다. · 주어진 그림을 보고 결과를 상상하여 쓸 수 있다. · 주어진 대상의 공통점이나 차이점 중 한 가지를 낱말이나 문장으로 나타낼 수 있다. · 쓰기 대상텍스트의 종류를 알 수 있다.	· 연관쓰기를 통해 주어진 낱말로부터 내용을 상상하여 글로 쓸 수 있다. · 그림을 보고 원인과 결과가 드러나게 글을 쓸 수 있다. · 주어진 대상의 공통점과 차이점이 드러나게 글을 쓸 수 있다. · 주어진 텍스트 중 자신의 수준에 맞는 것을 선택할 수 있다.	· 자신이 역사적 인물이나 주인공이 된 상황을 상상하고 그 내용을 글로 쓸 수 있다. · 원인과 결과가 드러나게 이야기의 뒷부분을 꾸며 쓴다. · 자기가 잘 알고 있는 두 대상을 골라 공통점과 차이점이 드러나게 글을 쓸 수 있다. · 쓰기 활동의 대상텍스트를 분류하고 선별할 수 있다.
활동	· 음성-가사쓰기-단어중심 · 그림-그림텍스트 만들기-이야기 말하고 듣기-조각 그림 그리기-조각 그림을 문자로 나타내기-문장중심 · 문자-채워쓰기-단어중심 · 문자-보태기-단어중심 · 문자-빼기-단어중심 · 문자-시조쓰기(문장중심 빈 간 채우기)	· 음성-가사쓰기-문장중심 · 그림-그림텍스트 만들기-이야기 말하고 듣기-조각 그림 그리기-조각 그림을 문자로 나타내기-문단 중심 · 문자-채워쓰기-문장중심 · 문자-보태기-문장중심 · 문자-빼기-문장중심 · 문자-바꿔쓰기-소재바꾸기 · 문자-삼행시 쓰기-이름삼행시 · 문자-시조쓰기(문단중심 빈 간 채우기)	· 음성-가사쓰기-문단중심 · 그림-그림텍스트 만들기-이야기 말하고 듣기-이야기 그림 그리기-이야기 그림을 문자텍스트로 나타내기 · 그림-기존의 그림텍스트를 문자텍스트로 변용하기 · 문자-채워쓰기-문단중심 · 문자-보태기-문장중심 · 문자-빼기-문장중심 · 문자-보태고 빼기 · 문자-바꿔쓰기-배경바꾸기 · 문자-삼행시 쓰기-이름삼행시(인물의 특징을 살려서) · 문자-시조쓰기(빈 간 없이)

3학년은 1·2학년에 비하여 구체적인 쓰기 활동이 가능하며, 다양한 방법의 텍스트 변용 활동을 적용할 수 있는 조건을 갖추고 있다. 또한 컴퓨터 매개 통신(Computer Mediated Communication)이 가능하므로 이때부터는 학습 여건에 따라 컴퓨터를 이용한 쓰기 활동을 수행하는 것도 좋은 방법이다.

유형 / 학년	미숙한 학습자	평범한 학습자	능숙한 학습자
4	· 주제와 관련 있는 낱말이나 문장을 쓸 수 있다. · 시간이나 공간의 순서에 따라 제시된 그림을 보고 어울리는 문장을 쓸 수 있다. · 한 장면의 사진이나 그림을 보고 앞뒤 상황을 상상하여 쓸 수 있다. · 중심 문장을 보고 뒷받침 문장을 쓸 수 있다. · 작품의 인물, 사건, 배경 중 한 가지에 대하여 말할 수 있다.	· 주제에 알맞은 내용을 어린이 신문이나 잡지에서 선정하여 글을 쓸 수 있다. · 이어지는 그림이나 사진의 내용을 시간이나 공간 순서에 따라 짧은 글로 쓸 수 있다. · 사건이나 행동의 순서가 뒤바뀐 몇 장의 그림을 보고 사건이나 행동의 변화가 드러나게 글을 쓸 수 있다. · 중심 문장과 뒷받침 문장을 갖추어 문단을 짜임새 있게 쓸 수 있다. · 작품의 구성 요소에 대하여 말할 수 있다.	· 주제에 알맞은 내용이 들어 있는 자료를 여러 가지 방법으로 찾아 글을 쓸 수 있다. · 소풍이나 여행에서 일어난 일을 시간이나 공간 순서에 따라 짧은 글로 쓸 수 있다. · 만화영화의 내용을 사건이나 행동의 변화가 드러나게 글로 쓸 수 있다. · 주어진 중심 문장을 이용하여 문단을 짜임새 있게 쓸 수 있다. · 작품의 구성 요소(인물, 사건, 배경 등)를 어떻게 바꿀 수 있는지 말할 수 있다.
활 동	· 음성-가사쓰기-문장중심 · 그림-그림텍스트 만들기-이야기 말하고 듣기-조각 그림 그리기-조각 그림을 문자로 나타내기-문단 중심 · 문자-채워쓰기-단어중심	· 음성-가사쓰기-문단중심 · 그림-그림텍스트 만들기-이야기 말하고 듣기-이야기 그림 그리기-그림을 문자로 나타내기-문단 중심 · 문자-채워쓰기-문장중심	· 음성-가사쓰기-전체 가사 · 그림-그림텍스트 만들기-이야기 말하고 듣기-이야기 그림 그리기-그림을 문자텍스트로 변용하기 · 문자-채워쓰기-문단중심

유형\학년	미숙한 학습자	평범한 학습자	능숙한 학습자
활 동	· 문자－보태기－단어중심 · 문자－빼기－단어중심 · 문자－시조쓰기(문단중심 빈 간 채우기)	· 문자－보태기－문장중심 · 문자－빼기－문장중심 · 문자－보태고 빼기 · 문자－바꿔쓰기－소재바꾸기 · 문자－삼행시 쓰기－이름삼행시 · 문자－시조쓰기(빈 간 없이)	· 문자－보태기－문단중심 · 문자－빼기－문단중심 · 문자－보태고 빼기 · 문자－바꿔쓰기－배경바꾸기 · 문자－삼행시 쓰기－이름삼행시(인물의 특징을 살려서) · 문자－시조쓰기(운율 변환)

4학년은 고학년으로 올라가는 중간의 위치에 있다. 쓰기 활동 내용과 수행 성취도 또한 저학년과 고학년의 방법을 흡수하여 전체적인 적용이 가능하다. 다만, 텍스트 변용의 적용 방법을 너무 확대하여 운영할 경우 학년별 성취 수준에 적합하지 않을 수 있으므로 세심한 관찰과 진단이 요구된다.

학 년	미숙한 학습자	평범한 학습자	능숙한 학습자
5	· 글을 쓸 때와 편지글을 쓸 때의 차이점을 알고 관련 요소를 말할 수 있다. · 원고지를 사용하여 글을 쓸 수 있다. · 주어진 주제와 관련된 글을 쓰기 위하여 어떤 조사를 해야 하는지 말할 수 있다. · 주어진 기준과 대상에 어울리는 글을 쓸 수 있다. · 대상의 특징을 두 가지 이상 발견하여 글로 쓸 수 있다.	· 일기를 쓸 때와 설명하는 글을 쓸 때를 비교하고, 쓰기 상황에 관련되는 요소를 찾을 수 있다. · 주어진 글을 원고지 사용법에 맞게 옮겨 쓴다. · 조사나 관찰을 통하여 상대를 설득하는데 필요한 내용을 선정하여 글을 쓸 수 있다. · 주어진 기준에 따라 대상을 분류하고, 이를 바탕으로 글을 쓸 수 있다.	· 다양한 쓰기 상황을 조사하고, 쓰기에 영향을 주는 여러 가지 상황 요소들을 정리할 수 있다. · 친구에게 부탁하는 글을 원고지 사용법에 맞게 쓴다. · 자신이 사용한 조사 방법이나 관찰 방법에 대해 친구들과 이야기하고, 다른 조사 방법이나 관찰 방법을 알 수 있다. · 여러 가지 기준으로 대상을 분류하고, 이를 바탕으로 글을 쓸 수 있다.

학 년	미숙한 학습자	평범한 학습자	능숙한 학습자
5	· 생김새나 특징이 확실하게 다른 사물이나 인물의 차이점을 글로 쓸 수 있다. · 주어진 글을 보고 문맥에 어울리지 않는 낱말을 찾거나, 찾은 낱말을 다른 낱말로 바꾸어 표현할 수 있다. · 자신의 생각과 상상을 바탕으로 작품의 한 단어나 낱말, 인물 등을 바꾸어 쓸 수 있다.	· 대상을 작은 부분으로 나누고 각 부분의 특징이 잘 드러나게 글을 쓸 수 있다. · 우리나라의 뛰어난 유산의 예를 몇 가지 들고 이를 바탕으로 글을 쓸 수 있다. · 둘 이상의 사물이나 인물의 유사점을 찾아보고, 이를 이용하여 글을 쓸 수 있다. · 자신이 쓴 글에서 문맥에 어울리지 않는 낱말을 바르게 고쳐 쓸 수 있다. · 자신의 생각이나 의견을 반영하여 작품의 한 행이나 문장, 사건들을 바꾸어 쓸 수 있다.	· 대상을 작은 부분으로 나누고 각 부분의 특징과 부분간의 관계가 잘 드러나게 글을 쓸 수 있다. · 환경 문제와 관련된 적절한 예를 몇 가지 들고 이를 바탕으로 글을 쓸 수 있다. · 자신의 생각이나 느낌을 다른 대상에 빗대어 글을 쓸 수 있다. · 다른 사람이 쓴 글에서 문맥에 어울리지 않는 낱말을 바르게 고쳐 쓸 수 있다. · 자신의 생각이나 의견을 반영하여 작품의 한 연이나, 단락, 장면 등을 창의적으로 바꾸어 쓸 수 있다.
활 동	· 그림-그림텍스트 만들기-이야기 말하고 듣기-이야기 그림 그리기-그림을 문자로 나타내기-문단 중심 · 음성-가사쓰기-문장중심 · 문자-채워쓰기-단어중심 · 문자-보태기-문장중심 · 문자-빼기-문장중심 · 문자-바꿔쓰기-소재바꾸기 · 문자-삼행시 쓰기-이름삼행시 · 문자-시조쓰기(문단중심 빈 간 채우기)	· 그림-그림텍스트 만들기-이야기 말하고 듣기-이야기 그림 그리기-그림을 문자텍스트로 변용하기 · 음성-가사쓰기-문단중심 · 문자-채워쓰기-문장중심 · 문자-보태기-문장중심 · 문자-빼기-문장중심 · 문자-보태고 빼기 · 문자-바꿔쓰기-배경바꾸기 · 문자-삼행시 쓰기-이름 삼행시(인물의 특징을 살려서) · 문자-시조쓰기(빈간 없이)	· 그림-그림텍스트 만들기-그림을 문자텍스트로 변용하기(한 편으로 나타내기) · 음성-가사쓰기-전체가사 · 문자-채워쓰기-문단중심 · 문자-보태기-시 전체 · 문자-빼기-시 전체 · 문자-보태고 빼기 · 문자-바꿔쓰기-운율바꾸기 · 문자-인물의 특징을 살린 삼행시 쓰기 · 문자-시조쓰기(운율 변화)

학 년	미숙한 학습자	평범한 학습자	능숙한 학습자
6	· 주어진 주제와 관련된 장면을 상상하여 글로 나타낼 수 있다 · 면담 내용을 글로 옮겨 적을 수 있다 …… · 주장하는 글의 뒷받침 문장을 쓸 수 있다. · 주변의 문제점 한 가지를 찾아서 글로 쓸 수 있다. · 가족이나 친구의 이름을 적고 관련 있는 내용 한 문장을 쓸 수 있다. · 문맥에 어울리지 않는 낱말을 찾을 수 있다. · 작품의 배경을 말할 수 있다. · 동화, 소설, 극본, 시 다른 어떤 장르로 표현할 수 있는지 말할 수 있다.	· 쓰기가 의미 형성 과정임을 알 수 있게 해 주는 예를 찾아 글로 쓸 수 있다. · 면담 상대에게서 듣고자 하는 내용을 명확하게 진술하고, 면담을 통해 내용을 선정하여 글로 쓸 수 있다. · 주장하는 글을 쓰는 방법을 알고, 알맞은 근거를 들어가며 주장하는 글을 쓸 수 있다 · 주어진 문제에 대한 해결 방안을 글로 쓸 수 있다. · 친구나 가족의 모습, 교실의 모습, 창 밖의 풍경 등이 생생하게 드러나도록 글을 쓸 수 있다. · 표현의 효과를 고려하여 자신이 쓴 글의 문장을 고쳐 쓴다. · 글을 읽으며 여러 가지 감각적 표현을 찾고 그 느낌을 말할 수 있다. · 작품에 대한 자기 나름대로의 생각이나 느낌을 말할 수 있다. · 작품에서 가치나 문화가 드러난 부분을 찾을 수 있다. · 동화나 소설의 일부분을 극본으로 바꾸어 쓸 수 있다.	· 자신의 생각이 글을 통해서 읽을 이에게 전달되는 과정을 그림이나 글로 나타낼 수 있다. · 효과적인 면담법에 대하여 조사하고, 면담을 통해 내용을 선정하여 글을 쓴다. · 타당하고 설득력 있는 근거를 제시하며 주어진 글의 주장을 반박하는 글을 쓸 수 있다. · 주변에서 꼭 해결해야 할 문제를 찾아 보고 그 해결 방안을 글로 쓴다. · 어른이 되었을 때의 자기의 모습을 상상하여 보고, 그 모습이 생생하게 드러나도록 글을 쓸 수 있다. · 표현의 효과를 고려하여 다른 사람이 쓴 글의 문장을 고쳐 쓸 수 있다. · 글을 읽고 여러 가지 감각적 표현이 주는 느낌과 그 효과에 대하여 대화를 이끌어 갈 수 있다. · 작품에 대한 여러 사람의 느낌을 알아보고, 이를 작품 수용에 활용할 수 있다. · 작품에 반영된 가치와 문화를 현실 세계의 그것과 비교할 수 있다.

학 년	미숙한 학습자	평범한 학습자	능숙한 학습자
6		·극본의 일부분을 동화나 소설로 바꾸어 쓸 수 있다. ·가치 있는 작품이나 영상 자료 등을 선별하는 기준을 말할 수 있다.	·동화나 소설의 일부분을 시로 바꾸어 쓸 수 있다. ·글을 동화나 소설로 바꾸어 쓸 수 있다. ·친구들과 의논하며 가치 있는 작품이나 영상 자료의 목록을 만들 수 있다.
활동	·그림-그림텍스트 만들기-이야기 말하고 듣기-이야기 그림 그리기-그림을 문자텍스트로 변용하기-문단 중심 ·음성-가사쓰기-문장중심 ·문자-채워쓰기-단어중심 ·문자-보태기-문장중심 ·문자-빼기-문장중심 ·문자-바꿔쓰기-소재바꾸기 ·문자-삼행시 쓰기-이름삼행시 ·문자-시조쓰기(빈간 없이)	·그림-그림텍스트 만들기-이야기 말하고 듣기-이야기 그림 그리기-그림을 문자텍스트로 변용하기 ·음성-가사쓰기-문단중심 ·문자-채워쓰기-문장중심 ·문자-보태기-문단중심 ·문자-빼기-문단중심 ·문자-보태고 빼기 ·문자-바꿔쓰기-배경바꾸기 ·문자-삼행시 쓰기-이름삼행시(인물과 사물의 특징을 살려서) ·문자-시조쓰기(운율변화)	·그림-그림텍스트 만들기-이야기 말하고 듣기-이야기 그림 그리기-그림을 문자텍스트로 변용하기(한 편으로 나타내기) ·음성-가사쓰기-가사전체 ·문자-채워쓰기-문단중심 ·문자-보태기-시 전체 ·문자-빼기-시 전체 ·문자-보태고 빼기 ·문자-바꿔쓰기-운율바꾸기 ·문자-삼행시 쓰기-이름 삼행시(인물과 사물의 특징과 운율을 살려서) ·문자-시조쓰기(운율변화, 연시조)

  5·6학년의 경우는 텍스트 변용의 모든 방법을 적용할 수 있다. 3·4학년의 경우도 1·2학년에 적용한 방법을 하양 조정하여 적용할 수 있다. 쓰기 수행 성취 기준은 해당 학년에 가장 적합한 활동을 기준으로 하였다. 그러나 미숙한 학습자의 경우에는 아무리 고학년 학생일지라도 수행 능력

과 학습 성취도에 따라 저학년 수준의 기준에 맞는 방법을 택하여 수업에 활용하여야 한다. 저학년의 능숙한 학습자와 고학년의 미숙한 학습자의 쓰기 수행 능력은 별 차이가 없다. 따라서 위에 제시된 기준은 학습자의 능력에 따라 하향 혹은 상향 적용할 수 있다.

고학년은 이전의 단계를 밟아온 만큼 수행 성취 기준과 활동 방법이 다양하다. 이것은 쓰기 교수·학습이 저학년부터 고학년까지 체계적으로 이루어지는 것을 목표로 하는 것이다. 고학년이라고 해서 어느 한 시점부터 쓰기 교수·학습 방법을 해당 학년 수행 성취도에 맞게 적용할 수는 없는 일이다. 그럴 경우는 오히려 단계를 낮추어서 차근차근 진행하여 가는 것이 좋다. 따라서 쓰기 수행 성취 기준과 쓰기 방법의 적용은 순차적인 교수·학습 활동을 기본으로 하며, 교사의 준비와 학습자의 공동 노력에 의해 좋은 성과를 기대할 수 있다.

Ⅳ. 결 론

쓰기 교수·학습은 학습자의 욕구와 자발성을 기초로 하여 흥미와 동기를 유발할 수 있는 효과적인 교수·학습 방법의 적용을 통해 그 성과를 기대할 수 있다. 창의성을 발현하여 생산된 작품은 학습자에게 성취감을 느끼게 한다. 흥미와 관심을 유발하는 텍스트는 학습자의 쓰기 의욕을 자극하며, 다양한 배경 지식은 쓰기 활동의 밑거름이 될 뿐 아니라 쓰기 과정의 밑거름이 된다.

자발적인 쓰기 욕구를 유발하는 텍스트를 대상으로부터 새로운 텍스트를 구성해 가는 과정은 구체적이고 실천적인 활동이어야 한다. 교사는 학습자에게 동기를 부여할 수 있는 교수·학습 방법을 구안하여야 한다. 그것은, 학습자의 창의성을 최대한 발현할 수 있는 방법이어야 한다. 또한 미숙한 학습자의 쓰기 수행 성취에 따른 소외감과 심리적인 부담을 줄일 수 있는 단계별 방법과 교육의 현장성을 감안한 차시별 적용이 가능한 방법이어야 한다. 쓰기 교수·학습의 텍스트 변용이 바로 이와 같은 방법이다.

국어과의 언어사용 기능 영역 중에서 쓰기는 대표적인 표현 활동이다. 글을 쓴다는 것은 자신의 생각을 표현하는 것이고 자신의 생각을 효과적으로 전달하기 위해서는 다양한 방법이 요구된다. 보다 구체적이고 명시적인 방법으로 의사를 표현하기 위해서는 창의성을 발현하여야 한다. 쓰기의 텍스트 변용은 자신의 생각을 효과적으로 전달하기 위한 창의성의 발현이다.

본문에서는 '시' 텍스트를 중심으로 쓰기의 교수·학습에 관하여 논의하였다. 그러나 여기에 제시된 방법들은 모든 텍스트의 쓰기 교수·학습에 적용이 가능하다. 특히 현장에서 즉시 적용할 수 있는 방법들이며, 모든 학습자들의 개별화를 지향하고 있다. 학습자들의 다양성을 인정할 뿐 아니라 학습자 개개인의 능력과 수준에 맞는 쓰기의 방법을 제시하고 있다. 무엇보다 쓰기 교수·학습의 단계별 적용과 실천 사례를 제시하여 쓰기를 보다 쉽게 접근할 수 있도록 하였다.

새로운 것은 다른 어떤 것의 변형이다. 텍스트 변용은 쓰기 교수·학습의 기본 활동이며, 학습자의 창의성을 발현하는 구체적 방법인 것이다.

참고문헌

저술서

강경호 외, 초등 국어과 교육론, 박이정, 1997.

강우식, 시창작 방법론, 작가정신, 1987.

강우식, 박제천, 시를 어떻게 쓸 것인가, 문학아카데미, 1994.

교육부, 초등학교 교육과정 해설(Ⅲ), 교육부, 1998.

구 상, 현대시 창작 입문, 현대문학, 1997.

구인환 외, 文學敎育論, 삼지사, 1996.

김남주 외 25인, 창작이란 무엇인가, 도서출판 정민, 1994.

김대행, 국어교과학의 지평, 서울대학교출판부, 1995.

김문환, 문화교육론, 서울대학교출판부, 1999.

김민수 외, 국어교육론, 일조각, 1985.

김봉군, 문장 기술론, 삼영사, 1996.

김상환·홍준기, 라깡의 재탄생, 창작과비평사, 1992.

김성곤, 탈모더니즘시대의 미국문학, 서울대 출판부, 1991.

김성도, 로고스에서 뮈토스까지, 한길사, 1999.

김용직, 한국 현대시인 연구 상·하, 서울대 출판부, 2000.

김용직 외, 한국 현대시사 연구, 일지사, 2000.

김인환 외, 문학의 새로운 이해, 문학과지성사, 1998.

김춘수, 시의 이해와 작법, 고려원, 1989.

김혜성, 현대시작법, 대광문화사, 1995.

김형효, 데리다의 해체철학, 민음사, 1996.

문덕수, 시 쓰는 법, 동원출판사, 1982.

박붕배, 최신 국어과 교육의 이론과 현장의 조명, 한샘, 1996.

_____, 국어과교육논총, 한국국어과교육개발연구회, 1998.

방인태, 국어교육과 국문학, 맥락, 2002.

방인태 외, 초등 국어과 교육론, 박이정, 1997.

서울시교육청, 창의성 교육 문을 열다, 1995.

서울특별시 교육연구원, 미래를 여는 창의성 교육, 1996.

서정주, 시 창작 교실, 人間社, 1956.

서울교육대학 초등국어교육 연구소·한국어문 교육학회 편, 우리 선생님이 추천한 동
　　　　시 300편 1·2, 박이정, 1996.

양왕용, 현대교육론, 삼지원, 2000.

엄해영 외, 문학의 이해, 느티나무, 1994.

오규원, 현대시작법, 문학과지성사, 1990.

우한용 외, 문학교육과정론, 삼지사, 1997.

윤여탁, 시 교육론·Ⅱ, 서울대출판부, 1999.

윤호병, 비교문학, 민음사, 2000.

원진숙, 논술교육론, 박이정, 1995.

이숭원, 시창작 이론과 실제, 시와 시학사, 1991.

이승훈 편저, 문학 상징 사전, 고려원, 1996.

이성영, 국어교육의 내용 연구, 서울대학교 출판부, 1996.

이용남, 대입작문, 동아출판사, 1984.

이용남 외, 문장의 원리와 작문의 실제, 동성사, 1983.

＿＿＿＿＿, 한국 현대 작가론, 민지사, 1989.

이현복 외, 국어과 교육론, 선일문화사, 1996.

전병선, 본문언어학, 박이정, 2000.

정끝별, 패러디 시학, 문학세계사, 2002.

정달영, 국어 단락 이론과 작문교육, 집문당, 1998.

정동화, 초·중등 국어과 교육론, 선일문화사, 1996.

정정호, 세계화 시대의 비판적 페다고지, 생각과 나무, 2001.

정한모, 김용직, 한국 현대시 요람, 박영사, 1998.

조태일, 시 창작을 위한 시론, 나남출판사, 1994.

초등국어교육학회, 국어 수업 방법, 박이정, 1997.

＿＿＿＿＿＿＿＿. 쓰기 수업 방법, 박이정, 1998.

최 상, 박용래, 시의 그림 현상학, 한국시문학회, 2000.

최현섭 외, 국어교육학 개론, 삼지사, 1997.

_____, 구성주의 작문 교수 학습론, 박이정, 2000.

허승희 외2인, 아동의 상상력\발달, 학지사, 1999.

한국교육개발원, 초·중등학교 교육발전 종합보고서, 신성인쇄사, 1979.

한국기호학회, 몸짓 언어와 기호학, 문학과지성사, 2001.

한국시문학회, 한국시문학 제10집, 2000.

한효석, 이렇게 해야 바로 쓴다, 한겨레신문사, 2002.

현대문학사 편, 창작실기론, 어문각, 1962.

홍문표, 시 창작 강의, 양문각, 1991.

_____, 문학 비평론, 1995.

_____, 현대 시학, 양문각, 1995.

_____, 시어론, 양문각, 1997.

니시모토 게이스케, 최현숙 역, 동화창작법, 미래M&B, 2001.

이다사카 겐, 김 욱 역, 생각하는 기술 쓰는 기술, 세경북스, 1997.

Aigeirdas Julien Greimas, 김성도 편 역, 의미에 관하여, 인간사랑, 1997.

Anika Lemaire, 이미선 역, 자크 라캉, 문예출판사, 1998.

Anne Henault, 박인철 역, 기호학사, 한길사, 2000.

Antony Easthope, 임상훈 역, 문학에서 문화 연구로, 현대미학사, 1996.

Bruce Fink, 맹정현 역, 라캉의 정신의학, 민음사, 2002.

Carl H. Klaus & Robert Schols, 김창식 역, 글쓰기의 길라잡이, 세종출판사,
        1995.

Carol Sanders, 김현권 역, 소쉬르의 일반언어학 강의, 어문학사, 1996.

Daniel Bergez 외, 민혜숙 역, 문학비평 방법론, 동문선, 1997.

Danny D. Steinberg, 박경자·이재근 역, 심리언어학 입문, 한신문화사, 1996.

David Stafford Clark, 최창호 역, 한 권으로 읽는 프로이트, 푸른숲, 2002.

Diane Macdonell, 임상훈 역, 담론이란 무엇인가, 한울, 2002.

Dieter Lamping, 장영태 역, 서정시: 이론과 역사, 문학과지성사, 1994.

Dylan Evans, 김종주 외 역, 라깡 정신분석 사전, 인간사랑, 1998.

Francoise Gadet, 김용숙·임정혜 역, 소쉬르와 언어과학, 동문선, 2001.

Gordon Dryden & Jeannette Vos, 김재영·오세동 역, 학습 혁명, 해냄, 1999.

Gustave Guillaume, 박형달 역, 이론언어학, 서울대 출판부, 2001.

James Crosswhite, 오형엽 역, 이성의 수사학—글쓰기의 논증의 매력, 고려대학
　　교, 2001.

John Rowe Townsend, 강무홍 역, 어린이책의 역사1·2, 시공사, 1996.

Joseph Childers & Gary Hentzi, 황종현 역, 현대문학·문화 비평 용어사전, 문
　　학동네, 1999.

Julia Kristeva, 김인환 역, 시적 언어의 혁명, 동문선, 2000.

Linda Flower, 원진숙·황정현 역, 글쓰기의 문제 해결 전략, 동문선, 1998.

Lena Lindhoff, 이란표 역, 페미니즘 문학 이론, 인간사랑, 1998.

Louis Hjelmlev, 김용숙·김혜련 역, 랑가쥬 이론 서설, 현대신서, 2000.

Lynn Altenbernd & Leslie L. Lewis, 정민 역, 시문학 입문, 떡갈나무, 1999.

M. H. Abrams, 최성영·최동호 편 역, 문학비평용어사전, 새문사, 1985.

Michael Michalko, 박종안·이구연 역, 아무도 생각하지 못하는 것 생각하기, 푸른
　　솔, 2002.

Michel Arrive, 최용호, 언어학과 정신분석학, 인간사랑, 1995.

Natalie Goldberg, 권진욱 역, 뼛속까지 내려가서 써라, 한문화, 2000.

Noam Chomsky, 이선우 역, 언어지식—그 본질, 근원 및 사용, 아르케, 2000.

Northrop Frye, 이상우 역, 문학의 구조와 상상력, 집문당, 1992.

　　　　　　　　, 임철규 역, 비평의 해부, 한길사, 2000.

Nancy King, 황정현 역, 창조적인 언어사용 능력을 위한 교육연극 방법, 평민사,
　　1998.

Paul Ricoeur, 박병수·남기영 편 역, 텍스트에서 행동으로, 아카넷, 2002.

Patrick Hartwell, 이을환 외 역, 글을 어떻게 쓸 것인가?, 경문사, 1995.

Peter Widmer, 홍준기·이승미 역, 욕망의 전복, 한울아카데미, 1998.

Ray Jackendoff, 이정민·김정란 역, 마음의 구조, 태학사, 2000.

Robert J. Steinberg & Edward E. Smith, 이영애 역, 인간사고의 심리학, 교문
　　사, 1996.

Robert Scholes, 김상욱 역, 문학이론과 문학교육—텍스트의 위력, 하우, 1995.

Roland Barthes, 김인식 편 역, 그림과 글쓰기—롤랑 바르트의 그림론, 세계사,
　　2000.

Roland Barthes, 김희영 역, 텍스트의 즐거움, 동문선, 1998.

Rosemary Jackson, 서강여성문학연구회 역, 환상성-전복의 문학, 문학동네, 2001.

Roy Harris, 고석주 역, 소쉬르와 비트겐슈타인의 언어, 보고사, 1999.

Rene Welleck & Austine Waren, 이경수 역, 문학의 이론, 문예출판사, 1988.

Stephen K. Reed, 박권생 역, 인지심리학, 시그마프레스, 2000.

Teun A. van Dijk, 정시호 역, 텍스트학(Textwissenschaft), 아르케, 2001.

Umberto Eco, 김광현 역, 기호-개념과 역사, 열린책들, 2002.

Umberto Eco, 조형준 역, 글쓰기의 유혹, 새물결, 1994.

Walter Kaufmann, 김평욱 역, 프로이트와 그의 시학, 학일출판사, 1994.

Wolfgang Heinemann & Dieter Viehwegwr, 백설자 역, 텍스트언어학 입문, 2001.

Yuri M. Lotman, 유재선 역, 문화 기호학, 문예출판사, 1998.

Aaron, Fowler, The Little Brown Handbook, Harper Collins, 1995.

Barrett, Mary Ellen 외, Paragraph Development, Prentice Hall Regents, 1990.

Donovan, T R 외, Eight Approaches to Teaching Composition, National Council of English, 1980.

Fitzgerald, Jill, *Towards Knowledge in Writing*, Springer- Verlag, 1992.

Franklin, Parks A 외, *Sructuring Paragraphs-A guide to effective writing*, St Martine's press, inc, 1996.

Goodman, Kenneth S 외, Language and Thinking in School, RICHARD C. OWEN PUBLISHERS, INC, 1988.

Goodman, Kenneth S, *What's Whole in Whole Language?* Heinemann Portsmouth, New Hampshire, 1986.

Goodman, Kenneth S 외, The Whole Language Evaluation Book, Heinemann Portsmouth, New Hampshire, 1988.

Hall, Linda, Poetry for Life, CASSELL, 1989.

Huckin. Thomas N, Technical Writing and Professional Communication] McGRAW-HILL, Inc, 1991.

Hedge, Tricia, WRITING, Oxford University Press, 1997.

Newman, Judith M. Whole Language Theory in Use. Portsmouth,

NH: Heinemann Educational Books, INC, 1985.

Raimes, Ann, TECHNIQUES IN TEACHING WRITING, Oxford University Press, 1983.

Reid, Joy M, The Process of Paragraph Writing, Prentice Hall Regents, 1994.

Sullivan, Kathleen E, PARAGRAPH PRACTICE, MACMILLAN PUBLISHING CO, 1994.

Williams, James D, Preparing to Teach Writing, Wadsworth Publishing Company, 1989.

연구 논문

강경호, 국어과 평가의 이론과 실제, 한국어문교육학회, 1995.

강경화, 창의적인 동시조 쓰기의 지도 방안 연구, 한국어문교육학회, 1997.

강현재, 시 교육의 수용론적 방법 연구, 서울대 석사학위 논문, 1991.

경규진, 반응 중심 문학 교육 방법 연구, 서울대 박사학위 논문, 1993.

권혁준, 문학비평 이론의 시 교육적 적용에 관한 연구, 교원대 박사학위 논문, 1997.

김광일, 포트폴리오를 이용한 시창작 지도 방법 연구, 서울교대 석사학위 논문, 2001.

김선민, CMC를 활용한 작문교육 연구, 서울교대 석사학위 논문, 2000.

김선영, 시교육 방법론 연구, 연세대 석사학위 논문, 2001.

김승태, 초등학생의 상상력 신장을 위한 시쓰기 지도방안에 관한 연구, 부산대 석사학위 논문, 2001.

김욱동, 포스트모더니즘과 상호 텍스트성, 서강영문학 2, 1990.

김주향, 시 교육방법 연구, 서울대 석사학위 논문, 1990.

도정미, 상호 텍스트성을 통한 시교육 방안 연구, 인천교대 석사학위 논문, 2002.

류시원, 반응중심 문학론부 시 교육 적용 연구, 대구대 석사학위 논문, 1998.

문영희, 시 교육의 수용론적 방법 연구, 한국교원대 석사학위 논문, 2001.

박선민, 평가활동을 통한 초등학교 시교육 방법 연구, 교원대 석사 논문, 2001.

박영목, 작문 연구의 최근 동향과 전망, 제6회 국어교육 연구발표대회 자료집, 1995.

박태호, 사회구성주의 패러다임에 따른 작문 교육 이론 연구. 교원대 석사 논문, 1996.

방인태, 초등 시교육론. 봉죽헌 박붕배 선생 정년기념 논문집. 교학사, 1992.

_____, 쓰기 교재의 체계화와 그 적용, 한국초등국어교육, 1995.

_____, 국어교육과 시의 상호성. 한국초등국어교육 제14집, 1998.

배창빈, 말듣기·말하기 평가 기준 연구, 서울교육대학교 석사학위 논문, 1999.

신언철, 초등학교 아동의 동시 짓기 능력 신장에 관한 연구, 「공주교대논총」, 제26집, 1986.

신헌재, 창의적 사고력 신장과 국어과 교육, 국어교육 제73·74호, 1991.

양태식, 쓰기 교재 지도의 얼안, 한국어문교육학회 제11호, 1995.

_____, 초등 국어 교육의 성격과 과제, 한국어문교육학회 제12호, 1997.

우인혜, 초등학교 쓰기 교재 분석과 쓰기 교육, 한국어문교육학회 제12호, 1997.

유영희, 이미지 형상화를 통한 시 창작교육 연구, 서울대학교 박사학위 논문, 1998.

이재승, 과정 중심의 쓰기 교재 구성에 관한 연구. 한국교원대학교 학위 논문, 1999.

정경애, 국적 있는 한국인을 기르기 위한 시조 짓기 지도의 실천적 연구, 서울교육대학교 초등국어교육 제8호, 1998.

최자은, 읽기와 연계한 동화감상문 쓰기-교수 학습에 관한 연구. 서울교육대학교 석사학위 논문, 2000.

황정현, 작문 교육론, 한국어문교육학회 제11호, 1995.

_____, 교육 연극에 대한 이해와 활용 가능성 연구. 한국어문교육학회 제12호, 1997.

제 2 부

CMC를 활용한 쓰기 교수·학습

I. 서 론

사람들은 컴퓨터의 기능과 컴퓨터에 입력된 프로그램을 이용하여 듣고, 말하며, 읽고, 쓸 수 있게 됐다. 컴퓨터를 이용한 기능은 이미 교육적으로 이용된 지 오래이며 학습 프로그램화되어 교육 현장에 광범위하게 보급되었다.

멀티미디어의 개념으로 학습에 활용되기 시작한 컴퓨터는 학습자와 학습자, 학습자와 교수자 그리고 컴퓨터와 학습자의 상호작용 기능을 통해 다양한 활용의 기회를 제공했다. 컴퓨터의 기능이 학습에 효과적으로 활용되기 위해서는 컴퓨터에 대한 기초지식과 능력이 필요했다. 개인용 컴퓨터 보급 초기의 컴퓨터언어는 일반인이 사용하기에 상당한 시간과 노력이 요구됐다. 컴퓨터가 인식하는 언어는 매우 복잡하고 난해하여 현재의 대중화된 수준으로 오기까지 적지 않은 시간과 기술의 발달이 필요했다. 따라서 컴퓨터를 이용한 학습은 전문가들의 기술적인 언어로 생산된 학습프로그램의 일방적 절차를 따라가는 수준에 머무를 수밖에 없었다.

컴퓨터 기술의 발달과 경제 발전으로 인한 컴퓨터의 대중화 현상은 컴퓨터 문해력(Computer Literacy)을 보다 수월하게 갖출 수 있게 했다. 기술의 발달은 컴퓨터가 인식할 수 있는 언어를 보다 쉽게 만들어 놓았으며, 프로그래머와 사용자들의 영역을 완전하게 구분하여 사용자들로 하여금 자국 언어만으로도 자신이 원하는 학습을 수행할 수 있게 했다. 또한 경제 발전으로 인한 소득 증대는 컴퓨터의 보급률을 상승시켜 모국어 다음으로 컴퓨터 문해력을 익히는 데 일익을 담당하였다.

컴퓨터는 단순히 학습 프로그램을 실행하고 문서를 작성하는 기초 도구로부터 벗어나 학습에 필요한 정보를 제공받을 수 있는 학습 도구로 등장했다. 학습 활용 가치가 뛰어난 컴퓨터의 기능과 역할은 제6차 교육과정에서 컴퓨터 활용기초 기능을 익히도록 하는 내용의 등장과 더불어 제7차 교육과정에서는 쓰기 활동 도구로서 컴퓨터 활용에 대한 인식이 중요한 과제가 됐다. 이제 국어교육에서 컴퓨터의 역할은 단순히 문해력과 문서 작성의 기능을 넘어 쓰기 활동의 정보화1)에 기여할 뿐 아니라, 교수·학습을 보다 효과적이고 능동적으로 수행할 수 있는 체제를 마련할 수 있게 했다.

쓰기 과정에서 CMC를 활용한 정보화는 '종이와 연필'로부터의 일탈을 의미하는 것은 아니다. 컴퓨터가 갖고 있는 효과적인 기능을 쓰기 활동에 적절하게 활용함으로써 모국어만으로 컴퓨터 사용이 가능한 컴퓨터 세대의 쓰기 교수·학습을 국어교육이 담당해야 한다는 필연성으로부터 출발한다.

'문화생산' 도구의 기능을 갖고 있는 컴퓨터는 문자와 음성 및 영상 매체를 포함하고 있으며, 정보의 수집과 공개를 가속시키는 통신 기능을 갖고 있다. 언어에 의해 생산된 문화는 컴퓨터의 CMC 기능으로 인해 보다 신속하고 효율적으로 파급된다. 그러한 파급은 동서를 막론하고 동시적이고, 즉시적이며, 공유가 가능하다. CMC가 갖고 있는 특징적 기능의 결과이다. 따라서 CMC는 국어과의 문화생산 이념을 보다 수월하고 효과적으로 이뤄낼 수 있는 도구로 자리 매김하게 된 것이다. 일단 생산된 문화는 CMC를 활용해 공개 저장2)할 수 있으며, 공개 저장된 생산물은 CMC를

---

1) 쓰기 과정의 정보화는 두 가지 의미로 생각할 수 있다. 첫째는 쓰기 활동을 통해 생산된 쓰기물을 다른 학습자가 사용할 수 있도록 자료화하는 것이다. 전통적인 학습에서의 정보화는 출판을 통해서 이루어지는 것이 일반적이며, CMC를 활용하는 과정에서는 PC통신이나 인터넷과 같은 CMC 사용자들의 사이버 자료실에 학습자의 생산물을 공개 저장하여 유통시키는 것을 예로 들수 있다. 그러나 쓰기 과정의 정보화는 보다 거시적인 안목에서 바라보아야한다. 본고에서의 '정보화'는 학습자의 생산물을 자료로서 공개 저장 및 관리를 목적으로 CMC를 이용하는 것과 함께, 자료로서 정보화되기 이전의 모든 단계 즉, 쓰기 활동에 필요한 정보를 수집하여 본문 작성에 적용하기까지의 과정을 포함한다. CMC를 활용한 쓰기 활동 전반의 효용성을 증대시키는 일련의 과정으로서 학습자에게 필요한 정보를 검색, 수집, 가공하는 '정보수집' 과정, 초고 쓰기, 고쳐 쓰기, 다듬기의 '정보적용' 과정, 학습자의 쓰기물을 공개 저장하여 관리하는 '정보관리' 과정을 '정보화'로 인식한다.
2) CMC를 통해 모든 이들이 학습자의 생산물을 자유롭게 열람할 수 있도록 정

통해 즉시 유통되어 문화를 원하는 사람들에게 소비된다. 이런 측면에서 문화생산 도구인 컴퓨터의 CMC 기능은 과거 출판에 의한 문화 전달에 비해 훨씬 광범위하고 통시적이다.

CMC와 쓰기의 상관관계를 논하기 위해서는 컴퓨터에 대한 비중을 소홀히 하지 않으면서 쓰기 활동의 컴퓨터 역할에 대하여 깊이 있게 생각해 보아야 한다. 쓰기 활동의 도구적이고, 수단적이며, 매체적 성격을 갖고 있는 CMC를 교육공학적인 측면에서만 바라볼 것이 아니라, 국어교육 측면에서 보다 적극적인 접근이 필요하다. 컴퓨터 보급의 대중화는 의사소통과 정보의 공유를 매우 수월하게 만들어 놓았다. CMC를 활용한 의사소통 과정에서 발생하는 언어의 혼란과 손실은 점차 우려의 정도를 넘어서고 있다. 기계문명의 발달은 항상 인간에게 바람직한 현상만을 가져다주는 것은 아니다. CMC상에서 통용되는 사용자들 간의 은어와 축약어 그리고 맞춤법 무시 현상을 단순히 시대적인 흐름이라 인식한 채 바라만 보고 있을 것이 아니라, 가치 있는 문화를 생산한다는 국어교육의 이념 아래 정보 사회의 CMC 언어사용을 바르게 인도해야 할 책임을 국어교육이 담당해야 한다.

개인 문서 작성과 출판이 현실화된 시점에서 국어교육이 담당해야 할 컴퓨터의 활용은 무엇인가에 대해 현실적인 수용과 연구가 필요하다. 언어를 사용 매체로 하는 컴퓨터를 단순히 프로그램화된 학습 수단으로 보고 수동적으로 이용하는 데 머무는 것이 아닌 학습자 주도의 적극적 도구로 활용할 방안을 마련해야 한다. CMC를 활용한 쓰기는 정보의 수집과 공개가 가능한 컴퓨터 통신 기능 활용을 기본 전제로 하고 있다. 컴퓨터의 CMC 기능의 활용은 국어교육의 문화생산 도구이며, 쓰기 교수·학습의 효과적인 학습 도구이다.

본고는 쓰기 활동에 활용 가능한 CMC의 여러 측면을 밝히고, CMC를 활용한 쓰기 교수·학습에 대해 논의한다.

보화하는 과정을 '공개 저장'이라 한다. 일반적으로 PC통신상의 게시판이나 인터넷과 같은 사이버 공간에 생산물을 '올리는' 것을 일컫는다.

1. 연구사

컴퓨터를 활용한 쓰기 활동은 컴퓨터 특수 집단의 전유물에서 학습의 매체로 등장하면서 시작됐다. 개인용 PC의 보급은 학습에서 컴퓨터의 역할을 증대시켰으며, CAI가 학습의 새로운 교재로 등장하면서부터 일부 교사들은 CAI가 자신들의 역할을 상당 부분 담당하게 된다는 기대와 함께 교수자의 역할과 지위에 대한 우려와 회의감을 갖기도 하였다. 교사와 컴퓨터에 대한 학습자의 흥미도에서 교사에 비해 컴퓨터가 상당히 높다는 것으로부터 출발하여 컴퓨터의 효솔성과 경제성은 교사의 역할을 앞질렀다. 이런 현상으로 인하여 현장의 교사들과 연구자들은 앞 다투어 컴퓨터를 교육에 활용하는 방안을 제시하게 되었다.

컴퓨터가 멀티미디어라는 용어를 포괄하는 학습 매체로 등장하면서 컴퓨터의 역할은 새롭게 변화하기 시작했다. 컴퓨터의 기능이 새롭게 추가되고 학습자가 컴퓨터를 활용할 수 있는 기능이 일반화되기 시작하면서 컴퓨터에 대한 연구는 일대 변화를 가져왔다. 과거 컴퓨터가 교사의 역할 일부를 담당하는 것과는 달리 학습자가 컴퓨터를 스스로 통제할 수 있는 상황으로 변화했다. 멀티미디어 기능을 갖춘 컴퓨터는 학습자가 자신의 학습 과정을 스스로 진행하고 통제할 수 있도록 해 주었다. 이런 컴퓨터의 역할은 학습 매체로서의 컴퓨터 역할의 일대 혁신이었다. CAI에서 보여주었던 교사를 대신하는 단순 도구로서의 컴퓨터가 아닌 학습자가 학습자의 필요와 요구대로 컴퓨터를 활용할 수 있는 적극적 활용 매체로서의 전환이다

교수 설계자에 의해 미리 설정된 프로그램을 학습자가 그대로 따라가는 방식과 학습자가 문제를 구성하고 해결해 나가는 과정을 스스로 통제하는 방식은 CAI와 CMC의 차이를 학습자적 관점에서 바라본 것이다. 이러한 접근 방식은 학습에서의 컴퓨터의 역할이라는 측면에서 주목할 만하지만, 더욱 가치 있는 것은 학습자가 컴퓨터를 어떻게 활용하는 가에 있다. 즉,

컴퓨터가 학습 도구로서 학습자에게 어떤 위치에 있는가가 이를 설명해 준다. 컴퓨터가 교사의 역할을 대신한다는 인식을 학습자가 갖고 있는 한 컴퓨터는 일정한 교수·학습을 반복하는 기계적인 장치에 불과하다. 지속적으로 새로운 프로그램이 보급되지 않는 한 동일한 학습 과정에 있는 학습자는 똑같은 과정을 밟아갈 수밖에 없다. 그러나 컴퓨터가 학습자에게 있어서 교사의 역할을 대신하는 것이 아닌 학습자 스스로 통제할 수 있는 도구로서의 인식은 학습자의 흥미와 성취감을 증대시킨다. 학습자에게 컴퓨터는 학습자에게 필요한 정보를 제공하며, 학습 과제를 해결할 수 있는 적극적 활용의 도구인 것이다.

　멀티미디어로서의 컴퓨터에 대한 연구는 컴퓨터에 통신의 기능이 추가되면서 새로운 전기를 마련한다. 음성과 부호에 의한 통신 방법이 컴퓨터를 매개로 하여 이루어지면서 교육에서의 컴퓨터에 대한 역할은 가공할 위력을 지니게 되었다. 컴퓨터를 매개로 한 통신이 가능해지면서 전세계의 컴퓨터 사용자들은 특정한 공간으로부터 엄청난 양의 정보를 공유할 수 있게 되었으며, 시간과 경제성에서 어떤 자료보다 가치를 발휘하게 되었다. 또한 컴퓨터를 매개로 한 통신 기능은 기존의 전화를 이용한 음성 언어 대화에서 문자를 이용한 대화를 가능하게 하였다. 문자를 통한 의사소통은 한번에 수많은 학습자가 같거나 다른 공간에서 동시에 한 가지 과제를 해결하는 데 참여할 수 있게 되었다. 정보의 접근과 공유가 일반화되기 시작하면서 학습에서의 컴퓨터는 학습자에게 보다 적극적인 도구로 인식되었다. 즉 학습자가 당면한 문제를 해결하는 수단으로서의 역할을 컴퓨터가 담당하게 된 것이다.

2. 용어 정의

컴퓨터 관련 용어는 국어교육에서 다소 생소할 수 있다. 그러나 이미 교육공학에서 일반화된 용어들에 대한 설명은 생략하고, 글쓰기와 밀접한 관련을 갖고 쓰이는 용어에 대하여 설명하고 정의하도록 한다.

가. 컴퓨터 문해력(Computer Literacy)

'Literacy'는 '읽고 쓸 줄 아는 능력' 즉, 문식성으로 번역되어 사용되기도 하지만 국어교육을 보다 거시적인 안목에서 바라본다면 문해력으로 번역하는 것이 타당하다. 컴퓨터에서 문해력은 우리가 언어를 읽고 쓸 줄 안다는 것과 동일한 기능으로 보아야 할 것이다. 다시 말해 언어를 컴퓨터로 대체해 생각하면 된다. 기본적으로 컴퓨터도 컴퓨터가 인식하는 언어에 의해 통제되고 있다. 언어로부터 출발한 컴퓨터의 기능은 초기 단계에서 일반인들이 사용하기에 경제적인 요인을 제거하고서라도 사용 능력에 한계가 있었다. 컴퓨터를 통제할 수 있는 몇몇 전문가 집단에 의해 운용되기 시작한 컴퓨터는 일반인들이 사용하게 되기까지 컴퓨터의 기계적인 발달과 더불어 소프트웨어의 발달이 뒷받침이 되었다. 개인용 컴퓨터가 보급되기 시작하면서 컴퓨터는 전문가 집단에 의해 사용되어지는 특수 목적용 컴퓨터가 아닌 일상생활에 파고드는 가전제품의 한 부류로까지 인식되었다. 더불어 컴퓨터를 학습에 활용하게 됨으로써 컴퓨터의 사용은 그 폭을 넓혀 나갔다.

컴퓨터의 개인적 활용 시대가 도래하면서 컴퓨터를 효과적으로 사용할 수 있는 근거는 개인의 능력과 직접적으로 연관되었다. 특수 집단의 특수 목적으로 사용되던 시대로부터 대중화된 컴퓨터의 효용성은 이제 누가 얼마만큼 컴퓨터를 잘 사용하는 가에 달려있다. 컴퓨터가 일반화되던 초기 단계에서 컴맹(Com盲)이라는 유행어가 나올 수 있었던 것도 그를 설명하는 것이다. 따라서 컴퓨터가 우리의 일상생활의 한 부분이며, 학습 매체로서의 역할을 수행하게 되었기 때문에 이제 컴퓨터를 효과적으로 다룰 줄 아는 능력은 매우 중요하다.

컴퓨터를 학습의 매체로 인식하고, 활용의 측면을 강조할 때 컴퓨터 문해력은 '컴퓨터를 학습에 활용할 줄 아는 능력'으로 정의한다.

나. CMC(Computer Mediated Communication)

'컴퓨터 매개 통신'으로 번역되는 CMC는 컴퓨터가 멀티미디어를 포괄하는 학습 매체로 활용되기 시작하면서 등장한 용어이다. 바로 컴퓨터의 효용성과 학습의 효과를 증대시킨 핵심적인 기능이 컴퓨터를 이용한 통신이며, 그런 기능을 CMC라 부르게 된 것이다. 개인용 컴퓨터 시대는 일상생활의 다양한 변화를 가져왔다. 무엇보다 문자 생산 측면에서 본다면 종이와 연필에 비해 엄청난 경제적 효과가 있다는 것과 문자를 통해 원거리 통신이 가능하며, 필요한 정보를 원하는 만큼 얻을 수 있게 되었다.

과학기술의 발달은 통신과 컴퓨터를 하나로 묶어놓았으며, 그로 인하여 인간은 엄청나게 많은 정보를 동시에 즉시 공유할 수 있게 되었다. 이러한 컴퓨터와 통신의 만남은 교실의 학습 환경을 획기적으로 변화시켰으며, 그런 변화는 학습의 량과 질적인 면에서 교사를 대신할 수 있는 대안으로까지 등장하게 되었다.

온라인 가상 대학이나 원격교육이 가능한 상태에서 컴퓨터 매개 통신이 가져다준 혜택은 대단히 가치 있다. 우선 교수자와 학습자 간의 전자우편을 통한 의사전달의 편리성을 들 수 있다. 또한 CMC를 이용한 공개된 특정 공간에서의 컴퓨터 컨퍼런싱(Computer Conferencing)이 가능해졌으며, 교수자와 학습자 간에 생산된 자료나 정보를 데이터베이스화할 수 있다. 동시 다발적인 접속이 가능한 통신 기능은 교사에게 새로운 역할을 부여하며, 학습자들이 자유롭게 자신의 의사를 표현하고 정보를 공유할 수 있는 협동 학습의 장을 제공한다. 이제 컴퓨터는 단순히 개인의 정보를 저장하고 꺼내는 수준에서 벗어나 엄청나게 많은 정보를 전세계로부터 수집할 수 있는 조건을 마련하게 되었으며, 자신의 생산물을 공개 저장하여 컴퓨터 매개 통신이 가능한 곳이면 어디든지 전달할 수 있게 되었다. 정보를 동시에 즉시 공유한다는 것은 엄청나게 광범위한 학습의 장을 작은 모니터를 통해 압축할 수 있게 되었으며, 학습자의 생산물과 정제된 정보 역시 컴퓨터라는 무한의 창고에 저장하여 평생 동안 원래의 상태대로 사용할 수 있게 되었다는 것을 의미한다. 따라서 '정보를 수집하고 유통하며, 의사소통이 가능한 컴퓨터의 기능'을 CMC(컴퓨터 매개 통신)이라고 정의한다.

II. 쓰기교육과 관련한 CMC 특성

CMC는 궁극적으로 컴퓨터라는 도구를 사용하지 않고서는 불가능하다. 컴퓨터를 매개로 한 통신 기능이 CMC이다. 결국 CMC의 특성은 컴퓨터가 갖고 있는 기능과 특성에 통신을 접목해서 정보의 생산과 유통 그리고 소비의 과정을 매우 신속하게 할 수 있도록 하였다. 더불어 쓰기 교수·학습 활동에 투입되는 시간적 경제적 손실을 최소화할 수 있게 하였다.

CMC는 도구적인 특성을 갖고 있다. CMC의 이런 도구적인 특성은 쓰기 교수·학습과 관련하여 효과적인 측면을 만들어낸다. 상호작용성은 그 첫 번째 특성으로 학습자와 교수자는 물론 컴퓨터와 학습자 간의 상호작용을 통해서 쓰기 활동을 매우 효과적이게 한다. 또한 쓰기 활동을 효과적으로 수행할 수 있도록 하는 CMC의 기능성은 '동시성', '공유성', '즉시성'으로 대표될 수 있으며, CMC를 활용하는 쓰기 활동에서는 '비대면 효과', '상호작용효과'를 유발한다. 끝으로 CMC의 특성은 국어교육의 새로운 이념인 '문화생산'의 도구로서 학습자의 생산적 활동을 촉진한다.

1. 'CMC'의 상호작용성

컴퓨터는 교수자나 학습자의 지식과 아이디어를 다른 사람에게 전달해주는 기능적 도구이다. 기능적 도구로서의 컴퓨터의 역할은 학습자들이 협동적 학습 상황에서 보다 효과적인 학습 활동을 수행할 수 있게 한다. CMC를 활용한 기능 중에서 인터넷의 문자에 의한 상호작용은 학습자들이 보다 폭넓은 정보를 공유하고 과제를 해결하기 위한 사고를 적극적으로 수용하게 한다.

뿐만 아니라, 컴퓨터가 갖고 있는 CMC 기능은 교수자와 학습자, 교수자와 교수자, 학습자와 학습자 간의 의사소통을 가능하게 함으로써 새로운 의사소통의 도구가 되었다. 직접 대면하지 않기 때문에 자신의 사회·경제적 배경, 성별 차이 등 외부조건이나 선입견 등에서 오는 사회 심리적 부담감이 없어 활발하게 상호작용 할 수 있기 때문에 "왜곡되지 않는 의사소통"이 가능하다.

CMC를 활용하여 얻을 수 있는 수많은 정보들은 학습자와 학습자 간의 상호작용은 물론 학습자와 교수자, 학습자와 컴퓨터의 상호작용을 원활하게 하여 학습의 효과를 극대화할 수 있다.

이제 CMC는 단순히 기계적 장치로서의 도구가 아닌 지적인 동반자 역할을 수행할 수 있게 되었다. CMC는 기본적으로 컴퓨터라는 기계장치에 의해 가능하다. CMC와 사용자(학습자와 교수자를 포함한) 간의 상호작용은 컴퓨터와 사용자 간의 상호작용으로부터 출발한다. 컴퓨터가 존재해야 CMC가 가능하기 때문이다. CMC가 컴퓨터의 한 기능이라고 볼 때, CMC의 상호작용성은 '자극체', '교사', '학습자'로 설명할 수 있다.

가. 자극체

쓰기 활동에 있어 학습자에게 가장 문제가 되는 요인은 무엇인가? 몇 가지 가능한 것들을 유추해낼 수 있다. 첫째 학습자 스스로 자신은 선천적으로 글쓰기 재능이 없다는 자신감의 저하, 둘째 국어교육에 있어서 학습자의 부진으로 인한 문법 지식의 부재, 셋째 독자를 의식한 상태에서의 학습자 자신의 정서능력 비하로 인한 자신감의 결여, 넷째 국어교육에 대한 관심의 부족으로 발생하는 낮은 쓰기 흥미도와 동기, 이외에도 학습자 외적인 환경 요인과 교사 요인 등을 찾아볼 수 있다. 그러나 학습자 자신의 문제에 있어서 컴퓨터는 학습자로 하여금 쓰기 활동을 가능하게 하는 자극체 역할을 한다.

학습자 스스로 판단을 내린 쓰기 능력의 부재로 인한 자신감의 저하는 학습자에게 주어진 쓰기 주제와 관련된 글을 컴퓨터로부터 제공받음으로 해서 해결이 가능하다. 학습자에게 주어진 주제와 관련된 기존의 글을 컴퓨터로부터 제공받아 그 글을 바탕으로 하여 자신의 글을 구성해 가는 것이다. 물론 이것은 모방쓰기로부터 출발하고 있으나, 학습자로 하여금 자신의 능력 부재를 보완할 수 있는 자극이 된다. 학습력의 부진으로 인한 문법의 부재는 컴퓨터가 갖고 있는 워드프로세서 자동 보정 기능으로 학습자의 문법 지식 부재를 해결할 수 있다. 물론 전적으로 컴퓨터의 자동 보정에 의지할 수는 없는 것이며, 컴퓨터도 완벽하게 보정해 주는 기능을 갖고 있지는 않다. 다만 워드프로세서가 갖고 있는 자동 보정과 문법적 오류에 대한 지시 기능은 학습자로 하여금 지속적인 수정을 가하게 하여 최종 출판이 되어 독자에게 읽혀지기까지 상당한 교정효과를 볼 수가 있는 것이다. 학습자와 교사, 작자와 독자 사이의 미묘한 관계 중 하나가 글씨를 얼마나 바르고 깨끗하게 쓰는 가이다. 지금도 워드프로세서로 문서를 작성하지 않고 수기를 하는 평가의 경우 글씨를 얼마나 잘 썼는가에 따라서 동일한 내용의 채점이 달라진다는 생각을 하는 학습자들이 적지 않다. 어쩔 수 없이 써야 하는 경우를 제외하고, 스스로 글을 써야 하는 상황에서 학습자의 글씨체는 학습자로 하여금 글을 쓰려는 의욕과 동기를 저하시킨다. 이때 컴퓨터는 학습자로 하여금 훌륭한 자극체가 된다. 컴퓨터로 문서를 작성하는 과정에서 학습자는 자신이 원하는 글씨체를 마음대로 나타낼 수 있기 때문에 글을 써가는 과정에서 자신의 생각과 사고를 얼마나 잘 표현하는 가에만 신경을 쓰면 된다. 끝으로 글쓰기에 대한 근본적인 흥미의 결여에 대한 자극체로서의 컴퓨터는 그 어떤 학습 매체나 전략 혹은 방법보다 탁월하다. 글쓰기에 대한 흥미와 동기를 유발하기 위한 수많은 글쓰기 전략과 다양한 교수·학습 방법이 개발되어 왔다. 그러나 컴퓨터는 컴퓨터가 갖고 있는 외형적인 특성과 도구적인 기능만으로도 흥미와 동기를 유발하기에 적절하다. 컴퓨터가 갖고 있는 통신 기능을 이용한 대화쓰기는 글쓰기에 대한 흥미와 동기가 적은 학습자를 자극하는 수단으로서 탁월한 효과를 보이고 있다. 초등학교 학생들에게까지 일반화된 통신상의 대화를 활용한 다자간쓰기는 글쓰기에 대한 느낌을 말하고 듣는 인식으로 전환하면서 쓰고 읽는 효과를 누릴 수 있다. 동시에 여러 명이 같은 주제로 글쓰기에 참여하게 됨으로 해서 혼자 할 때의 흥미와 동기를 자극받을 수 있게 된다.

나. 교사(Tutor)3)

컴퓨터가 교사의 역할을 담당하여 수업을 진행한다는 것은 컴퓨터가 사람의 역할을 대신하는 것이 아니라, 학습자가 컴퓨터를 교사로 인식하도록 한다는 것이다. 기본적으로 교사의 역할을 담당하는 컴퓨터는 컴퓨터 그 자체가 아닌 컴퓨터를 이용한 학습 프로그램이다. 학습 프로그램은 학습자가 일정한 학습 경로를 따라가면서 학습 내용을 익힐 수 있도록 하고 있다. '예', '아니오'만으로 대답이 가능하던 시대와는 달리 현재의 학습용 프로그램은 컴퓨터의 멀티미디어 기능을 최대한 활용하여, 문자언어는 물론

---

3) 'Tutor'와 'Tutee'를 원어 그대로 해석을 하면 '개인교사'와 '개인교습을 받는 학생'이다. 그러나 여기서의 개념은 교육공학적인 측면에서 바라보아야 할 것이다. 학습자에게 제공되는 학습 자료들은 개개인에게 적용될 수 있으며, 그룹으로 적용될 수도 있고, 집단에게 공통으로 적용될 수 있다. 컴퓨터는 원칙적으로 학습자에게 개별적으로 적용되는 것을 원칙으로 하고 있다. CMC를 활용한 쓰기에서도 학습자 1인 1대의 컴퓨터를 원칙으로 하고 있다. '협동 학습'을 거론하는 근거도 한 대의 컴퓨터에 여럿의 학습자가 작업하는 것이 아닌 1인 1대의 컴퓨터를 가지고 동일한 작업을 동시에 수행한다는 것을 의미한다. 이렇게 보았을 때, 컴퓨터는 학습자에게 'Tutor'의 역할을 수행한다고 볼 수 있다. 학습자가 수행해야 할 학습 과업을 컴퓨터가 제시해주면 학습자는 그대로 따라가는 형태이다. 반면 'Tutee'로서의 역할은 컴퓨터의 비중보다는 학습자의 능동성에 보다 큰 비중을 두고 있다. 컴퓨터를 동반자로서 인식하는 것이다. 학습에 필요한 정보를 얻는 도구이며, 수단이고, 동시에 작업을 수행해 나가는 학습자와 동일한 선상에 있는 매체로 인식을 하는 것이다. 학습자가 스스로 학습 과제를 해결하기 위해 컴퓨터를 통제하고, 명령하면서 과제를 수행하는 교육 면에서 컴퓨터의 역할은 'Tutor'로부터 'Tutee'로 나아가야 한다.

음성과 영상을 활용하여 칠판에서는 불가능한 학습 환경을 제공하고 있다. 따라서 백과사전의 토막글과 사진 한 장으로 만족해야 했던 과거와는 달리 생생한 영상으로 출력되는 자료와 내용을 보여주는 컴퓨터는 당연히 교사의 역할을 능가하기에 충분하다.

그러나 일정한 계열과 흐름에 따라가야 하는 교과 학습용 프로그램의 경우 학습자가 갖는 초기의 흥미와는 달리 학습자로 하여금 수동적인 상태를 지속적으로 유지하게 하여 장기적으로는 학습자로 하여금 무기력감과 흥미 저하를 유발하게 되었다. 특히 교과와 직접 관련되어 있는 학습용 프로그램은 단순히 지식을 전달하는 역할을 담당할 뿐이지 학습자의 사고를 자극하고 학습자의 창의력을 발휘할 수 없게 되어 있다. 몇몇 학습용 프로그램이 학습자의 능력에 따라 조절되고 통제되기는 하지만 궁극적으로 학습자의 능력을 판단하여 학습자의 수준과 적성에 맞는 학습의 양과 정보를 충족해 주지는 못한다. 따라서 학습자가 컴퓨터에 접근하는 방법을 고안하는 교육용 소프트웨어 설계 전략은 컴퓨터 활용 학습을 보다 탐구적이고 흥미롭게 만들 필요가 있다. 이렇게 컴퓨터가 교사의 역할을 수행할 때에 교수 설계자의 동기화 전략은 컴퓨터 활용의 성패에 크게 기여하게 되므로 중요한 요소라 할 수 있다(강명희 외, 1999: 202).

쓰기에서 컴퓨터 역할은 학습자와 컴퓨터 사이에 학습용 프로그램 제작자에 의해 만들어진 글쓰기 학습 프로그램이 내재해 있어야 한다. 학습자는 미리 만들어진 글쓰기 프로그램에 의해 주어진 길을 가도록 되어있다. 이러한 컴퓨터의 역할은 교사의 역할을 대신함으로써 교사가 학습에 차지하는 비율을 상당 부분 줄이게 하는 효과를 낳았으며, 학습자로 하여금 일시적인 동기 유발과 학습효과를 나타냈다. 그러나 궁극적으로 교사의 역할을 대신하는 컴퓨터의 활용은 점차 교사로 하여금 수업 참여의 기회를 저하시켰으며, 학습용 프로그램을 직접 제작할 능력을 갖추지 못한 교사들로 하여금 소외감을 타나냈다.

그렇다고 해서 학습자 중심의 학습이 이루어진 것은 아니었다. 학습자들은 단지 교사들로부터 배워야 할 것을 컴퓨터의 지시대로 학급의 모든 학생들이 똑같은 작업을 하게 됨으로써 동기와 흥미는 점점 더 저하되기에 이르렀으며, 컴퓨터에 대한 거부감이 나타나기 시작했다. 그러나 전혀 학습의 효과가 없는 것은 아니다. 쓰기에 대한 기능과 흥미가 적은 학습자의 쓰기 능력이 일정한 수준에 이르고 흥미와 참여도가 상승할 때까지는 효과적인 수단으로 활용될 가치가 있다. 특히 문법적인 지식이나 발음 교정에서 컴퓨터가 차지하는 교사로서의 역할은 의미 있다. 이 경우 학습자들에게 맞는 프로그램의 선택은 전적으로 교사의 몫이며, 학습자는 교사들의 통제에 의해서 컴퓨터가 수행하는 교사로서의 역할에 따라 수업이 진행되어야 한다.

또한 학습 프로그램을 만들어낼 수 있는 능력을 갖추고 있는 교사들에게 있어서 컴퓨터의 교사(Tutor)로의 역할은 상당히 유용하다. 교육 개발원이 컴퓨터의 교사적 역할 수행을 가능하게 하기 위하여 학급의 교사가 학습용 프로그램을 만들 수 있도록 고안한 저작도구인 CAI 저작도구와 GREAT는 교사들로 하여금 컴퓨터를 언어학습에 활용하는 데에 대한 접근을 가능하게 하였다. 학교에서 CALL(Computer Assisted Language Learning) 활동을 통제하려는 언어 교사에게 저작은 근본적으로 중요하다. 자율적 활용이나 교실 활동을 위한 많은 분량의 자료를 빠른 시간 내에 만들 수 있을 뿐만 아니라 학생 자신의 욕구와 흥미에 맞는 자료를 개발하는 데 거의 어려움이 없다(백영균 외, 1996: 61).

다. 학습자(Tutee)

컴퓨터는 스스로 학습할 수 없다. 정말로 지능을 갖춘 컴퓨터가 탄생하여 스스로 학습을 할 수 있다면 그야말로 컴퓨터가 학습자(Learner)의 역할을 할 수 있을 것이다. 그러나 여기서의 학습자(Tutee) 역할은 교사(Tutor)로서 컴퓨터의 역할과 대비되는 개념으로 보아야 한다.

컴퓨터가 교사의 역할을 수행할 때 학습자는 단순히 컴퓨터가 지시하는 대로 따라가는 수준에 불과했다. 물론 통제 쓰기 과정에서 일정한 구조와 형식의 틀을 갖춘 학습 프로그램에 따라서 글쓰기 활동을 전개해 나가는 과정은 미숙한 필자에게 도움이 된다. 그러나 어느 정도의 능력과 흥미를 갖춘 학습자라면 쓰기 활동에 있어 컴퓨터의 교사 역할은 더 이상 의미를 부여하기 힘들다. 따라서 발전된 쓰기를 가능하게 하기 위해서는 학습자 스스로 컴퓨터를 효과적으로 운영해 나갈 수 있어야 한다. 다시 말해 학습자가 컴퓨터를 학습에 필요한 요구대로 움직일 수 있어야 한다. 여기서 컴퓨터는 학습자가 스스로 구성한 문제에 대한 도구적인 역할을 수행하며 과제 해결에 필요한 모든 수단적인 역할을 해 나가는 것이다. 즉 컴퓨터가 학습자와 동일할 입장에서 학습자를 도와주는 역할을 할 때 컴퓨터는 학습자의 의지에 의해서 움직여지므로 학습자와 같은 입장에 있게 되고, 따라서 컴퓨터도 학습자로서의 지위를 갖게 된다.

궁극적으로 CMC를 활용한 쓰기에서 컴퓨터의 역할은 바로 학습자(Tutee)의 역할을 수행해야 한다. 쓰기 활동을 주도적으로 수행하려는 학습자(Learner)에게 있어 컴퓨터는 학습자가 당면한 과제를 해결할 수 있는 정보를 제공해준다. 컴퓨터가 제공하는 정보는 학습자가 스스로 과제를 해결해 나가기 위해 구성한 과정이며, 컴퓨터는 학습자의 명령에 의해서 움직인다. 학습자가 수행하는 과제 해결 과정에서 검색, 수집되고 가공되어 최종적으로 선택되어지는 정보는 학습자와 컴퓨터의 상호작용에 의한 것이다. 컴퓨터와 학습자 간의 상호작용이 얼마나 원활한 가에 따라서 정보의 량과 질은 보다 효과적이고 풍부해질 것이다.

컴퓨터가 갖고 있는 학습자로서의 역할은 글쓰기 과정에 있어서 가장 효과적이며 효율적인 역할이다. 문제를 해결해 나가는 과정에서의 가장 필수적인 역할이며, 학습자는 바로 컴퓨터의 이러한 학습자 역할을 최대한 활용해야 한다.

2. 쓰기교육에 유용한 CMC의 기능성

쓰기 활동에 도움이 되는 CMC의 기능성은 장소와 지면에 관계없이 학습자와 학습자, 학습자와 교수자 간의 활동이 동일한 시간과 공간에서 가능한 '동시성', 쓰기에 필요한 자료를 얻기 위해 자료가 존재하는 곳으로 학습자와 교수자가 직접 찾아가지 않고 쓰기 활동이 이루어지는 현재의 공간에서 정보를 수집, 가공하고 적용하며, 초벌 쓰기 이후 고쳐 쓰기와 다듬기가 바로 가능한 '즉시성', 그리고 학습자 별로 수집된 정보를 학습자가 공간 이동을 하지 않고서도 서로의 정보를 주고받을 수 있는 '공유성'으로 특징지어 진다.

가. 동시성

동시성은 쓰기 활동에 특별한 효과를 제공하는 기능 중의 하나이다. 동시성을 활용한 쓰기의 다양한 효용성 중 대표적인 것은 쓰기 활동을 수행하는 과정에서 정보를 제공받을 수 있다는 것과, 동일한 시간대에서 공간에 관계없이 학습자가 공동으로 동시에 쓰기 활동을 할 수 있다는 것이다.

컴퓨터 기술의 급격한 발달은 동시에 여러 가지의 작업을 할 수 있게 만들었다. 종이와 연필을 사용하여 쓰기를 할 때에는 글을 쓰는 공간과 정보를 제공받는 공간이 달랐다. 글을 쓰기 위해 필요한 정보를 얻기 위해 수많은 정보들을 검색하고 수집하는 과정을 거쳐야 했으며, 필요한 정보들을 가공하기 위해 또 다른 공간에서의 작업이 요구됐다. 도서관이나 백과사전을 통한 정보 수여 공간은 글을 직접 작성하는 종이와는 전혀 다른 공간 내에서 이루어져야 했기 때문에 협소한 책상에서 작업을 동시에 한다는 것은 대단히 힘들고 어려운 일이었다. 필요한 정보를 가공하기 위해서는 여러 번의 검색, 수집 과정을 거치면서 새로운 종이와 연필에 의한 작업이 요구되었으며, 그것들을 저장 수록하기 위해서 파생적인 공간이 필요했다. 컴퓨터는 그 모든 것을 한 공간 안에서 동시에 작업을 수행할 수 있게 한다.

글을 쓰기 위한 워드프로세서 공간을 일단 열어 놓은 상태에서 필요한 정보를 검색한다. 작업은 동시에 이루어지며, 통신망을 통해서 즉시 전송되는 정보들은 언제든지 수집되고 선택되어질 수 있다. 여러 종류의 책을 책상 위에 펼쳐놓고 거기서 필요한 정보를 수집하고 정제하여 선택하는 과정이 컴퓨터 모니터상에서 동시에 이루어진다. 컴퓨터가 갖고 있는 이러한 동시적인 기능은 쓰기 활동에 있어 정보를 제공받는 데 필요한 시간과 비용을 최소화하며, 쓰기 활동을 수행하는 과정에서 지속적으로 정보를 제공받을 수 있어 필요한 정보를 다시 찾기 위해 백과사전을 뒤지거나 도서관을 다시 찾는 번거로움을 하지 않아도 된다.

일반적인 수업 장면에서 학습자들은 같은 시간대에 같은 공간에서 쓰기 활동을 한다. 교사의 역할보다는 학습자 중심의 쓰기 활동이 진행되어 가는 수업 장면에서 협동학습은 대단히 중요하다. 특히 컴퓨터를 이용한 수업에서는 컴퓨터 문해력이 뛰어난 학습자와 그렇지 않은 학습자 간의 격차가 심하다. 따라서 개별쓰기 활동을 수행하기보다는 협동 학습을 통해서 전문가와 초보자 간의 인지적 협동 관계를 형성하는 것은 매우 중요하다. 종이와 연필을 이용한 협동쓰기 활동은 그 효과가 뛰어나기는 하지만 매우 번거로운 절차를 거쳐야 한다. 그러나 통신을 이용한 협동쓰기는 매우 효과적이며, 경제적이다. 미숙한 학습자와 능숙한 학습자가 동일한 공간에서 하나의 집단을 형성해 동일한 화면에서 협동쓰기를 할 수 있다.

컴퓨터 통신망을 이용한 CMC는 컴퓨터 문해력 정도와 컴퓨터의 보급 상황에 따라 그 효용성과 질적 가치가 매우 증대될 뿐 아니라, 쓰기 교수·학습 활동에 새로운 환경을 제시하여 학습자로 하여금 흥미를 유발시킨다.

나. 즉시성

CMC의 즉시성은 컴퓨터가 갖추어진 환경에 따라 약간의 차이가 있기는 하지만 쓰기 활동에서 대단히 경제적인 가치를 지니고 있다. 컴퓨터의 즉시성은 정보화, 수정과 편집, 출판에 대하여 생각해 볼 수 있다.

1) 정보화

쓰기에 필요한 정보를 얻기 위해서는 학습자가 갖추고 있는 것을 제외하고는 정보가 있는 곳으로 학습자가 직접 접근하는 것 외에 별다른 방법이 없다. 그러나 컴퓨터는 통신망을 이용해서 원하는 정보를 무제한으로 검색하고 수집할 수 있다. 종이와 연필을 사용하여 정보를 수집하는 과정은 비용과 시간 면에서 적지 않은 투자가 요구된다.

정보를 수집하는 과정을 별개의 학습 활동으로 인정하여 굳이 정보가 있는 곳으로 학습자를 접근하도록 하려는 교사에게는 쓸모없는 기능일 수 있다. 그러나 필요한 정보를 자신이 글쓰기 활동을 하는 곳에서 즉시 검색하고 수집, 가공하여 필요한 만큼 선택해서 소비할 수 있다는 것은 컴퓨터의 CMC 기능이 아니면 불가능하다. 이 정보화의 즉시성은 글쓰기 활동의 최종 단계에서 더욱 가치를 발휘한다. 완성된 학습자의 글을 공개 저장하는 순간 그 즉시 학습자의 완성된 글은 또 다른 정보로서 제공될 수 있는 기회를 갖게 되는 것이며, 그것이 즉시 작용하게 된다.

2) 수정과 편집

컴퓨터의 문서 작성기는 인쇄문화를 기업과 상업의 개념으로부터 개인과 자유로운 출판으로 이어지게 하였다. 특히 문서 작성기의 편집 기능은 종이와 연필에서 이루어지던 수정을 대단히 편리하게 만들어 놓았다. 최근의 문서 작성기는 별도의 수정 기능을 갖고 있어서 학습자가 범할 수 있는 기본적인 문법 오류 지적 및 자동 수정해 주며, 문장의 구조를 문서 작성기 스스로 정리하여 종이와 연필에 의존하는 번거로운 다쓰기 작업이 매우 즉시 간편하게 이루어지게 하였다.

개별쓰기나 협동쓰기에서 충분한 시간이 마련되지 않은 활동의 경우 완성된 글을 생산하지 못하고 다음 시간으로 넘어가야 하는 경우가 발생한다. 그러나 개별적으로 쓴 글들이 누적 저장되어 있으며, 협동쓰기 작업도 저장되어 있으므로 필요한 시간에 저장된 내용을 한데 모아 즉시 편집을 할 수 있다. 문서 작성기의 편집 기능은 필요한 토막글을 이리저리 필요한 곳으로 끼워 넣거나 빼낼 수 있기 때문이다.

3) 출판 및 관리

출판의 즉시성은 컴퓨터의 CMC 기능과 프린터의 보급으로 인한 혜택이다. 수정과 편집을 거친 학습자의 글은 자신이 원하는 공간과 시간에 언제나 종이로 출력이 가능하게 되었으며, 종이와 연필에 의한 완성본을 따로 활자화하여 별도의 인쇄 매체를 통해 출력하는 과정을 거치기 않고서도 학습자가 바로 자신의 글을 출판할 수 있다는 것이다. 여러 학습자의 쓰기물이 각기 다른 곳에 있더라도 학습자의 저장 공간이나 공동의 데이터 뱅크가 마련돼 있을 경우에는 언제든지 CMC를 이용해서 원하는 시간에 원하는 장소에서 인쇄와 출판이 가능하다. 또한 학습자의 쓰기물을 굳이 인쇄하여 출판하지 않더라도 독자를 대상으로 자신의 작품이 읽혀지기를 원한다면 PC통신이나 인터넷상의 공개된 공간에 저장하여 CMC 활용이 가능한 다른 독자들에게 공개할 수 있다.

학습자가 원하는 장소와 시간에서 즉시 자신의 작품을 공개할 수 있다는 것이야말로 컴퓨터의 CMC 기능과 프린터의 효과이며, 이런 즉시성 효과는 능숙한 학습자에게는 성취감을 주며, 미숙한 학습자에게는 자신감을 부여해서 쓰기 활동에 대한 흥미를 유발하고 보다 좋은 작품을 만들 수 있는 동기를 유발한다.

다. 공유성

학습자는 쓰기 활동을 수행하는 과정에서 한 장의 종이 위에 자신의 과업을 수행해간다. 학습자의 요구에 의해 수집된 정보는 학습자가 글쓰기 활동을 수행하는 책상 위에 존재하고 있다. 다른 A라는 학습자가 수집한 정보를 B라는 학습자가 원할 경우에는 B 학습자가 자신의 자리를 떠나 A 학습자의 자리로 합류하거나, 수집된 정보가 B 학습자의 책상으로 옮겨가는 수밖에 없다. 교사가 학습자의 쓰기 활동 중에 과정을 평가하거나 결과를 평가하기 위해서 학습자가 교사에게 자신의 과정을 보여주기 위해 자리를 옮기거나 교사가 학습자에게로 접근하여야 한다. 또 평가를 하기 위해서 학습자는 교사에게 완성본을 제출해야 하며, 교사는 동일한 시간대에 동일한 공간에서 학습자를 평가해야만 한다.

CMC를 활용하면 정보의 공유가 가능하다. 정보를 공유하지 않는 컴퓨터는 사실상 무의미하다. 컴퓨터가 학습에 최적의 상태로 활용될 수 있었던 것은 통신기술의 발달보다는 정보를 공유하는 데에 기인하고 있다. 개인이 생산한 정보를 공개함으로써 컴퓨터는 그 정보를 CMC를 통해 수많은 소비자들에게 유통시킨다. 쓰기 활동에 필요한 정보는 전세계에서 CMC를 통해 공개된 정보이다. 그 정보는 동시에 수많은 소비자들이 공유할 수 있기 때문에 가치가 있는 것이며, 정보로서의 효용성이 있다. 이러한 정보의 공유는 쓰기 활동이 수행되고 있는 학습 집단 내에서도 적용이 되어야 한다. 개인이 수집한 정보는 공개된 것이며, 그 정보는 개인이 수집한 정보이기 이전에 공유를 전제로 하는 것이다. 따라서 CMC를 활용한 쓰기에서 집단 내 협동 학습이 가능한 것이 바로 이러한 공유성에 기인한다.

CMC를 이용한 정보의 공유는 기존의 정보를 다시 공개 저장하여 동일한 학습자 집단 내에서 재사용되도록 해야 함과 동시에 학습자의 생산물에 대해서도 공개 저장을 원칙으로 한다. 학습자가 특별히 공개를 꺼리는 개인 신상에 관한 글을 제외하고는 공개 저장을 권한다. 학습자의 쓰기 활동 과정이나 종료 후에 저장된 글은 학습자 상호간에 쓰기 정보를 공유함과 더불어 상호자극을 줄 수 있으며, 자신의 글을 지속적으로 공개하여 독자에 대한 불안을 극복하고 자신감을 회복할 수 있다. 또한 공개된 글은 교사가 수시로 평가할 수 있기 때문에 특별히 학습자들에게 자신의 글이 평가를 받는다는 중압감과 평가를 위한 쓰기로부터 탈출할 수 있게 한다.

3. CMC를 활용한 쓰기 효과

CMC를 활용한 수업은 기존의 대면식4) 수업과 비교했을 때 뚜렷한 차이를 보이는 현상이 있다. 말 그대로 대면식 수업의 정반대인 CMC는 비대면식 수업이 가능하기 때문에 학습자와 학습자, 학습자와 교수자가 얼굴을 마주하지 않거나, 서로 다른 공간에서 학습이 가능하다.

컴퓨터가 학습의 도구로 등장하고 컴퓨터를 이용한 통신이 가능해지면서 CMC 활용에 대한 부정적인 견해는 학습자 상호간 관계로부터 도출됐다.

---

4) CMC(Computer Mediated Communication)에 관한 연구는 주로 대면식 수업의 효과와 비교되었다. 대면식 수업은 학습자와 교수자가 서로 얼굴을 맞대고(일 대 일 수업이나 개별화 학습과 관련된) 학습을 진행하는 과정으로, 학습자와 교수자의 의사교환이 직접적으로 일어나는 학습 상황을 말한다. 반면 CMC는 컴퓨터를 매개로 의사소통을 하여 학습을 진행해 나가는 방식으로 연구를 하였다. 물론 CMC와 대면식 수업에서 단순히 교수자와 학습자 간의 대면과 의사소통뿐 아닌 학습자와 학습자 간의 의사교환과 소통을 다루었다. 객관주의 교육에 있어서 '대면식 수업'은 학습자와의 직접적인 의사교환을 통해서 학습자의 학습 상태를 진단하고 학습자의 의견을 받아들여 학습의 개선을 꾀하는 전략으로 활용되었다. 전통적인 협동 학습은 '대면식 수업'을 활용한 좋은 예이다.

뿐만 아니라 학습에 필요한 자료의 제공이 CMC를 활용함으로 가능해졌기 때문에 자료를 제공하는 자와 제공받는 자와의 관계가 멀어질 수밖에 없었다. 그러나 CMC를 학습에 활용하는 빈도가 높아질수록 비대면 관계는 긍정적인 효과를 발생시켰으며, 학습자 간의 상호작용을 통한 학습자 개인 대 개인의 적응효과가 생겨났다. 더불어 비대면에 의한 학습자 상호간 작용으로부터 학습자 개인의 인지를 초인격화하여 쓰기 활동에 필요한 초인지를 형성하는 효과를 보게 되었다.

가. 비대면 효과

CMC 기능은 학습자에게 필요한 정보를 주고받는 것 이외에 의사소통 기능이 있다. 쓰기 활동 과정의 '정보수집' 과정은 학습자가 필요한 정보를 CMC를 활용해서 검색, 수집, 가공하는 전적으로 개인적인 작업이다. 마치 '종이와 연필'로 쓰기를 할 경우 필요한 자료를 얻기 위해 자료가 있는 곳으로 학습자가 직접 찾아가는 번거로움을 즉석에서 해결할 수 있는 경제적인 도구가 CMC이다.

그러나 '정보적용' 단계의 학습자들은 초고를 쓰는 과정에서 다른 학습자와 의사소통을 하면서 작업을 진행해간다. 학습 구성원이 동일한 공간에 있건 원거리에 있건 CMC를 활용한 쓰기는 CMC 기능을 활용한 의사소통에 의해 학습자들 간에 협의와 토론을 거쳐 완성된 작품을 구성하는 것이 주목적이다.

따라서 학습자들은 자신들이 다른 몇 명의 학습자들과 정보를 공유하고 의사를 소통하면서도 자신과 의사소통을 하면서 정보를 교환하는 대상의 개인적인 신분에 대하여 알 수 없는 경우가 있다. 물론 공개된 학습 공간에서 동일한 학습 구성원들이 근거리에서 쓰기를 하는 경우에는 CMC 대상이 노출될 수 있으나, 학습자가 자신과 의사소통을 하면서 정보를 교환하는 학습자에 대하여 알려고 하지 않는 한, 상대방이 노출하려 하지 않는

한 학습자 개인의 인간적 특성에 대해 알 수 없다. 일반적으로 쓰기 교수·학습 활동은 교실이라는 환경에서 일어난다는 것을 전제로 하고 있다. 따라서 소수의 학습 구성원들에 대한 성격이나 개인적인 성향, 친분 관계는 이미 노출되었다고 보는 것이 현실적이지만 재택 수업이나 다자 간 원거리 교육을 실시하는 경우에는 비대면을 기본적인 현실로 받아들여야 한다. 또한 사이버 공간에서 '쓰기'이라는 동일한 관심을 갖고 활동을 하는 동호인들의 경우 개인 정보는 배제된다고 보아야 할 것이다.

단기적으로 보았을 때 CMC의 이런 비대면성은 협동쓰기나 대화쓰기에서 연대감을 상실할 뿐 아니라 익명성5)으로 인하여 무책임한 쓰기 활동을 유발할 가능성이 있다. 그러나 협동쓰기에서의 쓰기 활동과 의사소통은 독립적으로 이루어지는 것이 아니라 협동쓰기조원들 간의 긴밀한 협조와 유대감을 필요로 하는 것이기 때문에 장기적으로 보았을 때 익명성이 보장되는 비대면은 학습 구성원 각자가 보다 자유스러운 분위기에서 자신의 의견을 개진하고 비평하며, 토론할 수 있는 조건을 형성하게 된다.

---

5) CMC를 활용하여 의사소통을 할 경우 자신이 누구인지를 밝히지 않는 한 상대방이 누구인지 확인한다는 것은 쉽지 않다. 협동쓰기의 경우 공동으로 하나의 작품을 완성해 가는 과정에서는 미숙한 학습자와 평범한 학습자, 능숙한 학습자로 분류되어 골고루 협동쓰기조가 편성되었지만, 자유로운 의사교환이나 비평 및 토론을 하는 경우에는 굳이 이름을 밝히지 않아도 상관없다. 따라서 CMC를 활용한 의사소통은 학습자가 원하는 경우 익명성이 보장된다.

요　인	효　　과
교수·학습 요인	·협동쓰기 시 구성원이 근거리에 위치할 필요가 없다. ·대화쓰기 시 교수자와 학습자의 위치 변동이 자유롭다. ·음성언어 배재로 인해 학습 공간의 소음을 줄일 수 있다. ·완전히 개방된 학습 분위기가 조성된다. ·학습자 개인 간의 사적인 관계에 의한 소극적인 비평과 토론이 감소한다.
학습자 요인	·의사표현을 자유롭게 할 수 있다. ·익명성을 보장받을 수 있다. ·대면 시 노출되는 소외감이나 자신감의 부족을 덜 느낀다. ·교수자와의 관계에서 익명성을 보장받을 경우 자신의 의견을 자유롭게 표현할 수 있다.
교수자 요인	·학습자에게 노출되는 권위감을 줄일 수 있다. ·사회적 요인(음성, 성별, 나이, 지위, 능력, 환경 등)이 가시적으로 노출되지 않기 때문에 학습자와 동반자적인 관계 형성에 유리하다. ·학습자와의 관계에서 교수자임을 익명으로 하여 학습자에게 접근이 가능하고 학습자의 쓰기 활동에 직접 참여하여 쓰기 활동 과정을 파악하기 용이하다.

〔표1〕 CMC 활용에 따른 비대면 효과

　　CMC의 비대면으로 인한 익명성은 장기적으로 학습 구성원 개개인의 인격을 존중하고, 학습자와 학습자, 교수자와 교수자 간의 신뢰가 형성되어 있는 경우에 효과를 발휘할 수 있다. 만일 익명성을 부가한 비대면 학습이 지속된다면 오히려 CMC를 활용한 의사소통은 개인의 의사를 존중하기는 커녕 상대방에 대한 비인격적 언어사용을 서슴지 않거나, 쓰기 활동의 본질과는 전혀 벗어난 의사소통을 하게 될 수 있다. 따라서 CMC를 활용한 학습에서뿐 아니라 평소 학습 활동에서 학습 분위기 조성을 얼마나 신뢰성 있게 했느냐가 중요하다. 이는 상호간 인격 존중을 토대로 한 CMC의 상호 적응효과의 기반이 된다.

나. 상호 적응효과

CMC의 비대면성은 단기적으로 거부감과 소외 의식을 느끼지만 장기적으로는 학습자 개인의 자율성 습득과 의사소통의 적극성에 기여한다. 비대면 효과가 지속되면 학습자들은 상호작용을 통해 서로 적응한다. CMC를 활용한 쓰기 활동의 정보를 검색하고, 수집하며, 가공하는 과정에서 겪게 되는 학습자들 간의 교류는 기본적으로 학습자 상호간의 협조와 공조 관계를 형성한다. 누군가로부터 도움을 받고 있다는 사실과 누군가에게 도움을 주고 있다는 것은 학습자에게 주도적 학습으로 나아갈 수 있는 발판을 마련하는 것이며, 학습자 개인의 성취감은 물론 공동체 성취욕을 자극하여 서로 발전하는 계기를 마련한다.

CMC를 활용하여 의사소통을 하는 쓰기 활동의 '정보적용' 과정은 학습원들이 익명성을 보장받거나 그렇지 않을 경우에도 지속적으로 상대방과 의사소통을 할 수 있으리라는 기대감과 언젠가는 의사소통 기회가 다시 찾아올 거라는 필연적 인식으로 인해 자신의 개성과 언어에 의한 일방적인 의사표현이 아닌 상대방의 의사를 수용하고, 인격을 존중하는 내적 적응을 시도하게 된다.

학습자 상호간 완전히 익명성이 보장된 상태에서 CMC를 활용할 경우 단기적으로는 비대면에 의한 부적응효과가 나타나지만 장기적으로는 상대방에 대한 비언어적 요인(성격, 외모, 음성, 지위, 능력 등)을 완전히 배제한 상태에서 학습자에 대한 새로운 관계를 설정해놓고 의사소통과 정보교환을 하게 되는 것이다. 이때 각각의 학습자는 지속적인 CMC 관계를 통해 상대방으로부터 전달되는 문자언어 표현만으로 비언어적 요인들을 설정하게 되고 그러한 설정을 자신과 동일시하여, 상대방에 대한 의사표현이 신뢰감으로 나타난다.

즉, 자신을 상대방과 의사소통 및 정보 교환이 가능한 최적의 상태로 만들어간다. 자신에 대하여 편견을 줄 수 있는 비언어적, 사회적 요인에는 신경을 쓸 필요가 없는 상황이지만 학습자는 오히려 스스로를 통제하면서 이상적인 표현을 위해 메시지 구성이나 내용에 더욱 많은 인지적 노력을 기울이게 된다. 그 결과 자신에 관한 정보를 제시할 때 대면식 관계에서 보다 신중을 기하게 된다.

CMC를 지속적으로 활용하여 쓰기 활동을 하는 경우 학습자는 서로에게 적응하게 되며, 비대면에서 오는 부적응이나 소외감은 오히려 친근감으로 다가오게 되어 상대방에 대한 배려가 많아진다. 또한 상대방과의 지속적인 의사소통을 통해 동일한 관심을 갖는 학습자 군을 형성하여 신뢰감뿐 아니라 친근감을 가속화시킨다. 결국 CMC를 활용하는 학습자 집단에서는 비언어적, 사회적 요인들로부터 탈피하여 보다 자유롭고 주도적이며, 오히려 개방적인 학습 환경이 마련될 수 있다. 또한 CMC를 통해 형성된 사이버 공간에서의 동일한 관심에 대한 인간적인 관계 형성은 자신을 대상에게 보다 좋은 이미지로 부각시키려는 의도의 쓰기 활동에 몰입하게 한다.

요 인	효 과
교수·학습 요인	· 불특정 다수에 대한 상호 신뢰감과 친근감이 형성되어 사회적 요인에 의한 소외 현상이 줄어든다. · CMC를 활용하지 않는 학습 활동에 파급되어 언어적 활동의 적극성을 유발한다. · 학습 활동의 기대치를 상승시켜 학습 의욕을 높이고 흥미를 유발하며, 동기 부여에 기여한다.
학습자 요인	· 상대방에 대한 신뢰와 친근감이 자신에게 인지되어 학습의욕을 고취시킨다. · 상대방에 대한 언어표현이 논리적이고 합리적이 된다. · 대화쓰기 시 교수자에 대한 편견과 능숙한 학습자에 대한 피해의식을 줄인다. · 쓰기 능력에 관계없이 동일한 관심을 갖는 집단을 형성하여 새로운 관계 집단을 형성할 수 있다.
교수자 요인	· 학습자의 인격을 존중하고, 개방적이고 허용적인 관계를 형성한다. · 익명성이 보장되는 한 학습자들의 사회적 편견을 배제할 수 있으므로 형평성 있는 교수·학습 활동이 가능하다. · 학습자와 동일한 위치에서 학습할 수 있는 조건을 형성하여 학습자 주도적인 학습 환경을 만들어 갈 수 있다.

〔표2〕 CMC 활용에 따른 상호 적응효과

4. 문화생산 도구 CMC

오늘날 기능 중시 국어교육의 결과로 미시 국어교육6)에 관한 논의만 활

---

6) 方仁泰(1998: 70)는 국어교육을 보는 관점과 관련 요소에 따라 거시 국어교육과 미시 국어교육으로 나누고 있다. 거시 국어교육은 국어교육의 본질, 성격, 방향과 관련한 타 학문과의 상관성, 국어 기능 영역의 기반이 되는 학문, 국어학, 국문학, 논리학, 심리학과 국어교육과의 관련성 탐색, 국어교육의 지향 이념을 위한 교육 이념, 이것들을 포함하여 국어교육을 자체 내의 자족적인 학문의 체계로 보기보다 국제적 상관성과 외부 지향적 관련에서 보고 있다. 이와 상대적으로, 미시 국어교육은 국어교육을 그 자체의 내부 논리로 들여다보는 것으로서 실제 국어교육이 실천되는 여러 사항과 관련된다고 보았다. 예컨대 교수·학습에 관한 것, 평가에 관련된 사항, 국어과 자체의 영역

발하여 새로운 방향의 개안이 부족한 현실에 놓여 있다. 우리가 거시 국어
교육을 돌아본다고 했을 때 그 중심은 문화생산으로서의 국어교육이고, 문
화생산교육으로서의 국어교육이 미시적 기능과 만났을 때 그곳에는 문화생
산으로서의 글쓰기 교수·학습이 자리 잡게 된다(方仁泰, 1998: 70).

　문화란 그 속성상 몇몇 특정한 개인에 의해 소유된 것이 아니라 사회성
원들에 의해 공유되며, 학습된 것이며, 축적적이며, 하나의 전체를 이루고
있으며, 결코 정체적인 것이 아니라 항상 변화한다(김문환, 1999: 93).
컴퓨터는 스스로 문화를 생산하거나 직접적으로 문화생산에 참여하지는 않
는다. 그러나 학습자로 하여금 문화를 생산해내도록 하는 매체이다.

　컴퓨터가 문화생산 매체로서의 역할을 할 수 있는 것은 두 가지 측면에
서이다. 첫째는 학습자가 자신의 문화를 생산해내기 위해서는 언어 활동에
선행하여 생산을 위한 정보가 필요하다. 컴퓨터는 바로 학습자가 자신의
문화를 생산해내기 위해 필요한 정보를 제공해 주는 역할을 한다. 물론 학
습자에게 필요한 정보는 학습자가 스스로 구성해 놓은 절차에 따라 문제를
해결해 나가는 방식이다. 그러나 그러한 학습자 스스로의 구성과 문제해결
과정에서 컴퓨터는 초월적 생산 매체이다. 컴퓨터 자체 내의 저장된 정보
는 물론 인터넷을 통해 전세계에 널려있는 정보들을 검색하고 수집할 수
있게 한다. 따라서 컴퓨터는 학습자의 생산에 필요한 모든 정보를 전해 주
는 매체인 것이다. 둘째는 학습자가 쓰기한 것에 대한 생산적 소비의 매체
로서의 컴퓨터의 역할이다. 학습자가 스스로 구성한 문제를 컴퓨터로부터
얻은 정보를 검색, 수집, 가공하여 완성된 쓰기물을 공개 저장의 단계를
거치지 않는다면 학습자의 쓰기물은 단순히 컴퓨터로부터 얻은 정보의 소
비에 지나지 않을 것이다. 그러나 학습자의 쓰기물이 인터넷을 통해 공개
저장된다면, 바로 그 학습자의 쓰기물은 또 다른 소비자에게 유통의 단계
를 거쳐 새로운 생산물로 변환되는 것이다. 바로 컴퓨터는 학습자로 하여

　　구분과 그 기준 설정에 관한 것들, 국어과 활용의 다양한 방책 개발 등을 포
괄한다고 보았다.

금 문화를 생산토록 하는 매체로서의 역할을 수행한다.

쓰기는 국어교육의 성격을 문화생산 교과로 규정했을 때 직접적으로 관련되는 영역이다. 문화생산은 언어의 이해보다 표현을 중시한다(方仁泰, 1998: 70). 컴퓨터는 문화생산 교과로서의 국어교육의 효율성을 증대시키는 매체로 등장한지 오래다. CMC 이전의 언어학습에서의 컴퓨터의 활용은 상당 부분 문서 작성기 수준이었으며, 그러한 활용은 단순하지만 문자언어표현의 일대 변혁을 가져왔다. 편집과 출판이 용이해지면서 컴퓨터의 문서 작성 기능은 생산의 기능이었으며, 쓰기를 문화생산 교과와 직접 관련 있는 분야로 규정한다면 컴퓨터는 문화생산의 가장 확실한 매체인 것이다. 여기에 CMC를 활용한 쓰기는 생산뿐 아니라 유통과 소비의 일대 혁신을 가져왔다. 단순히 편집과 출판의 경제성과 효율성만으로는 학습자의 생산물을 소비자에게 유통시키는 절차가 몹시 복잡하였으며, 경제적인 부담을 감행하지 않고서는 학습자의 생산물을 소비자에게 유통시킨다는 것은 매우 어려운 일이었다. 그러나 CMC로 인하여 생산물이 소비자에게 유통되는 절차는 대단히 개인적이며 간단해졌다. 뿐만 아니라 유통의 범위가 전세계적이라는 것은 매우 놀랄만한 변화이다.

가. 생 산

쓰기는 창작 활동이며 생산 활동이다. 컴퓨터의 CMC는 생산 활동을 효율적으로 지원해 주는 도구이다. 종이와 연필을 이용한 생산 활동은 초고에서 최종 출판에 이르기까지 많은 정보가 필요하며, 정보를 수집하고 가공하여 적용하는 과정을 통해 투입되는 시간은 적지 않다. 필요한 정보를 수집하기 위해서는 학습자 주변으로부터 도서관에 이르기까지 접근할 수 있는 모든 환경에 적응하여야 한다. 정보를 얻을 수 있는 환경에 접해서도 필요한 정보를 얻을 수 있다는 보장은 없다.

그러나 컴퓨터는 학습자가 초고를 시작하는 순간부터 바로 정보를 수집할 수 있는 기회를 제공한다. 컴퓨터 자체에 저장되어 있는 정보 이외에 인터넷을 통한 정보검색은 무한정의 정보를 수집할 수 있도록 한다. 수집된 정보를 필요한 만큼 가공하여 쓰기 생산 활동에 적용할 수 있다. CMC를 통해 수집할 수 있는 정보의 양은 학습자가 직접 정보가 산재해 있는 환경으로 접근하는 것보다 훨씬 더 효과적이고 방대하며, 순간적이다. 따라서 생산 활동에 투입되는 시간적인 경제성 외에도 효율성과 가치 면에서 보다 생산적이다.

본격적인 생산 활동은 쓰기가 시작되면서 효율성이 높아진다. 종이와 연필에 의존하는 쓰기 활동은 완성에 이르기까지 수많은 수정과 편집을 되풀이해야 한다. 일단 연필에 의해 쓰여진 내용을 수정하기 위해서는 종이를 교체하거나 지우는 수밖에 별다른 도리가 없다. 그러나 컴퓨터는 종이와 연필을 교체하지 않고서도 무한대의 작업을 반복해서 실시할 수 있다.

완성된 글을 출판하는 과정은 생산 활동의 최종 단계에 해당한다. 종이와 연필에 의해 완성된 글을 독자들에게 보이기 위해서는 정교하고 바른 정자체로 필사하거나, 또 다른 인쇄 매체를 통해서 작자가 독자의 취향에 맞게 완성되는 과정을 거쳐야만 한다. 컴퓨터는 학습자가 생산한 최종 본을 그 즉시 학습자와 독자의 취향에 맞게 출판할 수 있다.

종이와 연필에 의존하는 생산 활동에 비해 CMC가 갖고 있는 생산 활동의 의미는 학습자의 생산물을 공개 저장하는 할 수 있다는 데에 있다. 학습자의 생산물을 컴퓨터 통신망을 통해 공개 저장함으로 해서 다른 소비자들에게 또 다른 생산을 위한 정보로 제공될 수 있기 때문이다. 개인 홈페이지나 특정 공간을 통해서 자신의 생산물을 공개 저장하는 것은 저장된 정보를 필요로 하는 다른 학습자에게 소비되어 또 다른 쓰기물의 정보로 활용될 수 있다. 결국 공개 저장을 한다는 것은 생산을 유발하는 효과를 갖는다.

나. 유 통

학습자에 의해 생산된 글은 공개 저장을 통해서 제2의 생산을 위한 유통이 가능해진다. 일단 공개 저장된 생산물은 상하거나 변질되거나 손실되지 않고 영구적으로 보존된다. 공개 저장된 학습자의 글은 거미줄처럼 퍼져있는 통신망을 통해서 시간과 장소에 구애되지 않고 소비된다. 컴퓨터는 학습자의 글이 제2의 생산을 위한 소비자들에게 전달되어지도록 유통망을 형성한다. 활자 매체의 인쇄물이 도서관이나 서점을 통해서 정보를 원하는 독자들에게 전달되는 것과 같다. 컴퓨터의 유통망은 활자 매체의 유통망에 비해 광범위할 뿐만 아니라 영구적이며, 세계적이다. 최근에는 외국어로 공개 저장된 글들을 자국 언어로 자동으로 번역해 주는 단계에까지 와있기 때문에 실로 학습자에 의해 생산된 글이 공개 저장된다면, 컴퓨터는 아무런 조건 없이 언제 어디서나 필요한 이에게 전달할 수 있는 역할을 수행한다.

다. 소 비

공개 저장된 글은 누구에게나 읽혀질 수 있다. 공개 저장된 글은 누구나 읽을 수 있다. 컴퓨터는 통신망을 통해서 전세계 어느 나라의 어떤 내용의 글이건 간에 곧바로 소비할 수 있는 역할을 수행한다. 컴퓨터는 특정의 공간에 공개 저장된 글을 원하는 소비자들이 읽어볼 수 있도록 항상 준비되어 있다. 생산과 유통에 비해 소비는 컴퓨터의 보급과 상당 부분 관련이 있으며, 경제적인 상황과 컴퓨터 문해력 정도에 따라 효율성과 가치가 결정된다. CMC가 갖고 있는 문화소비의 역할은 단순히 CMC 역할이라기보다는 CMC를 활용하는 김퓨터 사용자들의 CMC 활용과 직접 관련이 있다.

지금까지 문화생산 도구인 CMC의 역할을 '생산', '유통', '소비'의 세 측면으로 살펴보았다. CMC를 활용함으로써 유통과 소비의 수월함은 물론 생산의 혁신적인 발달을 가져왔다. 그런 점을 생각할 때 이제 국어교육은 의사소통을 중시하는 기능 교과에서 벗어나, 국어문화의 생산 활동과 능력 신장에 초점을 맞춰야 할 것이다. 지금까지의 언어문화의 유통과 소비에 대한 지나친 관심을 조정하여 생산 자체로 돌려 유통과 소비를 가능하게 하는 생산 중시로 전환시켜야 한다. 그렇게 해서 언어문화의 생산과 유통, 소비가 적절한 관계로 균형을 이룰 때, 그리고 그 중요성의 우선순위를 언어문화생산에 둘 때보다 균형 잡힌 국어교육이 달성될 수 있고, 나아가 문화 창조를 통한 인간 삶의 고양까지 이어지는 국어교육 본연의 목적을 달성할 수 있게 할 것이다(方仁泰, 1998: 69).

Ⅲ. CMC를 활용한 쓰기지도 방법

1. 준 비

교수·학습 활동이 일어나기 위한 세 가지는 '교사', '학습자', '환경'이다. 세 가지 조건이 학습을 할 수 있는 기본적인 준비가 갖추어진 상태에서 학습은 효율적이고 효과적으로 수행될 수 있다. 무엇보다 교사와 학습자에게 있어서는 기술적인 준비보다는 마음의 준비가 훨씬 더 가치 있고 효과적으로 작용한다. 정신적인 준비를 갖춘 상태에서의 기술과 지식을 습득은 보다 장기적이고, 경제적일 수밖에 없다.

가. 교 사

교사는 학습자에게 보다 많은 자율권을 부여하여야 한다. 지식을 전달하는 고전주의적인 교사의 모습으로부터 과감한 탈피가 수업의 관건이 된다. 학습자 개개인이 스스로의 학습 과제를 설정하고, 과제를 수행하기 위한 학습자 나름대로의 전략을 구성해 가는 것과 동시에 교사는 학습자보다 훨씬 광범위한 학습전략을 구성하여 수업에 임해야 한다. 뿐만 아니라, 교사는 무엇보다 CMC 활용이 가능한 전문가로서의 자질과 능력을 갖추어야 한다. 학습자와의 관계에서 교사는 최초 시범을 보이는 전문가의 역할을 수행해야 하기 때문에 경험과 체험을 위주로 하는 학습 활동에 비추어 학습의 주도권이 학습자에게로 이양된다는 정신적인 가벼움보다는 학습자에게로 학습권이 이양되기 위한 철저한 준비 자세가 필요하다. 따라서 컴퓨터 문해력과 CMC 활용 능력은 그 어떤 집단보다 상위에 있어야 한다. 그러한 교사의 준비는 학습자로 하여금 교사의 시범을 모방하도록 하는 동기를 유발하게 할 뿐만 아니라 교사와 학습자 간의 교수·학습 관계가 합리적으로 형성되어 학습의 효율성을 높일 수 있다.

　쓰기 활동에 있어 교사의 역할은 CMC 학습 상황과 매우 밀접한 관계가 있다. 특히 학습자의 컴퓨터 문해력을 미리 파악하고 있어야 하며, 학습자의 문해력 따라 교수·학습 활동 상황에 적절히 대처해야 한다. 학습자의 문해력은 학습자의 CMC 활용 능력을 좌우하는 것이며, 학습자의 CMC 활용 능력은 쓰기 활동을 수행하는 데 있어 어떤 유형의 학습을 수행하고, CMC의 어떤 기능을 활용한 쓰기 활동을 할 것인가와 관계가 있다.

학습자 유형	CMC 활용 능력
미숙한 학습자	· 학습자 간 통신이 가능한 상태를 만들기 어렵다. · 검색 엔진을 이용하여 필요한 정보를 얻는 방법을 알지 못한다. · 정보화 과정에서 교수자의 도움이 필요하다. · 협동 학습 과정에서 도움을 필요로 한다. · 두 개 이상의 창을 운영하는 데 어려움이 있다.
평범한 학습자	· 정보검색 프로그램을 선택할 수 있다. · 정보검색을 할 수 있다. · 다른 학습자와 의사소통을 할 수 있다. · 다른 컴퓨터와 연결하여 원하는 정보를 공유할 수 있다. · 정보화 계획을 수립할 수 있다.(교수적 도움의 중지) · 두 개의 창을 동시에 열어 놓고 의사소통과 정보화, 글쓰기와 정보화, 의사소통과 글쓰기 등의 두 가지 작업을 수행할 수 있다.
능숙한 학습자	· 정보검색 프로그램의 검색 연산자를 사용할 수 있다. · 개인 홈페이지를 작성하여 운영할 수 있다. · 한 번에 여러 개의 창을 동시에 열어 놓고, 의사소통, 정보수집, 학습 과업을 동시에 수행할 수 있다. · 정보화 과정을 통합하여 주도적으로 운영할 수 있다. · 동영상, 사운드 등의 고난도 정보를 공유하고 정보화할 수 있다 · 협동 학습 과정에서의 도움을 주는 역할을 할 수 있다. · 대화 학습의 교수자 역할을 담당할 수 있다.

〔표3〕 학습자 유형별 CMC 활용 능력

나. 학습자

학습자들은 과제를 일방적으로 전달받는 수임자 역할로부터 스스로 주어진 과제를 해결해 나가는 교수·학습의 주체자라야 한다. 학습자는 무작정 주어진 학습 목표를 따라가는 소극적인 학습자가 아니라 학습자 자신이 원하는 결과를 얻기 위해 적합한 목표를 설정하고 그것을 이루기 위해 의식적으로 노력하는 적극적 학습자를 일컫는다. 다시 말해 학습의 주체가 처음(개인적 정보관리를 설정하는 단계)부터 마지막(스스로 설정한 목표에 도달했는지에 대한 평가단계)까지 학습자이어야 한다는 것이다.

이러한 적극적인 학습자의 역할을 학습자 스스로 구축해 나간다는 것은 매우 어렵다. 더구나 전통적인 교수·학습 활동에 익숙해진 현실에서는 그 적응의 과정이나 인식이 결코 쉽지 않다. 이 과정에서 학습자는 스스로에게 동기를 부여하는 학습 구성 활동이 요구된다. 즉, 자신에게 주어진 과제를 자신의 의지대로 해결해 나가는 활동을 지속적으로 반복해 나감으로 해서 스스로에게 주어진 지식의 열쇠가 무엇인지를 인식하고 해결해 나갈 수 있다. 교수자의 시범과 모방에 의한 교수·학습 활동으로부터 자신의 주체적인 역할을 인식하는 단계에 도달하기까지 학습자의 의지는 순전히 개인적인 것이며, 어쩌면 자유방임적이기까지 한 수업 설계가 필요하다. 미숙한 학습자로부터 원숙한 학습자에 이르기까지 학습자들은 스스로의 과제를 해결할 수 있는 열쇠를 마련해야 한다.

다. 환 경

멀티미디어를 포괄하는 컴퓨터 학습 환경은 그 변화의 속도가 매우 빠르기 때문에 현시대에 적합한 상황을 구성해낸다는 것은 매우 구태의연한 일이다. 그러나 글쓰기 학습 활동에 있어서 기본적으로 필요한 환경은 교수 설계자와 학습자의 컴퓨터 문해력에 기초한 상호작용에 바탕을 두고 있으며, 기본적으로 학습이 가능한 컴퓨터실의 환경 조건은 아래와 같다.

① 학습자 1인 1대의 컴퓨터

　기본적으로 한 학급의 학습 구성원이 사용할 수 있도록 구성되어야 한다.

② 컴퓨터 매개 통신

　한 차 글을 기준으로 하여 정보의 활용에 지장이 없을 정도의 속도와 기능을 갖추고 있어야 한다.

③ 데이터베이스

　수집, 가공된 정보를 저장하는 공간은 물론 학습자의 생산물이 공개 저장되어 다시 소비될 수 있는 특정 공간이 필요하다. 학습자들이 자유롭게 드나들 수 있는 홈페이지를 마련하는 것이 효과적이다. 위와 같은 환경적 조건을 갖춘 후에 학습이 효율적으로 이루어지기 위해서는 컴퓨터 학습실이 제대로 역할을 수행해야 한다. 전국교육대학 컴퓨터 교육 연구회(1993)에서는 다음과 같은 컴퓨터 교실의 역할과 특성을 제시하고 있다.

· 컴퓨터 교실은 컴퓨터의 교육 및 컴퓨터 관련 교과 학습지도에 편리해야 하며 잘 활용될 수 있도록 해야 한다.
· 컴퓨터 교실은 기능적 효율성을 고려하여 경제적으로 설계 시공하여야 한다.
· 많은 학생이 더 많은 사용 기회를 가질 수 있도록 운용하여야 한다.
· 컴퓨터 사용의 다양한 경험을 제공할 수 있어야 한다.
· 학교 업무를 점차로 전산화해 가는 산실이 되도록 한다.
· 정보화 사회를 대비하는 홍보교육 및 훈련의 장으로 적극 활용한다.

이외에도 평생 교육 사회에 걸맞은 역할을 하기 위해서는 학교의 컴퓨터실을 단순히 학교 내의 학생들을 학습자로 규정하여 개방하는 것이 아니라, 지역사회에도 컴퓨터실을 개방하여 모든 사람이 학습자로서 환경에 보다 쉽게 접할 수 있도록 하는 개방체제를 갖추도록 해야 할 것이다.

2. CMC를 활용한 쓰기 과정

CMC를 활용한 쓰기 과정은 크게 '정보수집', '정보적용', '정보관리'의 세 단계의 절차를 거친다. '정보수집'은 쓰기를 하기 위해 필요한 정보를 검색, 수집, 가공하는 과정이며, '정보적용'은 초고 쓰기, 고쳐 쓰기, 다듬기 과정이다. 마지막으로 '정보관리' 과정은 학습자의 쓰기 활동에서 생산된 쓰기물을 인쇄, 출판하는 것과 PC통신이나 인터넷의 사이버 공간에 CMC 사용자이면 누구나 열람이 가능하도록 공개 저장하는 정보관리 절차이다.

CMC를 활용한 쓰기 교수·학습 과정은 기본적으로 '정보수집－정보적용－정보관리'의 절차를 따라가야 한다. 그러나 각 단계에 속하는 하위 과정들은 학습자의 컴퓨터 문해력과 CMC 활용 능력에 따라 통합적이고, 비선조적으로 일어날 수 있다.

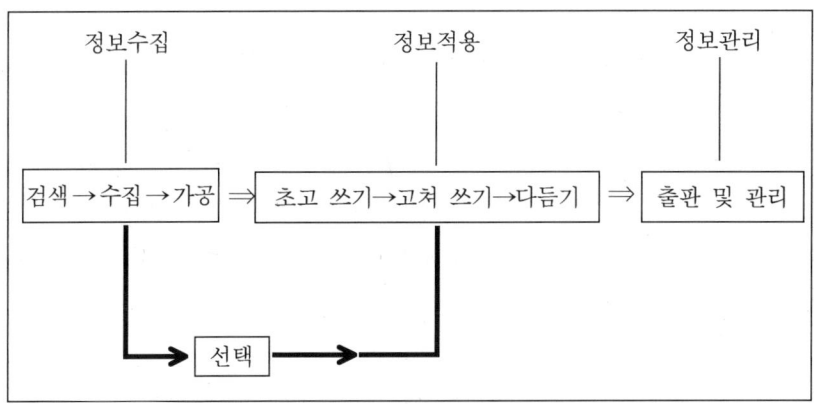

〔그림1〕 CMC를 활용한 쓰기 과정

가. 정보수집

CMC를 활용한 쓰기 과정은 본문 작성에 필요한 정보를 수집하는 것으로부터 학습자의 생산물을 공개 저장하기까지의 모든 과정을 포함한다. CMC를 활용한 쓰기 활동 과정은 크게 세 단계로 나눌 수 있다. 본문 작성에 필요한 자료를 컴퓨터의 CMC 기능을 이용해서 얻는 '정보수집', 검색, 수집, 가공의 단계를 거친 정보를 이용하여 본문을 작성하는 초벌 쓰기, 고쳐 쓰기, 다듬기를 포함하는 '정보적용', 학습자의 생산물을 인터넷이나 PC통신에 공개 저장하는 '정보관리'이다. 결국 쓰기 활동에 CMC를 활용하는 것은 쓰기 활동에 필요한 양질의 정보를 얻는 것과 동시에 본문 작성 과정의 초고 쓰기, 고쳐 쓰기, 다듬기 등을 학습자와 학습자, 또는 학습자와 교수자 상호간 의사교환과 감상 및 비평을 통해 효율적으로 수행할 수 있도록 하는 것이다. 더불어 교수·학습을 통해 생산된 학습자의 쓰기물은 CMC 가능한 모든 사람들에게 공개 저장됨으로써 정보가 필요한 또 다른 이들에게 필요한 정보로 재생산, 재활용될 수 있다.

학습자의 CMC 활용 능력 정도에 따라 '지시쓰기', '계획쓰기', '주도쓰기' 활동을 수행할 수 있다. '지시쓰기'와 '계획쓰기'에서는 위의 단계를 모두 거치는 것이 원칙이나, CMC 능력과 쓰기 능력이 능숙한 경우에는 '주도쓰기' 활동 과정에서 수집과 정제의 과정을 거치지 않고 검색을 통해서 원하는 정보를 바로 선택하여 쓰기 활동에 적용할 수 있다. 일반적으로 쓰기 능력이 우수하고 CMC 능력이 어느 정도 궤도에 오르게 되면 주어진 시간 내에서의 쓰기 활동에서는 '선택'의 단계를 거치는 경우가 많다. 그러나 차시별 쓰기 시간이 계획되어진 경우에는 앞의 단계를 모두 거치는 것을 원칙으로 한다.

1) 검 색

정보를 수집하기 위해 CMC를 활용하려면 PC통신을 이용하는 방법과 인터넷을 이용하는 방법이 있다. 현재로서는 인터넷을 이용하는 것이 정보를 검색하는 데 가장 효과적이므로 인터넷 검색을 활용하도록 하는 것이 좋다.

엄청나게 많은 정보를 검색한다는 것은 그리 쉬운 일은 아니다. 특히 컴퓨터 매개 통신 기능이 능숙하지 않은 경우에는 엄청나게 정보가 많이 있다는 것이 역효과를 가져올 수도 있다. 정보가 너무 많은 나머지 어떤 것을 찾아야 할지를 모르며, 어떤 것이 도움이 되는 정보인지, 또 어떤 정보가 학습자에게 필요한 정보인지를 구분하는 데 많은 시간이 걸린다. 따라서 정보를 검색한다는 것은 정보를 얻기 위한 최초의 절차이면서 가장 중요한 절차이다. 기능적인 면이 많이 요구되므로, 컴퓨터 매개 통신 초기 학습 과정에서는 학습자와 교수자, 학습자와 학습자 사이에 인지적 도제 관계를 형성하여 어느 정도 궤도에 이를 때까지 지속적인 학습 수행 활동이 요구된다. 특히 협동 학습을 통해 보완할 수 있는 점이 많기 때문에 독립적이거나 개별적인 학습 활동보다는 초보자와 전문가가 한 팀이 되어 협동 학습을 이루어 간다면 효과적이다.

그렇다면 '정보검색'이란 무엇인가? 한마디로 정의하기는 어렵지만 '특정한 목적을 이루기 위해 컴퓨터 통신을 이용해서 정보를 취득하는 일련의 작업'이라고 정의할 수 있다. 여기에서 중요한 사항은, 정보검색은 목적을 갖는다는 점이다. 그렇기 때문에 인터넷을 포함한 컴퓨터 통신은 수단에 불과하다. 정보검색은 단순히 정보를 찾는다는 측면만이 아니라 목적을 이루기 위한 정보의 가공 과정까지 포함한다(서울특별시교육청: 1998).

가) 검색 엔진

정보를 얻기 위해서는 어떤 컴퓨터에 어떤 정보가 들어있는 지를 알려주는 일을 해 주는 장치가 있어야 한다. 그러한 장치를 웹 서버라고 하는데 그 웹 서버가 검색 엔진이다. 학습자가 원하는 정보를 얻기 위해서는 그 정보가 어디 있는지를 알고 있어야만 한다. 원하는 정보를 얻기 위해서 도서관에 가서 도서관의 도서 목록을 열람한 후에 그 도서의 몇 페이지에 그 정보가 수록되어 있는지를 알아야 하듯이 CMC를 이용한 정보검색을 하기 위해서도 자신이 원하는 정보가 어디에 어떻게 있는지를 알아야만 한다. 과거에는 그 정보가 들어있는 곳의 주소를 알아야만 하는 번거로움이 있었으나 지금의 검색 엔진의 등장으로 원하는 정보로의 접근이 한층 수월해졌다. 검색 엔진은 바로 정보의 접근을 매우 용이하게 하는 컴퓨터 안의 또 다른 도구인 것이다. 마치 학습자가 원하는 정보를 수록하고 있는 전화번호부나 주소록과 같은 데이터베이스를 구축하고 있는 컴퓨터라고 이해하면 된다.

① 주제별 검색 엔진
  · 정의: 인터넷에 있는 정보를 정치, 경제, 문화, 스포츠, 교육, 쇼핑 등과 같이 주제별로 목록을 제공하는 검색 엔진
  · 장점: 찾고자 하는 정보에 대한 주소나 사전 지식이 없이도 찾을 정보의 종류만 알고 있으면 계층적으로 분류되어 있는 주제를 따라가면서 쉽게 검색할 수 있다.
  · 단점: 한 번 잘못된 분류를 따라가면 올바른 정보를 찾을 수가 없게 된다.
② 단어별 검색 엔진
  · 정의: 사용자가 입력한 키워드를 사용해서 정보를 검색하는 검색 엔진이다. 주로 Agent index 방식으로 웹 사이트 정보를 데이터베이스로 구축, 갱신한다.

·장점: 원하는 정보를 빠르게 찾을 수 있고, 정보량이 많다.

·단점: 검색어를 올바로 선정하지 않으면 정보검색이 어렵다. 특히 컴
퓨터 매개 통신 능력이 초보 수준이거나, 원하는 정보와 관련된 핵심
어휘를 정확하게 인식하지 않은 상태에서는 정보를 취득하기 어렵다.

③ 메타 검색 엔진

·정의: 자체적으로 데이터베이스를 갖고 있지 않으면서 다른 검색 엔
진을 한 자리에 모아 놓은 검색 엔진이다. 원하는 검색 엔진을 선택해
서 검색어를 입력하면 메타 검색 엔진이 해당 검색 엔진으로 검색어
를 전송하고 다시 검색 결과를 받아서 출력시키는 방법을 사용한다.

·장점: 많은 검색 엔진을 한 자리에 모아놓았기 때문에 여러 개의 검색
엔진을 일일이 찾아다니지 않아도 된다. 컴퓨터 매개 통신 능력이 떨어
지는 학습자에게 검색 엔진의 다양성을 인식시키는 데 효과적이다.

·단점: 직접 해당 검색 엔진에서 정보를 검색하는 것이 아니고 일단
메타 검색 엔진을 거쳐야 되므로 속도가 느리다.

이와 같은 검색 엔진들은 학습자의 능력이나 학습 환경에 따라 각기 다
르게 쓰일 수 있다. 그러나 글쓰기에 있어서 가장 중요한 정보는 주제와
관련이 있다. 글을 쓰려는 목적에 부합하는 주제는 글의 핵심이며, 정보습
득의 가장 중요한 열쇠이다. 따라서 학습자들의 사용 능력에 따라 다양한
검색 엔진을 사용할 수 있다. 그러나 학습의 과정이 일정한 시간에 한 공
간에서 동시에 이루어진다는 가정하에서 쓰기에 필요한 정보를 검색하는
가장 효과적인 방법은 주제별 검색이다. 주제별 검색 엔진으로 가장 보편
적으로 쓰이는 것이 '심마니'이다. 주제별 검색 엔진인 '심마니'는 학습자의
쓰기 활동의 주제를 가장 정확하게 안내하는 기능을 갖고 있다. 국내 회사
가 운영하는 한글 검색 엔진이라는 것이 무엇보다도 학습자에게 유리하다.
특히, 컴퓨터의 많은 부분들에 있어서 영어를 사용해야 한다는 언어적 불
편함 때문에 컴퓨터의 활용을 꺼리는 학습자들에게 아주 효율적으로 사용

되어 지고 있다. 국내의 수많은 정보 사이트를 연결시키고 있다.

검색 엔진을 이용하여 학습자에게 필요한 정보를 검색하는 절차는 주제를 파악하는 것이 가장 우선적이다. 그리고 주제어를 정확하게 선정해야 한다. 주제어는 필요한 정보를 얻어내기 위한 가장 핵심적인 말이어야 한다. 즉, 주제를 파악하여 주제어를 선정하는 것은 검색을 가장 효과적으로 하기 위한 필수 절차이다. 정보검색 과정은 절차상으로는 간단하다. 그러나 주제를 파악하고 주제어를 선정하는 과정은 반복되는 경험을 통해서 학습된다.

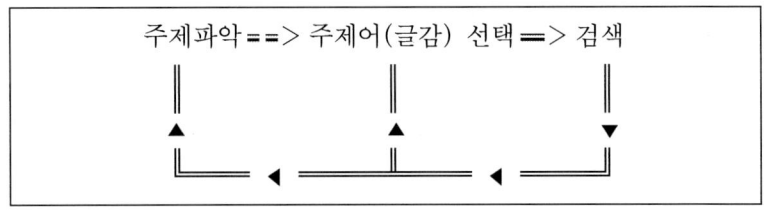

〔그림2〕 정보검색 과정

검색은 순환적인 절차를 밟는다. 무엇을 쓸 것인지에 대하여 목표와 목적을 설정해놓은 상태에서 주제를 파악하는 것은 매우 중요하다. 글의 주제를 파악하는 것은 자신이 원하는 정보를 얻기 위한 정보습득의 열쇠가 되기 때문이다. 따라서 주제를 정확하게 파악한다는 것은 정보를 그만큼 효과적이며, 효율적으로 얻을 수 있다는 것이다. 그런 다음 주제와 관련된 글감을 파악해야 한다. 주제가 글을 쓰기 창고의 열쇠이긴 하지만 그 창고 안에는 또 다른 보물 상자가 들어있다. 각각의 상자를 열 수 있는 열쇠가 필요하다. 주제와 관련된 글감은 검색 엔진에서 검색을 하기 위한 직접적인 단어로서 매우 중요하다. 검색 엔진이 문장을 인식하기는 하지만 검색 엔진의 종류에 따라서 정확한 단어와 연산자를 부여하지 않은 상태에서의 여러 어휘를 사용하는 것은 검색의 혼란을 야기하여 필요한 정보를 얻어내는 데 많은 시간을 낭비하게 된다. 따라서 주제를 정확하게 파악하고 그 주제와 관련된 글감을 파악하는 것이 중요하다. 물론 글감은 주제와 관련되어서 글이 전개해 나가는 과정과 동일하게 진행되는 것이 좋다. 이러한 검색의 절차는 글쓰기의 문제 해결 절차에 비추어 매우 중요하다. 학습자가 글을 쓰려는 목적이 분명하고, 그에 다른 목표를 설정하여 글을 쓰기 위한 계획의 초기 단계이기 때문이다. 주제를 정확하게 파악하는 것은 정보를 정확하게 파악하고 있다는 것이며, 주제와 관련된 글감을 학습자의 목적과 목표에 따라 정확하게 설정하고 인식한다는 것은 정보를 정확하게 얻을 수 있는 지도와 열쇠를 갖게 되는 것이다. 정확한 주제 파악과 글감의 선택은 학습자가 글쓰기를 얼마나 효과적이며 효율적으로 수행해 나가는 가와 관련이 깊다. 그러나 주제와 관련된 글감을 정확하게 파악하여 나열하는 것이 사실상 어려우며, 글을 써나가는 과정에서 글감이 가감될 수 있다는 사실에 근거하여 검색의 순환적인 흐름은 주제를 뒷받침하기 위한 정보들을 추려내는 일련의 과정이다.

2) 수 집

검색을 통해 나타난 항목(사이트)들은 각각 제목을 갖고 있으며, 제목과 관련된 설명이 간단하게 나타나 있다. 학습자는 관련 항목들을 선별하는 작업을 한다. 주제별 검색을 통해서 드러난 항목들 중에는 주제와 직접적인 관련이 없는 항목들이 상당히 많다. 따라서 학습자가 보다 효과적인 정보를 수집하기 위해서는 검색에서 드러난 제목과 설명을 일견하는 방법을 통해서 수집 과정을 거친다.

또한 수집된 사이트는 쓰기를 하기 위한 정보적용을 위해 반드시 저장해 두어야 하며, 저장된 내용들을 효과적으로 적용하기 위해서는 수집 항목의 내용에 맞는 파일명을 정하고 간단한 내용 설명을 해 두어서 연속 차시가 아닌 경우에도 필요한 내용을 쉽게 찾을 수 있도록 한다.

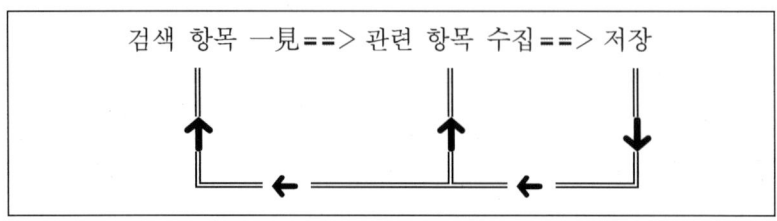

〔그림3〕 정보수집 과정

수집 과정은 반복해서 일어난다. 검색과 마찬가지로 순환의 과정을 거친다. 필요한 항목을 수집하는 과정은 상당히 많은 시간을 요한다. 따라서 학습자가 필요한 정보를 선택적으로 수집하는 것은 매우 중요하다. 동일한 정보가 같은 제목으로 여러 번 나열해 있거나 제목이 다르지만 내용이 같은 것들이 중복해 있는 경우가 있기 때문에 주제어나 글감과 직접적인 관련이 있는 항목들을 선택적으로 저장해 두는 것이 중요하다. 어떤 검색어들은 상당히 많은 양의 검색 항목을 갖고 있기 때문에 한 번에 많은 양의 정보를 수집하여 저장하면 오히려 정제의 과정에서 혼선을 초래할 수 있다. 따라서 학습자에게 꼭 필요한 정보만을 선택하는 것이 요구된다.

3) 가 공

학습자에게 필요한 정보를 최종적으로 걸러내는 단계이다. 수집된 정보는 중복되거나 직접적으로 관련이 없을 수도 있다. 제목과 부연 설명만으로 수집되어진 정보는 실제로 담겨진 내용이 부실하거나 글쓰기의 정보로서 불필요한 내용일 수도 있다. 때로는 상업적으로 이용된 항목들이거나 개인적인 홍보를 위해 등록된 정보 항목일 수 있다. 이때에 학습자는 자신에게 필요한 정보를 걸러내는 작업이 요구된다. 수집 과정이 얼마나 정교한 가에 따라서 정제 과정의 효율성이 결정된다. 가공 과정에서는 수집된 항목들의 내용들을 열어서 확인하는 절차를 거쳐야 하기 때문이다. 따라서 학습자가 너무 무리하게 많은 정보를 수집하여 놓았을 경우 쓰기에 필요한 시간을 가공하는 과정에 다 소진해 버리는 결과를 초래하게 될 지도 모른다. 마찬가지로 가공 과정에서 필요한 정보를 추출해 내는 것은 매우 중요하다. 쓰기 활동에 적용하는 과정에서 가공된 정보는 수시로 활용될 것이기 때문에 가장 도움이 되는 항목부터 순서를 정해 내용 저장해 두는 것이 중요하다.

수집 항목 내용 확인 ➡ 분류 선택 ➡ 저장(텍스트)

〔그림4〕 정보가공 과정

가공된 정보를 저장하는 과정은 수집에서의 저장과는 다르다. 가공된 정보는 쓰기 과정에 직접 활용될 것이며, 반복적으로 확인하는 과정을 거쳐야 하기 때문에 항목으로서의 저장과 더불어 내용을 저장하는 것이 훨씬 더 효과적이다. 가공된 정보는 학습자 자신에게만 필요한 정보로 남는 것이 아니라, 재생산적인 측면에서 데이터베이스에 저장하는 것이 좋다. 학습자가 쓰기 주제와 관련된 항목들을 수집하여 걸러낸 정보는 또 다른 학습자나 다른 쓰기에서도 효과적으로 활용될 수 있다는 것을 감안한 재생산적 유통 행위인 것이다. 텍스트로서의 저장은 학습자 자신의 쓰기 활동에 필요한 정보를 제공하는 자료로, 항목(사이트)으로서의 저장은 재생산 면에서 학습에 효솔성을 더해준다.

4) 선 택

자기주도력이 높은 학습자로서 쓰기 활동을 주도적으로 수행하는 과정의 학습자는 일련의 계획된 과정을 자신에게 가장 합리적이고 경제적인 과정으로 통합하여 쓰기 활동을 수행할 수 있다. 학습자의 쓰기 활동 과정 통합은 컴퓨터 문해력과 CMC 활용 능력 그리고 쓰기 구성 능력이 우수한 학습자에게 필요한 과정이다. 또한 주어진 주제에 대하여 학습자의 배경지식이 쓰기 활동에 적지 않은 도움이 되는 경우 일련의 정보수집 단계를 거치지 않고서도 자신의 과업을 수행해 나갈 수 있다. 따라서 학습자가 쓰기 활동을 수행하는 과정에서 자신에게 정보가 필요할 경우 검색, 수집, 가공 과정이 한 번에 일어날 수 있다. 이러한 일련의 과정이 통합되는 학습자는 CMC 능력이 우수하며, 능숙한 필자에게서 가능하다.

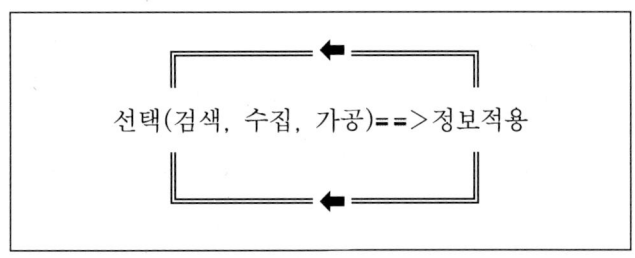

선택(검색, 수집, 가공)==>정보적용

[그림5] 선택적 정보적용 과정

나. 정보적용

검색, 수집, 가공의 정보수집 단계를 거친 자료는 초고 쓰기, 고쳐 쓰기, 다듬기의 정보적용 단계로 넘어간다. 일반적인 쓰기 본 단계와 동일한 과정의 정보적용 과정은 CMC를 활용한다는 측면에서 시간적 경제적인 효과를 볼 수 있다. 정보를 검색하는 단계에서 공개 저장하기까지의 쓰기 활동이 연속적으로 이루어지는 경우는 학습자 스스로 독립된 과제를 수행하는 경우를 제외하고는 거의 드물다. 쓰기 활동이 시작되어 작품이 완성되기까지는 여러 차례의 문장착오를 겪게 될 뿐 아니라, 보다 좋은 작품을 완성하기 위해서는 고쳐 쓰기와 다듬기가 요구된다. 개별쓰기의 경우 학습자의 쓰기 활동 과정이 학습자의 데이터 뱅크에 지속적으로 누가 저장되어 학습자는 초고를 고쳐 쓰기 위해 새로운 종이를 사용하지 않고서 작업을 수행할 수 있으며, 문서 작성 프로그램을 이용한 다듬기 활동은 매우 효과적이고 경제적이다. 특히 CMC를 활용할 경우 학습자의 쓰기 활동은 CMC 이용이 가능한 환경에서라면 언제 어디서든 동일한 내용의 쓰기 활동을 할 수 있다.

협동쓰기에서 CMC를 활용한 정보적용 과정은 학습자들이 여유 있게 정보를 공유하고 의견을 교환하면서 서로 다른 공간에서 학습자 개인의 작품을 감상하고 비평하며, 토론과 협의를 통해 완성도 높은 작품을 탄생시킬 수 있다. 학습자 몇이 동일한 내용으로 하나의 작품을 완성하는 정보적용 과정은 CMC 기능을 최대한 활용할 수 있는 단계이다. CMC 기능은 한 장의 종이에 머리를 맞대고 작업하는 불편을 해소하기 위해 협동쓰기조원이 공동으로 작업할 수 있는 창을 열어두고 의사소통이 가능한 통신 상태를 활성화하여 효율적이고, 경제적인 쓰기를 할 수 있도록 한다.

CMC를 활용한 정보적용 과정의 초고 쓰기, 고쳐 쓰기, 다듬기 과정은 학습자와 교수자가 일 대 일 관계를 형성하여 학습자의 쓰기 진행 과정을 가까이 혹은 원거리에서 관찰과 조언을 통해 쓰기 능력의 향상은 물론 자신감과 성취도를 높일 수 있도록 한다. CMC 기능은 교수자가 여러 명의 학습자를 동시에 관찰하고 통제할 수 있기 때문에 미숙한 학습자나 도움이 필요한 학습자들은 질문과 조언, 안내와 협조 등을 통해 개인 교수효과를 나타낸다.

1) 초고 쓰기

개별쓰기의 경우에는 학습자 독립적으로 수집한 정보를 이용하여 초고를 작성하지만 협동쓰기에서는 조원들이 공동으로 검색, 수집, 가공한 정보를 학습자 개개인 초고를 쓰는 과정과 조원들이 함께 공동으로 초고를 써나가는 과정으로 나눌 수 있다. 초고 쓰기에서의 CMC 활용은 협동쓰기조원들이 공동으로 하나의 주제로 공동 작품을 완성할 때 그 활용이 용이하다. 조원들은 각기 다른 자리에서 자신의 컴퓨터에 앉아 조원들과 동시에 쓰기 활동을 할 수 있는 창과 조원들 간의 의사소통이 가능한 통신 상태(PC통신의 대화실)를 활성화하여, 가공된 정보를 활용하고, 서로 간 의사교환을 하면서 초고를 쓴다.

대화쓰기의 경우 초고 쓰기는 학습자에게 매우 중요한 출발이다. 교수자와 학습자가 일 대 일 관계를 형성하여 컴퓨터를 매개로 한 의사교환이 이루어지기 때문에 학습자는 교수자의 관찰을 받고 있음을 의식하고 있다. 이때 교수자의 역할은 대단히 중요하다. 미숙한 학습자에게서 보이는 무력감과 자신감의 소실이 나타나는 최초의 징후이기 때문이다. 따라서 교수자는 초고 쓰기 과정에서 학습자의 진행 상황에 적절한 대응을 해야 한다. 정보 적용 이전의 단계에서 교수자와 학습자의 관계가 개방적이고 우호적이어야 초고를 쓰는 과정에서 발생하는 학습자의 거부감을 상쇄시킬 수 있다.

'질문과 대답', '안내와 조언'이 지속적으로 이루어지는 상태에서 대화쓰기의 초고 쓰기는 성패를 가름한다. 대개의 미숙한 학습자들은 초고 쓰기의 첫머리부터 어려움을 느낀다. 이때 교수자는 앞서 가공해 두었던 정보를 최대한 활용하도록 해야 한다. 가공 단계에서 마련된 다른 이의 토막글이나 완성 글의 일부분을 사용한다든지, 첫머리를 교사의 조언으로 시작한다든지, 다른 학습자의 첫머리를 인용하는 등의 방책을 미리 준비해 두어야 하다.

초고 쓰기는 쓰기 활동의 가장 중핵이다. 초고를 쓰기 위해 정보를 검색하고 수집하며, 가공하는 것이고, 초고가 마련된 상태에서 고쳐 쓰기와 다듬기가 가능하고 출판이 가능한 것이다. 따라서 평범한 학습자나 능숙한 학습자에게는 쓰기의 의도와 목적에 맞는 초고를 쓰도록 자극하고 격려해야 하며, 미숙한 학습자에게는 시작의 자신감을 북돋우며, 동기를 부여해야 한다.

2) 고쳐 쓰기

협동쓰기에서 고쳐 쓰기 작업은 동시에 조원들이 의견을 개진하면서 협의에 의해 고쳐 쓰는 방법과 초고를 가지고 각자 고쳐 쓴 후에 가장 타당한 부분들에 대한 의견 개진의 결과로 고쳐 쓰기를 하는 방법이 있다. 어떤 방식을 택하건 간에 CMC를 이용하여 조원들이 서로 의견을 개진하는 것은 경제적일 뿐 아니라 시간과 장소에 구애받지 않는다는 장점이 있다. 정해진 교과 시간 내에 활동할 수 없는 경우 학습자들은 각기 편한 시간과 장소에서 자신들의 초고를 데이터 뱅크로부터 활성화하여 작업을 수행할 수 있다.

대화쓰기의 경우에도 교수자는 학습자의 초고에 대하여 쓰기 활동 중에 도움을 줄 수 있지만 학습자의 심리적인 부담을 경감하려는 의도가 있다면 초고에 대한 의견 교환과 조언을 별도로 진행하는 것이 좋다. 즉, 미숙한 학습자를 대상으로 하는 대화쓰기의 주된 목적은 학습자가 자신의 쓰기 활동에 얼마나 효과적으로 정보를 적용하는 가에 관심을 가져야 하기 때문에 초고에 대한 조언을 조급하게 서두르는 것은 미숙한 학습자에게는 무리이다.

다. 정보관리

학습자의 쓰기물이 생산되기 위해서는 일반적인 쓰기 활동 과정과 CMC를 활용한 과정이 복합적으로 진행된다. 쓰기를 할 때 학습자는 자신이 쓰고자 하는 의도와 목적에 맞는 자료들을 구해야 한다. CMC를 활용하여 필요한 자료를 얻을 수 있으며, 그것은 '정보'라는 용어를 사용했다.

학습자가 쓰기를 하기 위해 검색, 수집, 가공을 한 정보들은 여러 종류이다. 어떤 것은 영상 정보일 수 있고, 어떤 것은 소리나 음성일 수 있으며, 상당수는 이미 다른 사람들에 의해 쓰여진 글이 대부분이다. 따라서 쓰기 활동에 필요한 정보를 얻는다는 것은 CMC를 활용해서 다른 사람의 글을 끌어오는 것이라고 할 수 있다. 그렇게 해서 완성된 학습자의 글은 다른 사람에게 필요한 '정보'의 역할을 할 수 있다. 순수 문학 쓰기물일 경우를 제외하고는 대부분의 글 속엔 수많은 정보들이 담겨 있다. 결국 정보는 끊임없이 순환하는 것이며, 학습자의 쓰기 생산물 역시 '정보'가 되는 것이다. 그런 의미에서 CMC를 활용한 '정보관리'는 학습자의 생산물을 새롭게 '정보화'한다는 측면에서 가치를 둘 수 있다.

1) 출 판

학습자가 쓰기 활동을 통해 생산해 낸 쓰기물을 프린터를 이용해서 출력하고 그것들을 모아 '문집'을 만들거나 '저널'의 형태로 출간하는 것은 일반적인 글쓰기 과정의 마지막 단계와 별 차이가 없다. 그러나 프린터로 출력되기까지의 과정에서 CMC를 활용하면 보다 효과적이고 경제적이며, 시간적 경제적인 이득을 볼 수 있다.

종이와 연필을 이용해서 작성된 학습자의 글들은 정서를 하거나 타이핑을 해야 한다. 또한 학습자의 글들을 일일이 한사람이 모아서 작업을 해야 하며, 만일 한 사람의 학습자라도 작품을 낼 수 없는 곳에 있다고 한다면 막막할 수밖에 없다. 하지만 CMC는 그런 것들을 해결해 준다. 쓰기 과정에서 진행된 모든 학습자의 쓰기물은 데이터베이스에 저장되어 있다. 따라서 출판을 담당하는 사람은 학습자들의 작품이 저장되어 있는 데이터베이스를 찾아가 한 곳에 모아오면 된다. 학습자의 쓰기물을 하나하나 일일이 따로 작업할 필요 없이 한꺼번에 한 사람이 한 곳에서 동시에 작업이 가능하다. 물론 CMC가 가능한 곳이라면 어디서든 출판이 가능하다.

결국 출판을 위해 학습자들을 일일이 찾아가 작품을 모으거나, 학습자들이 출판을 담당한 사람에게 찾아와 작품을 전하고 그것은 다시 정서하거나 타이핑하는 번거로움 없이 한 곳에서 즉시 해결할 수 있다. 통신을 이용해서 문서를 전달하고 그것을 한 곳에서 즉시 인쇄하는 '전자출판'은 이미 보편화된 현상이다. 다만 학습 공간에서도 컴퓨터와 CMC를 활용하면 얼마든지 훌륭한 작품집을 완성할 수 있다.

2) 공개 저장

검색, 수집, 가공 단계를 거친 정보는 글을 쓰는 과정에서 학습자의 생산물에 투입 적용된다. 학습자는 일련의 과정을 거친 생산물을 소비한다. 검색 과정에서 나타나는 항목들 중 상당수는 개인에 의해 쓰여진 정보들이다. 그 정보들은 이전에 다른 곳에서 수집된 수많은 정보들을 참고로 하여 작성된 문건이다. 즉, 학습자가 자신의 쓰기물을 생산해 내기 위해 CMC를 활용해서 정보를 검색, 수집, 가공하여 작성했던 과정을 거친 것들이다. 즉, 수많은 정보들이 정보를 필요로 하는 사람들에 의해 재생산된 것이다.

학습자의 생산물 역시 정보관리를 통해서 다른 소비자들에게 유통될 수 있다. 이러한 생산적 소비를 하기 위해서는 몇 가지 사항이 요구된다. 즉 공개된 데이터베이스에 등록을 하는 것과 학습자 개인의 데이터베이스를 통해서 등록하는 절차가 필요하다. 컴퓨터 매개 통신 기능의 전문성이 요구되는 과정이지만, 교수자의 노력으로 학습자의 수고를 덜 수 있다. 교수자는 학습자들의 정보관리를 위해 학습자들이 자유롭게 사용할 수 있는 공간을 만들어 놓은 것이 필요하다. 개별적으로 공간을 만들 수 없는 학습자들을 위해, 학습자들의 생산물을 관리하고 평가하기 위한 조건을 형성하기 위해 공간은 절대적으로 필요하다. 일반적으로 '홈페이지'로 불려지는 공간이 그렇다. 학습자들의 생산물은 학습자들이 자유롭게 드나들 수 있는 홈페이지를 통해서 공개 저장되며, 그렇게 공개 저장된 학습자의 생산물은 다른 소비자들에게 유통될 수 있는 여건을 형성하며, 학습자 자신이 생산한 정보를 수시로 확인할 수 있도록 해준다. 또한 공개 저장된 생산물의 유통은 학습자들로 하여금 글쓰기에 대한 흥미를 높이며, 공개된 수많은 독자들을 통해 읽혀진다는 사실을 통해서 자신감을 회복하고, 글쓰기에 대한 두려움을 극복해줄 수 있게 한다.

3. CMC를 활용한 쓰기 유형

CMC를 활용한 쓰기 유형으로는 '개별쓰기', '협동쓰기', '대화쓰기'로 구분할 수 있다. CMC를 활용한 쓰기 유형은 학습자가 속해 있는 학습 환경의 집단성 내지는 독립성과 무관하다. 기본적으로 학습자와 학습자는 네트워크를 형성하고 있는 상태이기 때문에 그들이 하나의 같은 공간에서 얼굴을 마주보고 있건, 서로 다른 공간에서 얼굴을 마주 볼 수 없는 상태에 있건 쓰기 활동에는 전혀 지장이 없다. 학습자와 학습자, 학습자와 교수자는 서로 얼굴을 볼 수 없는 상태에서도 쓰기 활동이 가능하다. 결국 동일한 시간대에 CMC가 가능한 상태에 존재한 학습자들은 어느 곳에서건 쓰기 활동이 가능하다. 이것은 CMC를 활용한 쓰기가 일반적인 쓰기와 가장 차이를 보이는 부분이다.

가. 개별쓰기

기본적으로 쓰기는 학습자 개인의 활동이다. 쓰기 활동을 보다 효과적으로 수행하거나, 학습 능률을 높이기 위해 혹은, 미숙한 학습자와 능숙한 학습자 간의 관계 형성을 통해서 미숙한 학습자들의 능력을 향상시키기 위해 협동 학습을 하는 경우를 제외하곤 거의가 학습자 개인의 활동이다. 미숙한 학습자에서 능숙한 학습자로 나아갈수록 쓰기 활동은 학습자 주도적으로 발전해 간다. 컴퓨터 문해력과 글쓰기 능력이 미숙한 학습자의 경우 교수자와 능숙한 학습자의 도움이 보다 많이 요구되기 때문에 독립적인 쓰기에 어려움이 있다. 그러나 컴퓨터 문해력과 글쓰기 능력을 습득하게 되면 학습자 스스로 주도적인 쓰기 활동을 수행할 수 있게 된다. CMC를 활용한 쓰기 활동은 컴퓨터 문해력과 쓰기 능력이 조화롭게 갖추어진 상태에서 효과적으로 수행될 수 있다. 따라서 학습자의 '개별쓰기' 활동이 가능하다는 것은 학습자 자신의 창조적인 행위가 독립적으로 가능한 것이며, 학습자의 사고력과 배경 지식이 효과적으로 활용될 수 있다.

정보를 수집하는 '검색-수집-가공'의 과정을 학습자 혼자서 수행해 가야 한다는 것은 미숙한 학습자에게는 매우 부담스러운 일이다. 그러나 능숙한 학습자로 갈수록 필요한 정보를 검색하고 수집하여 적용이 가능한 상태로 가공하는 과정은 그리 부담스러운 일은 아니다. CMC를 활용한 쓰기 활동이 지속적으로 수행되면 학습자들은 일련의 정보수집 과정을 통합하여 수행하게 된다. 1차로 검색된 정보들을 목적에 맞는 정보들만 골라 수집하고, 수집된 정보들을 본문 작성에 쓸 수 있도록 가공하는 활동들을 동시에 수행할 수 있다. 수집한 자료들을 따로 분류해 내기 위해서는 내용을 펼쳐 열어보아야 한다. 필요한 내용이 들어있는 백과사전을 뒤지듯이 정보가 들어있는 '사이트'들을 모두 열어보아야 한다. 그런 다음 펼쳐진 내용을 읽어보고 글쓰기에 적용이 가능한 내용을 선별하여 본문 작성에 투입해야 한다.

그러나 모든 쓰기 활동에 일련의 과정이 순차적으로 빠짐없이 수행되는 것은 아니다. 학습자의 요구와 수준에 맞는 정보를 선택하고 가공하는 과정은 전적으로 학습자의 주도성에 달려있다. 즉, 학습자가 쓰려는 글의 의도와 목적에 따라서 정보의 양은 조절된다. 또한 쓰기에서 CMC 활용 능력은 학습자의 배경 지식과 깊은 관계가 있다. 이미 알고 있는 정보를 굳이 CMC를 활용하여 수집한다는 것은 불필요한 활동이다. 따라서 능숙한 학습자일수록 자신에게 필요한 정보를 어떤 절차를 거쳐 얼마만큼 수집, 가공하여 본문 작성에 적용할 것인지를 스스로 통제할 수 있다.

'개별쓰기'는 능숙한 학습자에게 효과적이며, 유리한 학습 활동이다. 특히 지정된 교과 학습 이외의 쓰기 활동은 결과적으로 학습자 스스로 수행해야 하므로 필요한 정보를 검색하고, 수집하여, 가공한 후에 본문 초고를 작성하기까지만 다른 형태의 쓰기에 비해 경제적이고, 효율적이다. 그러나 독립적으로 수행하는 만큼 노력은 더욱 요구될 뿐 아니라, 보다 세심한 주의가 필요하다. 본문 작성 시 수정과 편집 과정에서는 학습자 집단 내에서의 '읽고 비평하는' 독자가 필요하다. 학습자 구성원 간의 감상과 비평은 매우 중요한 과정이다. 글쓰기는 학습자의 쓰기 과정이면서 동시에 독자의 역할을 수행하는 과정이기도 하다. 학습자 구성원 간의 감상과 비평은 고쳐 쓰는 과정을 통해서 보다 좋은 작품을 탄생하게 한다. 따라서 '개별쓰기'의 경우 쓰기 활동의 모든 과정을 독자적으로 수행하기보다는 일부 과정에 한해 능숙한 학습자에게 적용하는 것이 바람직하다. 필요한 정보를 수집하고 가공하여 본문 쓰기를 한 후에는 학습자 상호간의 감상과 비평이 필수적이다.

종이에 활자로 인쇄되어 출판되는 경우 일단 한번 완성된 작품은 고치기가 매우 힘들다. 그러나 CMC를 활용한 쓰기의 출판은 반드시 종이로만 가능한 것은 아니다. PC통신이나 인터넷이라는 공개된 출판 공간을 통해서 얼마든지 자신의 작품을 공개 저장할 수 있다. 인터넷이나 PC통신을 통해서 공개된 작품은 언제든지 수정이 가능하고 재출판(공개 저장)이 가능하다. 따라서 '개별 쓰기'로 생산된 학습자의 결과물은 가능한 한 많은 독자들에게 공개하는 것이 좋으며, 수신된 비평을 통해 지속적으로 고쳐 쓰기를 하는 것이 보다 완성된 결과물을 만드는 데 효과적이다.

1) 준 비

· 교수자: 학습 구성원이 같은 공간에서 각각 개별쓰기를 하는 경우, 컴퓨터 시스템 점검과, CMC 활용 여부 등을 미리 진단한다. 학습자가 이미 진행한 쓰기 과정의 작품을 열람하거나 추출할 수 있도록 데이터 뱅크를 열어놓는다.

· 학습자: 쓰기가 가능한 프로그램 활성 창, CMC 활성 창을 열어 놓는다.
· 환　경: 개별쓰기에 필요한 학습자용 컴퓨터, CMC가 가능한 통신망, 프린터.

2) 방　법

· 쓰기가 가능한 프로그램과 CMC 활용 가능한 창을 동시에 열어 놓는다.
· 쓰기의 주제와 목적에 맞는 정보를 검색, 수집, 가공한다.
· 다른 학습자와 공존하는 상태라면 초고 쓰기 이후, 고쳐 쓰기, 다듬기 과정은 다른 학습자와의 협조를 통해 상호 비평을 하여 보다 좋은 작품을 만들도록 한다.
· 필요한 경우 프린터로 출력하고, 지정된 공간에 공개 저장하여 열람이 가능하게 한다.

나. 협동쓰기

　재택 수업이나 원거리 통신을 이용한 교수·학습의 경우를 제외하고는 대부분의 교수·학습 활동은 여럿의 학습자와 교수자가 한 공간에 어우러져 일어난다. 학습자들의 학습 능력과 성취 수준이 다양한 학습 집단에서는 학습자 개개인의 능력과 수준에 따른 시간 안배와 목표 달성은 대단히 어려운 과제이다. 소수의 교수자와 다수의 학습자로 구성되어 있는 일반적인 교실 환경에서 학습자들의 능력과 성취속도를 조절하면서 학습 목표에 접근하기 용이한 학습 활동의 한 형태가 협동 학습이다.

　CMC를 활용한 쓰기 학습 능력에 따라 '미숙한 학습자', '능숙한 학습자', '평범한 학습자'로 분류하여, 각각의 학습자들이 혼합된 몇 개의 쓰기 활동 조를 편성한다. CMC를 활용한 쓰기 활동에 있어 "미숙한 학습자"와 '능숙한 학습자' 간의 학습 성취도는 적지 않은 차이를 보인다. '정보수집'

과 '본문 작성' 과정에서 두 집단 간의 차이는 성취도뿐 아니라 시간 활용 면에서도 눈에 띄는 차이를 보인다. 이때 교수자는 미숙한 학습자의 조력 자로서 쓰기 활동이 성공적으로 이루어지기 위한 동기 유발과 자극을 주어 야 하지만, 미숙한 학습자에게는 학습자 상호간의 협조가 훨씬 효과적일 수 있다.

화면의 크기, 프린터 사용의 효율성, 정보 공유 및 동시 작업의 경제성 을 고려할 때, 4-6명 정도를 한 개 조로 편성하여 협동쓰기를 하는 것이 좋다. 협동쓰기 과정은 '개별쓰기'와는 달리 CMC를 활용한 쓰기의 모든 활동 과정을 함께 수행하는 것이 효과적이다. 과제의 양과 과제 성취도 면 에서 능숙한 학습자는 미숙한 학습자를 훨씬 앞질러 간다. 따라서 협동 학 습의 효과적인 측면에서 볼 때, 단순히 쓰기를 같이 해 나가는 것이 아니 라 학습자 상호간 협조 관계가 잘 형성되어야 한다. 능숙한 학습자의 과제 수행 성취도는 미숙한 학습자의 과제수행 성취도와 상관관계를 갖는다.

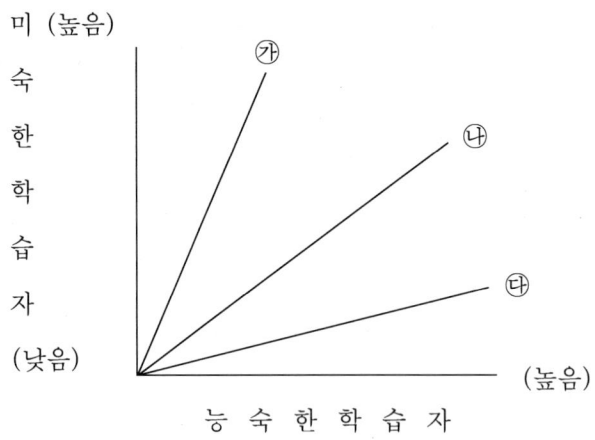

〔그림6〕 CMC를 활용한 협동쓰기에서 학습자 상호 관 계에 따른 성취도

㉮의 경우는 미숙한 학습자의 성취도가 높고, 능숙한 학습자의 성취도가

낮은 상태이다. 이런 경우는 능숙한 학습자가 협동쓰기 과정에서 필요 이상으로 자신의 능력과 성취도를 미숙한 학습자에게 투입 이양한 형태이며, ㉯의 경우는 능숙한 학습자의 잉여 능력과 성취도가 미숙한 학습자에게 적절하게 전달되지 않은 상태이다. ㉮의 경우 미숙한 학습자의 성취도를 높이기 위한 능숙한 학습자의 필요 이상의 노력이 드러난다. 능숙한 학습자는 자신의 쓰기 과제보다 우선하여 미숙한 학습자의 과제 수행을 위해 자신의 시간과 노력을 투입한다. 결과적으로는 미숙한 학습자의 생산물이 능숙한 학습자의 생산물보다 우수하게 나타날 수 있는데 이는 결코 바람직한 현상이 아니다. 이런 상황은 미숙한 학습자로 하여금 능숙한 학습자에게 의지하려는 성향을 자극하고, 미숙한 학습자 스스로 하려는 욕구를 저하시켜 결국에는 능숙한 학습자와 미숙한 학습자 모두 성취도가 떨어지는 결과가 생긴다.

따라서 협동쓰기 과정에서 발생할 수 있는 학습자 능력별 성취도를 면밀하게 분석하고 적용할 필요가 있다. 협동쓰기 초기 단계에서는 ㉯와 같은 상태로부터 출발하여 ㉯의 상태를 넘어가지 않도록 하는 것이 좋다. 쓰기 활동의 가장 이상적인 상태는 학습자 개개인이 주도적으로 쓰기 활동을 수행하는 것이다. 따라서 미숙한 학습자에게 전이되는 과도한 협조는 결코 도움이 되지 않는다.

1) 준 비

- 교수자: 모든 학습자들이 CMC가 가능한 학습 환경을 구성한다. 통신 상태를 점검하고, 각 컴퓨터의 이상 유무를 확인한다. 이미 진행되어 저장된 쓰기 과정의 작품들이 저장된 데이터를 열어놓고 학습자들이 사용 가능한 상태를 만든다.
- 학습자: 쓰기가 가능한 프로그램 창과 CMC가 가능한 창을 활성화시킨다. 이미 진행된 작품을 데이터 뱅크로부터 추출하여 자신의 창에

올린다. 협동 조원 간 CMC가 가능한 상태인지 확인한다.

· 환 경: 학습 구성원 수만큼의 컴퓨터. 모든 컴퓨터의 네트워크, 학습
구성원 개인이나 구성원 간 사용이 가능한 통신 ID, 최소 학습 구성
원 4인당 1대의 프린터, 가능하다면 학습자의 작품을 공개 게시할 수
있는 액정프로젝터.

2) 방 법

· 협동쓰기 활동을 수행할 조원을 구성한다. 보통 멀티미디어실의 구조
와 출력기 대수 및 통신의 효율성을 감안하여 4-6명으로 구성한다.

· 협동쓰기조원들은 각기 공통의 쓰기 프로그램을 열고, 조원들끼리 통
신이 가능한 상태를 만들어 놓는다.(인터넷이나 PC통신을 이용한
CMC)

· 정보를 수집하는 과정에서 능숙한 학습자는 미숙한 학습자의 조력자
가 되어 잉여의 성취도를 미숙한 학습자에게 투입한다. 미숙한 학습자
는 능숙한 학습자의 도움을 받아 CMC의 어려움을 해결한다.

· 협동쓰기조원들은 정보의 수집에서 가공에 이르기까지 본문 작성에
필요한 최선의 정보를 공유한다.

· 본문 작성은 하나의 주제에 대하여 학습자 개개인이 각각 수행하는
것과, 하나의 주제를 갖고 하나의 작품을 완성하는 과정이 있다. 학습
자 개개인이 각자의 작품을 만들어 가는 경우에는 고쳐 쓰기와 다듬
기 과정에서 조원들이 비평가가 되어 서로의 작품을 평한다. 조원들이
공동으로 하나의 작품을 구성하는 경우에는 능숙한 학습자 위주의 일
방적인 쓰기가 되지 않도록 조원 전원의 의견을 수렴하여 모두가 참
여하는 작품을 만들도록 한다.

· 출판과 공개 저장은 조원들 모두가 참여하는 과정으로 자신이 작품을
직접 프린트하거나 PC통신과 인터넷에 공개 저장하여 서로 열람하는

과정을 거친다.
- 특별한 이유로 프린트하는 경우를 제외하고는 주로 공개 저장하도록
하여 학습 구성원 모두가 열람할 수 있도록 한다. 특별히 자신의 작품
을 공개 저장하고 싶은 공간이 따로 있을 경우에는 교수자나 능숙한
학습자와 공조하여 수행하도록 한다.
- 공개 저장된 학습자의 생산물에 대한 비평 공간을 만들어서 학습자들
이 자유롭게 의사를 교환할 수 있도록 한다.

다. 대화쓰기

개별쓰기와 협동쓰기가 학습자가 독립적으로 쓰기 활동을 수행하는가 아
니면, 여럿이 공동으로 협조하여 수행하는 가에 따른 형식적 구분이 있다
면, 대화쓰기는 학습자와 교수자 사이의 일 대 일 쓰기라는 것에 형식적인
차이를 둘 수 있다. 개별쓰기나 협동쓰기와 같이 대화쓰기도 CMC를 활용
한 글쓰기의 과정을 따르지만 대화쓰기는 학습자의 쓰기 활동 상황에 따라
교수자의 관찰과 참여로 진행이 이루어진다. 결국 대화쓰기는 학습자의 쓰
기 활동 수행 능력과 성취도 여하에 따라서 교수자의 역할이 달라진다. 미
숙한 학습자일 경우 교수자는 학습자의 개인교사의 역할을 수행하며, 능숙
한 학습자로 갈수록 동기 유발자이거나 공동으로 작업을 수행하는 동료의
역할을 담당한다.
대화쓰기는 주로 미숙한 학습자들 중에서도 교수자의 특별한 도움을 필
요로 하는 경우와 쓰기 활동 수행 능력과 성취도는 갖추고 있으나 쓰기 활
동에 소극적이고 흥미가 없는 학습자들을 대상으로 할 수 있다. 먼저 교수
자의 도움이 절대적으로 필요한 미숙한 학습자의 경우 교수자는 학습자의
쓰기 활동 수행 능력을 미리 인지하고 있어야 한다. 우선적으로 CMC가
가능한지에 대해 판단을 해야 한다. 대개의 경우 개별 지도가 필요한 학습
자들은 CMC 활용 능력이 거의 없는 경우가 많다. 기본적으로 학습 능력

이 부족한 경우도 있지만, 기본적인 쓰기 활동 능력을 갖추고 있음에도 불구하고 CMC 활용 능력이 부족하여 CMC를 활용한 쓰기 활동에 대한 자신감의 결여와 흥미 저하 현상을 초래하게 되는 경우가 많다. 이런 경우 교수자는 학습자와 함께 쓰기 활동 과정을 같이 수행해 나가면서 학습자로 하여금 CMC 활용 능력을 키워줌과 동시에 CMC를 활용한 쓰기 활동이 효과적이라는 것을 학습자 스스로 인식하도록 도와주어야 한다.

대화쓰기는 교수자와 학습자가 동일한 공간에 나란히 앉아 활동하는 것으로부터 시작한다. CMC 활용 능력이 미숙한 학습자의 경우에는 교수자가 학습자의 CMC 활동을 도와주어야 하기 때문에 옆에 나란히 앉아 활동하는 것이 효과적이다. 이때 교수자와 학습자는 네트워크를 통한 대화는 물론 육성으로도 대화가 가능하기 때문에 학습자의 순간적인 불안감과 위기감을 제거할 수 있다. 또한 학습자의 실수와 오류를 즉시 수정할 수 있기 때문에 미숙한 학습자의 CMC 쓰기 활동 초기에 매우 효과적이다.

학습자가 기본적인 CMC 활용 능력이 갖추어지면 본격적인 원거리 대화쓰기가 시작된다. 교수자는 동일한 공간에서 얼굴을 마주할 수 없는 위치에 가서 학습자와 대화쓰기가 가능한 일 대 일 CMC 상태를 만든다. 학습자와 교수자가 일 대 일로 대화를 나누며 쓰기할 수 있는 상태에서 교수자와 학습자는 CMC를 활용한 쓰기 활동을 공동으로 수행해 간다. 이때 교수자는 쓰기 과정을 순차적으로 시범을 보이고 학습자는 모방을 한다. 시범과 모방은 학습자가 스스로 하나의 과정을 수행할 수 있을 때까지 반복하는 것이 좋다. 교수자는 학습자가 쓰기 과정의 각 단계를 이해하고 깨달을 수 있도록 최대한 개방적이고 수용적인 자세를 유지해야 한다. 시범을 보이고 학습자에게 일방적으로 모방을 지시하는 것이 아니라, 안내자의 역할을 해야 한다. 교수자의 개방적이고 허용적인 자세는 학습자가 교수자에게 모르는 것을 즉시 질문할 수 있는 적극적인 학습 태도를 갖추도록 한다. 학습자의 질문에 대해 교수자는 최대한 자세하게 안내해 주어야 한다. '시범과 모방', '질문과 안내'는 CMC 쓰기 활동 과정 내내 이루어진다.

그러나 무엇보다 중요한 것은 학습자와 교수자 간의 의사교환이 수시로 적절하게 일어나야 한다는 것이다. 단순히 CMC 활용 능력을 길러주는 기능적인 교수·학습 과정이 아니라 쓰기 활동 전반에 걸쳐 학습자에게 학습의 욕을 불러일으키고, 성취도를 향상시키기 위해 학습자의 사고를 자극하고 동기를 유발하는 것이 무엇보다 중요하다. 따라서 교수자는 학습자의 질문과 요청에 응하기만 하는 수동성을 보이기보다는 학습자의 쓰기 활동 과정을 계속해서 관찰해 가며, 적절한 시기에 의견을 제시하고 학습자의 의사를 타진하면서 공동으로 쓰기 활동을 수행하는 것이 효과적이다.

1) 준 비

- 교수자: 대화쓰기 대상 학습자에 대한 문해력과 CMC 활용 능력을 파악하는 것은 학습자에 대한 교수자의 이해를 높임과 동시에 학습 계획을 수립하는 데 기본적인 열쇠가 된다. 뿐만 아니라 대화쓰기는 쓰기 능력과 정보 활용 능력을 길러주기 위한 것 이외에 학습 부적응아에 대한 상담과 교정 차원에서 실시할 수도 있기 때문에 학습자의 학습 적응 정도와 심리 상태를 파악하는 것도 효과적이다.

- 학습자: 기본적인 CMC 활용 능력을 갖추고 있는 것을 전제로 하여 대화쓰기 창을 활성화한 상태이나, 그렇지 않은 경우 컴퓨터 부팅 상태라도 무방하다.

- 환경: 통신이 가능한 상태, 컴퓨터 간 네트워크 형성, 학습자 및 교수자가 사용 가능한 통신 ID, 동시 쓰기가 가능한 워드 프로그램, 학습자와 대화가 가능한 일 대 일 대화 창, 필요한 경우 음성으로 대화를 주고받을 수 있는 음성 대화 교환 시스템.(자판 적응이 미숙한 학습자와의 대화를 하는 경우 음성언어와 문자언어를 적절하게 혼합하여 학습자의 요구에 따라 사용하면 훨씬 효과적이다.)

2) 방 법

- 학습자와 대화쓰기를 하기 위한 교수 설계를 실시한다.
- 학급에서 일어나는 교사와 학생의 대화쓰기를 경우 CMC를 이용해서 대화를 하기 이전에 교수자는 학습자와 언어적인 소통이 충분해야 한다.
- 미숙한 학습자와 대화쓰기를 할 경우, 학습자의 위축감을 덜어주고 자신감을 형성하도록 최대한 동기 유발을 한다.
- CMC 기능이 전혀 없는 학습자의 경우 교수자는 CMC 기능을 안내하는 것으로 시작한다.
- 정보수집 과정은 CMC 기능을 갖추고 있는 상태에서 가능하기 때문에 교수자가 먼저 시범을 보이고 난 후 학습자가 따라하는 과정을 반복한다.
- 학습자에게 필요한 정보를 검색, 수집, 가공하는 과정은 학습자가 어느 정도 익숙해 질 때까지 교수자가 안내해 주도록 한다. 학습자의 CMC 기능이 궤도에 오르면 자연스럽게 교수자의 역할이 학습자에게로 전이된다.
- 본문 작성 초고 쓰기에서부터 교수자는 학습자의 쓰기 과정에 직접 간여한다. 초기 단계에서는 교수자가 학습자의 진행 상황에 들어가 학습자의 쓰기 과정에서 나타나는 오류나 수정 사항에 대하여 질문을 하고 학습자의 의견을 듣는 과정을 거친다.
- 최대한 학습자의 의견을 존중하면서 수정과 다듬기에 들어간다.
- 공개 저장은 교수자의 도움을 받는다.
- 미숙한 학습자의 CMC 활용 능력과 컴퓨터 문해력은 쓰기 시간 이외의 자습 시간이나 특별 활동 시간을 이용하도록 하여, 쓰기 활동의 본질에서 벗어나지 않도록 유의한다.
- 대화쓰기는 기본적으로 학습자의 사고를 자극하고, 창의력을 바탕으로 한 쓰기 능력을 길러주는 것이므로, 컴퓨터와 CMC의 기술적인 면에

집착하지 않도록 한다.
· 대화쓰기 과정을 저장하여 학습자의 발달 정도를 관찰하도록 한다.

CMC를 활용한 쓰기 활동 유형은 CMC의 기능을 충분히 활용하면서 학습자의 CMC 활용 능력과 관련하여 쓰기 활동의 효율성을 높이기 위한 쓰기 활동 형태이다. CMC가 갖고 있는 기능과 학습자의 CMC 활용 능력이 상호 유기적인 관계를 가지고 쓰기 활동이 수행되었을 때 가장 효과적인 활동이 이루어진다. 개별쓰기의 경우에는 능숙한 학습자가 주도형 쓰기 교수·학습의 형태로 이루어지며, CMC의 정보수집 기능을 활용하는 형태이다. 협동쓰기의 경우에는 CMC 활용 능력이 각기 다른 학습자들이 CMC의 모든 기능을 활용하여 다양한 교수·학습 형태로 쓰기 활동을 할 수 있다. 협동쓰기의 경우 주로 계획형 교수·학습 활동이 이루어지나 학습자의 CMC 활용 능력에 따라서는 교수자의 특별한 도움이나 능숙한 학습자의 도움이 필요하기 때문에 지시형 교수·학습 활동이 이루어질 수 있고, 능숙한 학습자의 경우 주도형 교수·학습 활동이 이루어질 수 있다.

대화쓰기는 CMC의 상호작용 기능을 완전하게 활용하는 단계의 쓰기 활동 유형이라 할 수 있다. 대화쓰기는 음성 언어를 이용하여 쓰기를 하던 과거의 방식을 컴퓨터의 통신 기능을 활용하여, 교수자와 학습자, 학습자와 학습자가 문자를 이용하여 자신의 의사를 주고받으며 수행하는 형태의 쓰기 활동 유형이다. 대화쓰기에서는 CMC의 모든 기능을 철저하게 활용하면서, 학습자의 CMC 활용 능력을 높이고, 쓰기 능력을 점차로 향상시키려는 의도를 갖고 있는 쓰기 활동 유형이다.

대화쓰기에서는 지시형으로부터 계획형을 거쳐 주도형 교수·학습 활동이 이루어지는 최종 단계로 나아가는 일종의 CMC를 활용한 개별 교수·학습 쓰기 활동 유형으로 생각할 수 있다. 또한 학습자의 심리적인 부담을 줄이고, 학습자의 심리 상태를 파악하기 위한 쓰기 활동으로 활용될 수도 있기 때문에 CMC를 활용한 가장 효과적인 쓰기 활동 유형이기도 하다.

쓰기를 위주로 하는 경우가 아니더라도 학습자와 상담을 하기 위하여 CMC를 활용한 대화쓰기를 하는 시도를 해볼 필요가 있다. 특정 주제에 대하여 대화하면 쓰는 활동은 학습자의 심리를 파악하는 근거가 되기도 한다.

구 분	개별쓰기	협동쓰기	대화쓰기
학습구성	학습자 개인	4-6명의 협동 조원	교수자 대 학습자의 일 대 일 관계
쓰기 유형	미숙한 학습자에서 능숙한 학습자로 갈수록 지시쓰기에서 주도쓰기로 나간다. 개별쓰기 활동은 능숙한 학습자의 독립적인 쓰기 활동에 유용하다.	미숙한 학습자, 평범한 학습자, 능숙한 학습자가 함께 활동하는 경우이기 때문에 뚜렷한 계획을 세우고 진행하는 계획쓰기가 요구된다. 그렇지 않을 경우 협동쓰기의 의미가 없다.	교수자의 도움이 절대적으로 필요한 학습자를 대상으로 하기 때문에 교수자의 개인 지도 성격을 띤다. 따라서 지시쓰기 위주나 계획쓰기와 주도쓰기를 차츰 실시하여 학습자에게 자신감과 성취감을 줄 수 있도록 한다.
학습자 역할	주어진 과제를 해결하기 위해 CMC 활용 과정을 스스로 계획하고 적용해 간다.	능숙한 학습자는 자신의 잉여 능력과 성취도를 미숙한 학습자에게 투입하여 미숙한 학습자의 쓰기 활동에 도움이 되는 협조자 역할을 한다.	교수자의 시범을 모방하는 단계로부터 스스로 과제를 해결하는 단계로 나아가기까지 지속적인 질문을 통해 문제를 해결하며, 교수자의 조언과 안내를 따른다.
교수자 역할	CMC를 활용한 학습자의 쓰기 능력을 기준으로 개별쓰기가 가능한지를 판단하고, 개별쓰기가 어려운 학습자에게 개별쓰기 활동과제를 부여할 경우에는 개별쓰기에 필요한 과정을 상세하게 기술한 안내를 미리 해 주거나, 문서로 마련해 주어야 한다.	학습자들의 CMC를 활용한 쓰기 능력을 판단하여 조 편성을 할 때 학습자의 능력 편성이 고르게 분포되도록 해야 한다. 그러기 위해서는 미리 학습자의 능력 분포 표를 만들어 놓고 협동쓰기조를 편성하는 것이 효과적이다.	교수자에게는 지시쓰기의 성격을 갖고 있지만 학습자가 교수자로부터 일방적인 지글을 받고 있다는 느낌을 들게 해서는 안 된다. 부드럽고 허용적인 대화를 통해 학습자의 동반자이며, 조력자라는 인식을 심어주도록 최대한 노력해야 한다.

〔표4〕 CMC를 활용한 쓰기 활동 유형비교

4. CMC를 활용한 쓰기 교수·학습 활동

가. 지시형

CMC를 활용한 쓰기 능력이 부족한 학습자에게 CMC 활용 능력 및 쓰기 능력을 길러주고, 쓰기 활동의 부족한 자신감과 흥미를 유발하기 위한 쓰기 형태가 지시쓰기다. 지시쓰기는 학습자에 대한 교수자의 통제를 기본으로 한다. 여기서의 통제는 학습자를 완전히 통제하여 자율성을 박탈하는 것이 아니라, 학습을 위한 학습으로서의 활동이 되는 것이다. 이 과정은 미숙한 학습자에게 매우 중요하다. 미숙한 학습자들에게 CMC를 활용한 쓰기가 얼마나 효과적이고 흥미 있는지를 체험하고 느낄 수 있도록 한다.

지시쓰기에서의 교수자는 기본적으로 학습자에 대한 통제를 원칙으로 하고 있으나 학습자 입장에서 교수자는 안내자이며, 시범자여야 한다. 또한 학습자와 같은 활동을 하고 있다는 인식의 협동 학습을 통해 미숙한 학습자와 교수자 사이의 상호 지원적 교류가 일어나야 한다. 교수자가 일방적인 지시로 가르치기보다는 동료 집단으로부터의 협조와 지원을 통해 학습자의 CMC 활용 능력을 길러주는 것이 훨씬 효과적이다. 교수자는 학습자의 컴퓨터 문해력을 높이고 학습자의 CMC 기능을 배양하기 위하여 학습자가 수행해야 할 과제의 해결 과정을 제시하고 학습자는 그대로 따르도록 한다. 교수자는 교사일수도 있지만 협동 학습의 경우 능숙한 학습자가 미숙한 학습자의 교수자가 될 수도 있다. 학습자는 '시범단계', '모방단계', '교수적 도움 제시단계'를 거치게 된다.

1) 시범단계

학습자는 교수자의 시범을 철저하게 따라가야 한다. 최초의 교수자는 학습 활동을 주관하고 있는 학습 집단의 교사이다. 미숙한 학습자들을 대상으로 하는 쓰기 활동이기 때문에 다수의 학습자들에게는 개별쓰기 활동을 하도록 하고, 학습자 수가 3명 이내 일 경우 네트워크를 통한 대화쓰기로 시범을 보일 수 있다. CMC 활용 쓰기 활동 초기에는 대부분의 학습자들이 미숙한 상태이므로 학습자들은 개별쓰기 형태를 취하며, 교수자는 액정 프로젝터나 대형 모니터를 통해서 시범을 보이도록 한다.

CMC 쓰기 활동이 어느 정도 궤도에 이르게 되면 학습자의 능력은 구분되기 시작한다. 이때 미숙한 학습자와 평범한 학습자, 능숙한 학습자들이 구분이 되며, 협동쓰기의 필요성이 요구된다. 협동쓰기에서는 능숙한 학습자가 교사를 대신해서 교수자 역할을 담당할 수 있다.

시범단계에서는 CMC를 이용하여 쓰기에 필요한 정보를 검색하고 수집하며, 가공, 적용하여 완성된 생산물을 공개 저장, 관리하는 모든 단계를 체계적으로 전달받게 된다. 일련의 과정은 한 번에 동시에 일어나는 것이 아니고, 한 단계씩 거듭하면서 좀 더 상위의 단계로 나아가게 된다.

가) 검 색

① 컴퓨터 매개 통신을 할 수 있는 방법적인 지식 시범
② 컴퓨터 매개 통신을 통해서 정보를 검색할 수 있는 프로그램 열기
③ 정보를 검색할 수 있는 검색 엔진 선택
④ 검색 엔진에서의 검색ー・주제 파악
　　　　　　　　　・글감 파악
　　　　　　　　　・검색어
　　　　　　　　　・검색 항목 훑어보기

나) 수 집

① 검색 항목 및 부연 설명 보기
② 주제 및 글감과 관련 있는 항목 선별 선택
③ 항목으로서의 저장

다) 가 공

① 수집된 항목의 내용 읽어보기
② 주제와 관련 있는 내용들을 선별
③ 선별된 항목의 내용을 텍스트로 저장

라) 관 리

① 생산물을 등록할 수 있는 공간에 대한 지식
② 생산물을 등록할 수 있는 공간을 활용하기 위한 방법과 절차
③ 생산물을 공개 저장(등록)하기
④ 생산물의 등록 내용 확인하기
⑤ 공개 저장된 학습자의 생산물에 대한 지속적 확인 방법

2) 모 방

교수자의 시범은 학습자에게 모방 동기를 부여해야 한다. 또한 학습자는 교수자의 시범에 대하여 주인의식을 갖고 적극적으로 참여하는 모방 동기가 필요하다. 교수자와 학습자 양자 간에 일어난 동기부여는 학습자의 컴퓨터 문해력과 CMC 기능을 배양하는 데 중요한 열쇠이다. 따라서 교수자의 시범은 적절하게 학습자에게 모방으로 이어져야 한다.

시범단계에서 이루어지는 각각의 과정에 대한 시범은 각각의 단계마다 모방이 실현될 수 있도록 해야 하며, 교수자는 학습자의 모방이 자연스럽게 반복되어 학습자가 교수자의 기능을 이어받을 수 있도록 배려해야 한다. 교사가 교수자인 경우에 반복적인 시범과 모방은 오히려 학습자의 동기를 저하시킬 수 있다. 따라서 교사는 학습자에게 협동 학습의 기회를 부여하여, 능숙한 학습자가 미숙한 학습자에게 모방 동기를 부여할 수 있도록 해야 하며, 학습 환경 구성을 적절하게 배려하여 미숙한 학습자와 능숙한 학습자 간에 자연스런 전이가 일어날 수 있도록 해야 한다.

교수자의 시범에 대한 모방은 누적적으로 실현되어야 하며, 지속적으로 반복되어야 한다. 또한 적절한 학습자에게 강화 조건을 부여한 것 또한 중요하다. 반복되는 시범과 모방을 통해서 학습자의 기능이 요구수준만큼 도달하지 못하였을 때의 학습자의 자신감 결여는 자칫 CMC를 활용한 쓰기 활동이 종이와 연필보다 못한 결과를 초래할 수 있기 때문이다. 따라서 교사는 교수자로서 '교사'와 '숙련된 학습자'를 택하는 것 외에 컴퓨터를 교수자로 이용하는 방법을 생각해 보아야 할 것이다. 상업적으로 구성된 프로그램을 부분적으로 활용하는 것도 학습자에게 동기를 부여하고 강화하기 위한 조건으로 효과적이다.

3) 교수적 도움단계

시범과 모방의 단계를 거듭하여 학습자가 어느 정도의 능력에 도달하였을 때 교사는 학습자에게 차츰 자율권을 부여하는 것이 좋다. 즉 학습의 주도권이 학습자에게로 넘어가는 과도기적인 단계이다. 교수자는 학습자가 학습자 스스로 학습을 구안하고 계획하는 단계로 나아가기 직전의 과정을 거치는 일련의 과정에서 협조자의 역할을 담당해야 한다. 미숙한 학습자는 자신감을 획득하는 과정에서 학습의 주도권을 자신에게 이양하려 할 것이다. 이때의 교수자는 교사일 수 있고 능숙한 학습자일 수도 있지만 최초의 교수자는 교사여야 한다. 왜냐하면 능숙한 학습자라 할지라도 미숙한 학습자에게 시범을 보이는 교수자의 역할은 가능하지만 미숙한 학습자가 과정을 올바르게 수행할 수 있도록 교정의 역할을 할 수는 없다. 교수적 도움의 단계에서의 교수자는 어느 정도 전통적인 교수자의 역할이 요구된다. 즉, 정형의 절차적인 지식을 갖추지 않고서는 계획단계로 진행하려는 학습자를 인도하기 힘들기 때문이다. 따라서 학습의 주도권을 이양 받으려는 학습자에게 있어서의 최초의 교수자는 교사이어야 하며, 교사는 학습자가 스스로 학습을 계획할 수 있는지에 대한 여부를 판단하고 수시로 학습자에게 기회를 제공하여야 하며, 학습자가 설계하는 계획에 대하여 수정과 조언을 아끼지 말아야 한다.

나. 계획형

컴퓨터 문해력과 CMC를 활용한 쓰기 능력이 어느 정도의 궤도에 도달하게 되면 학습자는 스스로 과제를 설정하고 과제를 해결하기 위한 과정을 구성해 나갈 수 있게 된다. 이때 학습자는 자신의 쓰기 과제를 해결하기 위한 일련의 계획들을 수립하여 진행해 나가게 된다. 교사는 학습자들과 동일한 위치에 임하게 되며, 학습자들을 관찰하고 그들과 함께 활동함으로서 학습자들에게 발생할 수 있는 문제들을 파악하고 그런 문제들을 학습자와 함께 해결해 나가는 방법을 구안해야 한다. 또한 정보를 관리하는 입장에서 학습자들의 계획을 데이터베이스화하여, 차시의 수업에 시범 자료로 활용을 하거나 초보적인 학습자들을 위한 보조 자료로서 활용할 수 있다.
'교수적 도움단계'로부터 '교수적 도움의 중지단계'로 나아가는 '계획하여 쓰기'는 CMC를 활용한 쓰기 능력 향상에 필요한 인지전략 습득에 매우 중요하다.

1) 교수적 도움단계

'지시쓰기'에서는 '교수적 도움의 단계'에 비하여 학습 주도권 학습자에게 상당 부분 이양된 상태에서 글쓰기 과정이 진행된다. '지시쓰기'에서의 '교수적 도움단계'에서 학습자는 자신이 계획한 내용을 교수자에게 검사를 받고 수정을 요구하는 정도이지만, '계획쓰기'에서의 '교수적 도움의 단계'는 학습자가 계획한 일련의 과정에 대하여 특별한 오류가 발생할 경우에만 교수자가 도움을 주는 단계이다. 따라서 절차적이거나 기술적인 오류가 발생하지 않는 한 학습자가 계획한 것에 대하여 교수자는 검증이나 수정을 가하려는 태도를 지양해야 할 것이다. 계획쓰기 과정에서 학습자는 이미 CMC 활용 능력을 갖추고 있으며, 그에 따른 글쓰기의 절차적 방법적 지식을 습득하고 있는 상태이기 때문에 교수자가 학습자의 능력과 의사를 최대한 존중하도록 해야 할 것이다.

2) 교수적 도움의 중지단계

쓰기 과정에 참여하는 학습자는 스스로 과제를 분석하고 문제를 해결할 수 있는 방책을 알고 있으며, 방책을 수행해 나가는 과정을 스스로 계획할 수 있는 단계에 있다. 교수자는 학습자의 계획에 대하여 공동으로 과업을 수행해 나가는 역할을 담당한다. 그러나 교사가 교수자 역할을 담당할 경우 교수자는 학습자의 계획이 성공적으로 진행해 나가도록 하는 촉진자이며, 촉매자여야 한다. 능숙한 학습자가 교수자 역할을 담당할 경우 교수자는 협동 학습의 구성원이 되며, 학습자 상호간에 역동적인 관계가 유지된다. 이때 학습자는 CMC를 이용하여 학습자 서로의 구성 계획을 교환하고 수정할 수 있으며, 상호간 토론과 대화를 거쳐 정보를 공유하고 과제를 해결해 나가는 효과적인 방법을 구안하게 된다.

다. 주도형

학습자 개개인이 쓰기 과제 해결의 전 과정에 적극적이고, 자발적인 참여를 하도록 하며, 동시에 학습자 간의 협동쓰기를 통한 쓰기 과제 해결을 유도한다. 더 나아가 이 과정에서 교수자 역할은 학습자들이 스스로 주어진 과제를 해결할 수 있도록 교수적 도움을 주는 것 외에도 학습자들의 쓰기 활동 과정에 참여하여 동일한 학습자로서의 유대감을 형성하는 역할도 강조하고 있다.

'주도쓰기' 과정에 참여하는 학습자들은 그들의 직관과 경험적 지식 및 관점에 더 많은 가치를 부여하도록 해야 한다. 학습자 스스로 충분히 독립적으로 사고할 수 있고, 탐색할 수 있고, 결정을 내릴 수 있는 내적 능력을 소유하고 있다는 점을 학생들 스스로가 인식할 수 있도록 하는 것이야말로 참된 의미에서의 학생 주도적 쓰기 활동이다.

이 과정에서의 학습자는 다양한 각도에서 접근이 가능한 실제적인 과제를 부여받거나 설계할 수 있으며, 그러한 과제를 여러 각도와 의도에서 접근하여 과제의 복잡성을 인식하고 해결해 나가는 과정을 수행하게 된다. 능숙한 학습자들에게서 이루어지는 학습의 과정인 '주도쓰기'는 CMC를 활용한 쓰기 과정을 체계적으로 밟아 온 학습자들이 쓰기 활동에 필요한 정보를 적용하는 과정에서 색다른 모색을 할 수 있다. 학습자들이 원하는 정보는 그들의 배경 지식뿐 아니라, 컴퓨터와 사회적 상황에서도 습득될 수 있으며, 컴퓨터 매개 통신을 활용하는 것 이외에도 학습자들이 이미 생산해낸 정보를 재활용하거나 학습자 상호간에 습득된 정보를 공유하여 자신의 정보로 활용하는 대안을 생각해 낼 수 있다. 그러나 주도쓰기 과정에서 학습자들은 스스로를 통제할 수 있는 능력을 갖추고 있어야 한다. 교수자는 학습자들이 어느 정도 자신을 통제할 수 있는 능력이 갖추어졌다고 판단되었을 때 학습자에게 주도적인 쓰기 환경을 제공하여야 한다. 자칫 주도성과 방임을 착각하여 교수자와 학습자의 견해와 의도가 엇갈리는 경우 학습자들의 능력이 엉뚱한 방향으로 흘러 쓰기 활동이 생산 과정이 아닌 모사의 과정이 될 수도 있다는 것을 염두에 두어야 한다.

5. 교수·학습 활동의 실제

CMC를 활용한 쓰기를 하기 위한 교수설계 과정은 주어진 틀이 있거나 선조성이 있는 것은 아니다. 앞서 논의하였듯이 교수·학습 설계를 하기 위해서는 학습자들의 컴퓨터 문해력과 CMC 활용 능력이 어느 정도 형성되어야 하며, 그를 바탕으로 교수자는 학습자들을 CMC 활용 쓰기 능력별로 분류하여야 한다. 앞서 제시한 학습자 류형별 CMC 활용 능력을 측정하여 학습자에게 적용이 가능한 교수·학습 모델을 구안해 내야 한다. 그러나 학습 구성원이 다수인 현실에서는 일정한 교수·학습 모델을 설정하고 그에 알맞은 설계가 사실상 불가능하다. 따라서 미숙한 학습자와 능숙한 학습자들이 함께 과업을 수행해 나갈 수 있는 협동 학습 집단을 형성하는 것은 매우 중요하다.

과거 종이와 연필 그리고 칠판이 교수·학습의 상당 부분을 차지하던 시절의 협동 학습 구성은 오히려 학습자들로 하여금 우월감과 열등감을 치솟게 만들어서 학습의 효과가 일시적일 뿐 장기적으로는 역효과가 나기 일쑤였다. 그러나 미숙한 학습자에게는 'Tutor'로서 능숙한 학습자에게는 'Tutee'의 역할을 수행하는 컴퓨터의 등장은 얼굴을 대면하지 않고서도 협동 학습을 가능하게 하였다. 게다가 익명이 가능한 협동 학습체제는 미숙한 학습자가 능숙한 학습자의 학습형태를 그대로 따라가면서 자신이 지식과 기능을 구성해 나갈 수 있는 인지적도제 학습이 가능하게 하였다.

CMC를 활용한 쓰기 교수·학습 활동 안을 작성하기 위해 교수자는 CMC를 이용한 '정보수집' 과정과 '정보적용', '정보관리' 과정을 완전하게 파악하고 있어야 한다. 물론 학습자들이 과제를 원활하게 수행하도록 하기 위한 지식으로서도 필요하지만, 교수자가 미숙한 학습자에게 시범을 보이기 위한 기능적 절차 지식으로도 갖추고 있어야 한다.

학습 구성원은 서로 다른 유형을 갖고 있고, 교수자는 동일한 공간 내에서 서로 다른 학습자들의 유형에 따라 교수·학습 활동을 수행해 나가야 한다. 따라서 어느 때엔 시범을 보이는 능숙한 학습자의 역할을 수행할 수도 있으며, 능숙한 학습자에게는 공통의 과제를 수행하는 동일한 학습자일 수 있고, 때에 따라서는 필요한 지식과 기능을 능숙한 학습자에게 전달받을 수도 있는 솔직한 교수자의 자세를 갖추고 있어야 한다.

기본적으로 CMC를 활용한 쓰기의 일반적인 과정은 앞서 제시한 〔표4〕와 크게 다르지 않다. 다만 학습자들의 유형에 따라서 그 과정이 순환적이거나 일시적이거나 단속적일 수 있다. 특정 쓰기 주제나 과제에 대한 학습자의 수행 과정은 기본적으로 세 가지 학습 유형에 근거한다. '지시쓰기', '계획쓰기', '주도쓰기'의 세 가지 쓰기 활동과제 유형은 학습자들의 컴퓨터 문해력과 CMC 활용 능력에 따라 좌우된다. 그러나 동일한 능력을 갖춘 학습자들만을 대상으로 하는 것이 아니기 때문에 교수자는 세 가지 유형을 학습자들에게 적용해 보는 것이 좋다. 물론 하나의 유형을 서로 다른 능력을 갖고 있는 학습자들에게 적용하여 효과를 기대하기란 힘들다. 그러나 장기적인 교수·학습 활동의 성패를 위해서는 학습자들이 감당할 수 있는 수업 유형의 틀을 파악하고 경험하는 것이 매우 중요하다.

그런 다음 교수·학습 활동 전에 교수자가 어떤 과정을 어떤 절차에 따라 수행할 것인지에 대한 교수 설계가 가능하다. 최초의 교수·학습의 실제 과정은 교수자나 학습자에게 쉽지 않다. 기본적으로 학습자가 갖추어야 할 컴퓨터 문해력과 더불어 요구되는 CMC 활용 능력을 갖추기 위해서는 학습자들의 적지 않은 노력이 요구된다. 따라서 교수자는 학습자들보다 앞선 지식과 기능을 갖추고 새로운 지식과 능력을 구성하고 창출해 낼 수 있는 준비가 돼 있어야 한다. 즉, 컴퓨터 문해력과, CMC 능력이 컴퓨터를

234

활용한 학습을 얼마나 자주, 얼마나 원활하게, 얼마나 효과적으로 수행해 나갈 수 있는가 하는 컴퓨터 친화력과 상관관계가 있다.

앞서 논의한 CMC를 활용한 쓰기 활동에 필요한 연구와 절차들은 현장에서 실제로 적용할 수 있는 바탕을 마련하기 위함이다. 일련의 주어진 과정과 가시적인 정형의 틀은 무한한 지식과 기능을 구성하는 데 장애가 된다. 교수자의 무한한 가능성은 학습자의 가능성과 비례한다. CMC를 활용한 쓰기 교수·학습의 이론적 틀을 기반으로 하는 교수자의 새로운 교수·학습안의 구성은 학습자들의 수행 활동을 보다 창조적이고 효율적이 되도록 한다.

여기서는 주어진 과제를 가지고 CMC를 활용한 쓰기 활동 수행 과정을 예로 제시하고 있다. CMC를 활용한 쓰기 교수·학습 활동의 방법과 전략은 현장에서 얼마만큼 학습자와 교수자가 효과적이고 효율적으로 CMC 학습 활동을 수행하는 가에 달려 있다. 국어과의 여러 영역에서 교수·학습 방법과 전략 모델을 제시하고 있으나 그 정형의 틀은 가시적인 안내일 뿐이지 교수자와 학습자에게 제공되는 최선의 방책이 아니다. 일련의 교수·학습 과정과 방법 그리고 전략은 현장에서 이루어지는 교수자와 학습자의 활동과 역할로부터 출발한다.

CMC를 활용한 쓰기 교수·학습의 실제적인 측면도 현장에서 적용이 가능한 부분적 제안이다. 특히 학교별, 학급별, 학습자별 CMC 환경이 다르며 교수자와 학습자의 컴퓨터 문해력과 CMC 활용 능력이 다르기 때문에 일정한 모델을 제시하는 것은 무리가 있다. CMC 환경은 기본적으로 경제적인 뒷받침과 미래지향적인 교육이 선행되어야 하기 때문에 동일한 모델을 모든 학습 환경에 적용할 수는 없다. 따라서 현장의 실정에 맞도록 재구성하여야 할 것이다.

가. 교수·학습 목표

쓰기 교수·학습 활동 수행 시간 단위를 통상 한 차시로 하였을 경우 매우 단속적인 경향을 보인다. 정해진 주제를 가지고 쓰기 활동을 할 때 한 차시 단위에 완성된 글을 생산해 낸다는 것은 학습자나 교수자에게 모두 무리이다. 학습의 일정한 과정과 절차를 따라가지 않는 개별쓰기의 경우에도 학습자의 능력에 따라 차이가 있기는 하지만 한 차시에 완성된 글을 만들어낼 수는 없다. 따라서 주당 3차시를 쓰기 시간으로 배정한다고 했을 때 2차시를 하나로 묶고 1차시를 따로 두어 수정이나 편집, 혹은 감상 등을 진행하는 것이 효과적이다. 목표 설정은 차시별 목표로 구분하여 진술하기보다는 통합적인 목표 설정을 하여 교수자와 학습자의 학습 활동을 명확하게 인식시키도록 해야 한다.

분절적 목표 설정은 자칫 학습자의 과제 수행을 단속적으로 만들어서 지식과 기능을 통합하는 과정에서 혼란을 가져올 수 있다. 따라서 목표를 설정할 경우 목표는 전 차글을 걸쳐서 이루어질 수 있도록 하는 것이 좋다.

나. 차시구성

차시를 구성하는 과정에서 선행되어야 할 교수자의 임무는 CMC 활용 능력에 따른 학습자 유형을 파악하는 것이다. 학습자들의 컴퓨터 문해력과 CMC 활용 능력을 파악하는 것은 차시구성에 따른 교수·학습 활동 절차와 방법을 설계하는 밑바탕이 된다.

CMC를 활용한 쓰기 교수·학습은 근본적으로 학습자에게 좋은 결과물을 생산해 내고 그것은 다시 다른 학습자가 이용할 수 있도록 하는 교육적 방법이다. 따라서 국어교과의 일부분은 쓰기 시간은 학습자에게 주어진 과제를 해결하는 데에 초점을 맞추고 진행해야 한다. 자칫 컴퓨터 문해력과 CMC 활용 능력을 기르는 데만 초점을 맞추다 보면 쓰기 활동의 본질에서 벗어날 수 있다. CMC 활용 능력이 미숙한 학습자들이 많을수록 쓰기 활동에 투입되는 시간은 길어진다. 투입된 시간에 비해 생산물의 가치가 높아지는 것은 아니다. 따라서 학습자들을 미숙한 학습자에서 능숙한 학습자로 변화되도록 하는 노력은 교과 활동 이외의 시간을 이용하여 컴퓨터나 CMC를 활용하는 능력을 기르도록 해야 할 것이다. 자습 시간이나 특별 활동을 통해서 익숙해진 기술은 학습자의 쓰기 능력을 기르는 데 밑거름이 된다. 그 결과 교수·학습 활동에 투입되는 시간을 조절하고, 쓰기의 본질적인 활동에 교수자와 학습자가 전념할 수 있게 된다. 즉, 학습자 류형군이 능숙한 학습자 중심으로 전환될수록 차시는 탄력적으로 조정될 수 있다.

차 시	교수·학습 활동 내용
1	· 주제파악, 검색어 파악, 정보수집(검색, 수집, 가공)
2	· 정보적용(초고 쓰기, 고쳐 쓰기, 다듬기)
3	· 감상, 정보관리(출판, 공개 저장)

다. 교수·학습 활동

1) 1차시

단계	교수·학습 활동	
	교 사	아 동
주제 파악	▶글감 제시.-'동강'	▶미리 구성된 4인 1조의 협동 학습원은 의견을 나눌 수 있는 대화 창과 정보를 검색할 수 있는 창을 각각 열어둔다. -본시 학습이 시작되기 전 아동들은 멀티미디어실에 들어가 지정된 좌석에 앉아 수업에 필요한 창을 열어둔다.- ▶주제 파악하기 -조원들이 협의하여 글감을 가지고 어떤 주제로 쓰기를 할 것인지 주제를 파악한다.
검색어 파악	▶정보수집을 위한 검색어를 글감을 중심으로 파악하도록 한다.	▶CMC를 활용하거나, 대면식 토론을 하여 글쓰기에 도움이 되는 정보를 얻을 수 있는 검색어를 협의한다. -영월댐, 동강, 생태계 등-
검색	▶정보화의 과정을 수행하도록 안내한다. ▶미숙한 안내자에게 교수적 도움과 시범을 보인다.	▶검색 엔진을 정한다. -평소에 주로 활용했던 검색 엔진을 사용하도록 한다.(심마니, 까치네, 미스다찾니 등) ▶검색하는 데 필요한 시간을 절약하기 위해, 대화 창을 통해 조원들끼리 과제를 분담한다. -능숙한 학습자 A는 영월댐에 관련된 정보를 평범한 학습자 B, C는 생태계와 동강을 미숙한 학습자 D는 동강과 생태계 중 하나를 택하여 각기 다른 5개 항 이내의 정보를 검색하기로 합의한다.-
수집	▶미숙한 학습자의 협동 학습 수행을 위해 계속 교수적 도움을 수행한다.	▶글감과 관련된 항목 중에서 주제어와 직접 관련이 있는 사이트 수집 A-① 다목적 댐, ② 영월, ③ 댐의 활용, ④ 강원도 B-① 생태계, ② 먹이사슬 C-① 동강, ② 동강 사랑, ③ 레프팅의 명소 동강 D-① 동강 관광 안내 ▶능숙한 학습자들은 자신들의 독해와 검색 능력에 따라 수집의 폭을 넓히지만 미숙한 학습자들의 경우에는 제목을 통해 가장 근접한 내용의 한두 가지를 수집한다.
가공	▶쓰기 본 단계적용에 필요한 정보를 가공하는 작업은 미숙한 학습자들에게 다소 어려움이 있으므로 교수자는 가장 미숙한 학습자 중심으로 개별 지도를 하고, 가급적 능숙한 학습자 중심으로 협동 학습을 하도록 유도한다.	▶능숙한 학습자가 중심이 되어 글쓰기에 필요한 정보를 골라내는 활동을 수행한다. ▶미숙한 학습자들은 능숙한 학습자의 도움을 받는다.-스스로 정보를 정제하는 데 어려움이 있는 경우에는 한 가지만 선정하는 것이 좋다. 그리고 더 필요한 정보는 능숙한 학습자의 데이터를 공유하여 쓰도록 한다.- ▶능숙한 학습자는 자신이 정제한 정보를 미숙한 학습자들이 공유할 수 있도록 도움을 준다. ▶협동 조원들의 의견과 추천된 항목의 내용을 읽어보고, 가장 도움이 될만한 것들을 학습원들이 공통으로 사용하는 교사용 컴퓨터의 데이터 뱅크에 저장한다. ▶① A-3, ② B-1, ③ C-3, ④ D-1의 정보를 선택하여 내용을 텍스트로 저장 -개별적인 저장을 동시에 하여 학습자 개인의 글쓰기 활동에 즉시 활용할 수 있는 준비를 한다.

2) 2차시

	교수·학습 활동	
단계	교 사	아 동
적 용	▶전시 학습 활동에서 수행하였던 정보화의 과정을 되돌아보도록 한다. ▶본문 작성에 들어간다.	▶검색 창과 대화 창을 동시에 열어둔다. ▶정제된 정보의 내용을 자신의 컴퓨터로 불러들여 내용을 확인한다. ▶본문 작성에 필요한 설계를 컴퓨터 매개 통신을 활용해 협의한다. -협동 학습에서 4명의 학습자는 정보 정제까지 협동 관계를 유지하고 본문 작성은 개별적으로 할 것인지, 본문 작성을 공동으로 할 건지에 대한 계획을 구성한다. 능숙한 학습자는 미숙한 학습자의 과제 수행을 위해 본문 작성에 필요한 정보를 데이터화하여 제공할 수 있는 준비를 갖추도록 한다. 동시에 교사도 미숙한 학습자를 위한 자료와 정보를 준비한다.- ▶본문에 필요한 정보를 활용하기 위해 순환 과정을 거친다.
수 정	▶미숙한 학습자에게는 교수적 도움의 단계를, 능숙한 학습자에게는 교수적 도움의 중지단계를 적용한다.	▶본문 작성을 해 나가면서 컴퓨터가 자동 수정하는 것 이외의 잘못된 맞춤법을 교정한다. ▶본문 작성과 관계없는 정보에 대한 삭제와 검토 수정을 수행한다. ▶미숙한 학습자는 교사의 도움이나 능숙한 학습자와 함께 수정 작업을 수행한다. -수정까지 끝낸 능숙한 학습자는 미숙한 학습자의 본문 작성에 참여하여 도움과 협조를 한다.- ▶본문 작성이 완료된 글은 데이터 뱅크에 저장한다.

3) 3차시

단 계	교수·학습 활동	
	교 사	아 동
발 표	▶발표를 원하는 학습자의 글을 빔 프로젝터를 이용하여 게시하고 같이 감상하도록 한다. ▶학습자가 도움을 원하는 경우 본문에 대한 평을 할 수 있다.	▶데이터 뱅크에 저장되어 있는 글을 한 개의 창에 올리고, 다른 대화 창을 활성화한다. ▶조원들의 글을 데이터 뱅크로부터 불러들여 읽어보고 상호 의견을 교환한다. －이미 학습자에게 있어서는 완성된 생산물이므로 수정과 편집은 출판을 앞두고 다시 수행하도록 하고 발표와 감상을 위주로 한다.－ ▶글에 대한 느낌을 전자메일을 통해 전하거나 대화 창을 통해서 의견을 교환한다. ▶시간이 허락되면 협동 조원들의 글을 한데 모아 잘 된 부분들을 통합하여 협동 작품을 생산할 수 있다.
관 리	▶학급원이 공동으로 사용할 수 있는 정보관리 공간(인터넷 홈페이지)을 개방한다.	▶능숙한 학습자의 경우 자신의 개인 홈페이지에 공개 저장을 한다. ▶평범한 학습자나 미숙한 학습자의 경우 개인 홈페이지를 갖고 있지 않다면, 학급원이 공동으로 사용하는 홈페이지에 생산물을 등록한다. ▶등록된 학습자의 생산물을 확인한다.

Ⅳ. 결 론

본고는 쓰기 활동에 활용 가능한 CMC의 여러 측면을 밝히고, CMC를 활용한 쓰기 교수·학습에 대해 논의했다. 이를 간략히 요약하여 제시하면 다음과 같다.

제Ⅰ장은 CMC를 활용한 쓰기 교수·학습 방법을 논의하기 위한 선행 연구로 일반적인 쓰기이론과, 컴퓨터를 활용한 교육, 인터넷을 활용한 교육, CMC와 관련한 이론들을 검토하였다.

제Ⅱ장은 쓰기 교수·학습과 관련한 CMC의 특성은 'CMC의 상호작용성', 'CMC의 기능성', 'CMC를 활용한 쓰기효과', '문화생산 도구로서의 CMC'로 구분하여 논의하였다. 'CMC의 상호작용성'은 학습자의 학습 활동의 동기를 유발하고 효율성을 높이는 자극체적인 성격과 교사의 역할을 대신하는 성격, 학습자의 입장에서 학습자의 창의력과 주도력을 높이는 학습자적 성격에서 바라보았다. 'CMC의 기능성'은 쓰기 교수·학습의 효율성을 높이기 위한 것으로 '동시성'은 쓰기 활동이 학습자나 정보가 존재하는 장소에 관계없이 한꺼번에 수행될 수 있다는 것이며, '공유성'은 학습자의 정보나 생산물이 CMC를 통해서 누구에게나 열람될 수 있다는 것이다. 마지막으로 수정, 편집, 출판, 정보수집을 바로 할 수 있는 '즉시성'의 측면에서 논의하였다. 'CMC를 활용한 쓰기효과'로 보다 자유로운 의사표현과 토론이 가능한 비대면 상태와 비대면이 지속될 경우 CMC 대상에 대하여 자신을 스스로 통제하여 보다 논리 있고, 합리적인 의사표현을 개진하면서 서로에게 적응해 가는 상호 적응 상태에 대하여 논의했다. '문화생산 매체로서의 CMC'는 쓰기가 지향해야 할 문화생산의 측면을 검토한 것으로, 쓰기가 단순히 기능적인 활동이 아니라, 학습 환경은 물론 사회 전반에 걸친 인간의 문화를 생산해 내는 교과 활동으로 인식되어야 하고, 동시에 컴퓨터가 갖고 있는 CMC 기능과 쓰기의 지향점을 접목하여 문화생산 매체로서의 CMC에 관하여 논의하였다.

제Ⅲ장은 CMC를 활용한 쓰기 교수·학습 방법에 대하여 보다 체계적이고 실제적으로 논의하였다. 먼저 CMC를 활용하여 쓰기하기 위해서는 '교사', '학습자', '환경'이 상호유기적인 공조체제를 유지해야 한다는 것이며, CMC를 활용한 쓰기 과정을 쓰기에 필요한 정보를 검색하여 수집하는 '정보수집', 수집된 정보를 초고 쓰기, 고쳐 쓰기, 수정하기에 적용하는 '정보적용', 생산물을 출판하고 사이버 공간에 공개 저장하는 '정보관리'의 세 단계로 구분했다. CMC를 활용한 쓰기 유형을 '개별쓰기', '협동쓰기', '대화쓰기'로 나누어 학습 환경과 학습 상황, 학습자 구성에 따라 쓰기 활동을 달리할 수 있는 방법을 제시하였다. 또한 학습자의 CMC 활용 능력과 쓰기 능력에 따라 주로 미숙한 학습자들이 교수자와 능숙한 학습자의 협조를 받아 이루어지는 '지시형', 평범한 학습자들이 협동쓰기 활동에 주로 수행하는 '계획형', 능숙한 학습자들의 개별쓰기나 학습자들이 독자적으로 스스로 쓰기 활동을 수행하는 '주도형' 쓰기 교수·학습 활동을 제시했다. 그리고 구체적인 교수·학습안을 통해 현장에서의 실제적인 측면을 보여주었다.

컴퓨터는 단순히 도구적인 기능 이외에 교수자와 학습자의 지식을 구성해 나가는 과정에서 상호작용 한다. CMC는 학습 구성원 간 의사소통을 가능하게 하여, 지식과 정보를 교환하고 공유하며, 생산해 낼 수 있게 한다. 컴퓨터의 CMC 기능 없이 쓰기가 불가능한 것은 아니다. 그러나 CMC를 활용하여 쓰기 과정을 보다 효과적이고 효율적으로 수행할 수 있다. CMC를 활용한 쓰기 활동은 컴퓨터의 유용한 기능을 이용하여 유익한 정보를 국어교육에 활용할 수 있는 계기를 마련하는 것이다.

CMC의 활용은 학습 방법의 새로운 장을 제시하였다. 정보를 얻기 위한 학습자의 노력이 줄어든 것 이외에 학습자가 접할 수 있는 정보의 양과 질에서 엄청난 상승효과를 가져왔다. 컴퓨터의 기계적인 기능과 장치는 교육공학에서 다루어질 문제이다. 그러나 컴퓨터가 갖고 있는 상당 부분의 기

242

능은 국어과에서 다루어져야 할 것들이며, 국어교육을 수행하는 데 필요한 도구 역할을 한다. 국어교육에서 컴퓨터 활용에 관한 연구가 현재로서는 충분하지 않다. 대개의 경우 학습 도구로서 교육공학적인 측면을 강조하는 데에 그치고 있다. 국어교육에서 직접적으로 컴퓨터를 활용하는 예는 문서 작성기 정도거나, 상업적으로 만들어진 프로그램을 학습자에게 제공하는 정도이다. 그러나 개인용 컴퓨터 보급의 확산과 CMC의 기술 발달은 학습자로 하여금 정보를 습득하고, 공유하는 것 이외에 의사소통 수단이며, 자신의 창작물을 재생산해내는 창구 역할을 가능하게 하였다. 따라서 쓰기 활동뿐 아니라 국어교육에서 컴퓨터의 역할을 이해하고 학습에 적극적으로 활용할 수 있는 방법과 절차, 그리고 그 방책을 마련하는 것은 우리의 당연한 과제이다.

참고문헌

강명희(1999), 정보 사회와 교육, 열린배움지기

강웅선 역(1996). 문화경제학 입은, 매일경제신문사

강인애(1998), 왜 구성주의인가?, 문음사.

구인환 외(1996), 문학 교육론. 삼지원.

권성호(1998), 교육공학의 탐구, 양서원.

권영만(1996), "컴퓨터 매개 의사소통을 통한 전자 민주주의의 가능성에 대한일고 찰", 한양대학교 석사학위 논문.

교육부(1995), 21세기 고도정보화사회 대비 교육정보화 종합추진계획.

_____(1997), 초등학교 교사용 지도서(전학년).

_____(1997), 제7차 국어과 교육 과정, 대한교과서주식회사.

국립평가원(1996), 수행평가의 이론과 실제.

김대행(1995), 국어교과학의 지평, 서울대학교출판부.

김문환(1999), 문화교육론, 서울대학교출판부.

김미정(1992), "컴퓨터를 활용한 협력학습에서 능력별집단 구성에 따른 상호 유형이 학업성취도에 미치는 영향", 한양대학교 석사학위 논문.

김봉군(1996), 문장 기술론. 삼영사.

김석주(1999), Internet 세상 속으로, 교학사.

김욱 역(1597), 생각하는 기술 쓰는 기술, 세경북스.

김종문 외(1998), 구성주의 교육학, 교육과학사.

김현권 역(1996), 소쉬르의 일반언어학 강의, 어문학사.

김희정(1998), "인터넷 교육에 관한 초등학교 교사의 인식", 숙명여자대학교 석사학위 논문.

노준석(1999), "CMC 원격 교육의 상호작용성에 관한 연구", 중앙대학교 석사학위 논문.

문기훈(1997), "컴퓨터를 활용한 협력학습이 학업성취도에 미치는 효과", 제주대학교 석사학위 논문.

박경자 외 역(1995), 심리언어학 입문, 한신문화사.

박미혜(1999), "CMC 학습 환경에서 리더의 역할분석", 한양대학교 석사학위 논문.

박붕배(1996), 최신 국어과 교육의 이론과 현장의 조명, 한샘.

박영목(1995), "작문 연구의 최근 동향과 전망", 제6회 국어교육 연구발표대회 자료집.

박정석(1996), "컴퓨터 매개 통신의 이음에 관한 연구", 이화여자대학교 석사학위 논문.

박정은(1998), "컴퓨터리터러시 수준 격차의 요인에 관한 연구", 한양대학교 석사학위 논문.

方仁泰(1995), "쓰기 교재의 체계화와 그 적용", 한국초등국어교육 제11집, 서울: 한국초등국어교육학회.

_____(1998), "국어교육과 시의 상호성", 한국초등국어교육 제14집, 서울: 한국초등국어교육학회.

_____(1999a), "統合言語 敎育의 原理 考察", 초등국어교육 제9호, 서울교대 국어교육과

_____(1999b), "문화생산 국어교육", 국어교육 제100호, 한국국어교육연구회.

方仁泰 외(1997), 초등 국어과 교육론. 박이정

백영균 외(1997), 인터넷과 교육, 양서원.

백영균 외 역(1996), 언어교육과 컴퓨터. 신아사.

변남석(1985), "컴퓨터를 이용한 학습효과에 관한 연구", 계명대학교 석사학위 논문.

손병길 외(1995), 주요국의 학교 컴퓨터 교육현황, 한국교육개발원.

서경원(1987), "컴퓨터 이해도가 컴퓨터 사용자 태도의 호의성에 미치는 영향에 관한 연구", 이화여자대학교 석사학위 논문.

서울특별시 교육청(1998), PC통신과 인터넷.

_____(1995), 창의성 교육문을 열다.

서울특별시 교육연구원(1997), 퍼스널 컴퓨터 교사 연수 교재.

_____(1996), 미래를 여는 창의성 교육.

_____(1998), 자기 주도적 학습의 이론과 실제.

소현진(1997), "컴퓨터 매개커뮤니케이션을 통한 대인 관계 형성에 관한 연구", 고려대학교 석사학위 논문.

엄해영 외(1994), 문학의 이해, 느티나무

우한용 외(1997), 문학교육과 정론, 삼지사.

원진숙(1994), "작문 교육의 이론적 기초와 방법론 연구—논술의 지도와 평가를 중심으로", 고려대학교 박사학위 논문.

원진숙(1995), 논술교육론, 박이정

윤상준(1999), "컴퓨터 매개 커뮤니케이션이 조직구성원들의 커뮤니케이션 형태에 비치는 영향", 고려대학교 석사학위 논문.

이근호(1998), "컴퓨터를 이용한 자기 주도적 학습력 신장 방안에 관한 연구", 경북대학교 석사학위 논문.

이근화(1998), "CAI 와 PC통신이 학업 성취에 미치는 효과에 관한 연구", 경상대학교 석사학위 논문.

이문웅 역(1984), 문화의 개념. 일지사.

이성영(1996), 국어교육의 내용 연구, 서울대학교 출판부

이유연(1995), "컴퓨터 매개 통신을 이용한 학습 과정에 대한 분석 연구", 이화여자대학교 석사학위 논문.

이을환 외 역(1995), 글을 어떻게 쓸 것인가? 경문사.

이인제(1992), "교육의 본질 추구를 위한 국어교육 평가체제 개발 연구(Ⅲ)", 한국교육개발원.

이재승(1999), "과정 중심의 쓰기 교재 구심에 관한 연구", 한국교원대학교 박사학위 논문.

이현복 외(1996), 국어과 교육론. 선일문화사.

인혜연(1998), "쓰기학습 과정에 대한 질적 연구", 서울대학교 석사학위 논문.

임상훈 역(1996), 문학에서 문화연구로, 현대미학사. 전국교육대학 컴퓨터교육연구회(1993), 컴퓨터 교육과 코스웨어 교육과학사.

정길남(1992), "우리말의 벗어난 표현 몇 가지", 〈한국교육논총〉 제4집, 서울교육대학교 초등교육연구소.

정달영(1998), 국어 단락 이론과 작문 교육, 집문당.

정재후(1984), "작문 교육 실태와 그 개선방안에 관한 연구", 연세대학교 석사학위 논문

조연주 외 공역(1998), 구성주의와 교육, 학지사.

조인정(1999), "컴퓨터 매개 통신과 영어습득", 고려대학교 박사학위 논문.

차정화(1997), "컴퓨터를 이용한 협력학습전략 연구", 서강대학교 석사학위 논문.

초등국어교육학회(1997), 국어 수업 방법, 박이정.

_____(1998), 쓰기 수업 방법, 박이정.

최현섭 외(1997), 국어교육학 개론, 삼지사.

한국교육 개발원(1993a), 학습을 위한 도구용 소프트웨어 활용방안 연구.

한국교육 개발원(1993b), 교수-학습을 위한 컴퓨터의 도구적 활용 사례.

한상희(1997), "컴퓨터 매개 커뮤니케이션의 합의적 논증에 익명성이 미치는 영향에 관한 연구", 성균관대학교 석사학위 논문.

황용길(1999), 열린교육이 아이들을 망친다, 조선일보사.

황정현, 원진숙 공역(1999), 글쓰기의 문제해결 전략, 동문선.

Aaron, Fowler(1995), *The Little Brown Handbook*, Harper Collins.

Barrett. Mary Ellen 외(1990), *Paragraph Development*, Prentice Hall Regents.

Donovan, T R 외(1980), *Eight Approaches to Teaching Composition*, National Council of English.

Fitzgerald, Jill(1992), *Towards Knowledge in Writing*, Springer- Verlag.

Franklin, Parks A 외(1996), *Sructuring Paragraphs-A guide to effective writing-*, St Martine's press, inc.

Goodman, Kenneth S 외(1988), *Language and Thinking in School*, RICHARD C, OWEM PUBLISHERS, INC. Goodman, Kenneth S(1986), What's Whole In Whole Language?

Heinemann Portsmouth, New Hampshire.

Goodman, Kenneth S 외(1988), *The Whole Language Evaluation Book*, Heinemann Portsmouth, New Hampshire.

Hall. Linda(1989), *Poetry for Life*, CASSELL.

Huckin, Thomas N. 외(1991), *Technical Writing and Professional Communication*, McGRAW-HILL, Inc.

Hedge, Tricia(1997), *WRITING, Oxford University* Press.

Newman, Judith M(1985), *Whole Language Theory in Use*, Portsmouth NH: Heinemann Educational Books, INC.

Raimes, Ann(1983), *TECHNIQUES IN TEACHING WRITING*, Oxford University Press.

Reid, Joy M(1994), The Process of Paragraph Writing, Prentice Hall Regents.

Sullivan, Kathleen E(1994), *PARAGRAPH PRACTICE*, MAC- MILLAN PUBLISHING CO.

Williams, James D(1989), *Preparing to Teach Writing*, Wadsworth Publishing Company.

www.schooledu.swt.ede, *Whole Language* College Reading.

www.stfrancis.edu/aca/compstst.htm, *Writing Competency State- ment*.

www.freedomparty.org/whole_06.htm, *Whole Language*.

www.sifc.edu/english/wrlterguide/05Glwriting%20with%20computer-1.htm, *Writing with a Computer*.

www.sheridanc.on.ca/~randy/lNNOVATE.htm, COMPUTER *INNOVATIONS TEACHING THE WRITING PROCESS*.

http://prod.library.ca/writing/computer.htm, *Using the Computer Improve Your Writing*.

제 3 부

쓰기 교수 · 학습의 창의성

국어교육의 창의성 발현

I. 서 론

국어교육은 언어와 인간을 대상으로 한다. 인류의 문화 발달은 인간의 창의성에 기인하며, 인간의 창의성은 교육에 의하여 발현이 가능하다. 인류의 역사는 언어의 역사와 맥을 같이 하고 있다. 국어과를 도구교과로 보는 시각은 언어를 통해서 혹은 언어를 매개로 하여 다른 모든 학문적 지식과 경험의 획득이 가능하며 그것을 바탕으로 인류의 발전을 초래할 수 있기 때문이다.

끝을 가늠하기 힘든 과학문명의 발달과 하루가 다르게 변해가는 사회 구조 그리고 세상의 전부가 되어버릴 듯한 기계화의 흐름에서 창의성은 인류를 구원할 수 있는 인간의 마지막 지적 재산으로 평가되고 있다. 최근 창의성이 영재교육과 맥을 같이 하여 활발한 연구와 실천이 거듭되고 있는 현실이 그를 증명하고 있다.

국어교육의 창의성은 교사와 학생 사이에 존재하는 지적 공간의 편향성을 배제한다. 전통적인 국어교육은 교사의 일방적인 전달 위주였으며, 최근의 학생 중심 국어교육은 지나치게 학생 개인을 중시한 나머지 통제 불가능의 방만함을 야기하여 왔다. 이러한 교사와 학생 간의 일방적 소통은 지식습득과 자유 의지 표현에는 유익하였으나 객관적이고 합리적인 사고 활동을 저해하는 요인으로 작용하였다. 따라서 창의성은 교사와 학생 상호 간의 원활한 의사소통과 유효적절한 통제를 바탕으로 사고를 통합하는 데에 중점을 두어야 한다.

창의성은 유연하고 보편적이며, 객관적이고 합리적이어야 한다. 한때 창의성은 하늘이 내려준 신의 선물과도 같은 매우 신비적이고 선천적인 재능이라고 인식되었다. 당시에는 상상도 하지 못할 획기적인 발명과 인류를 놀랄만하게 하는 놀라운 업적들은 일반인에게서는 꿈도 꾸지 못할 개인의 타고난 능력이거나 인간이 대신한 신의 능력이라고 여겼던 것이다. 그러나 인류역사를 움직였던 수많은 사람들의 특성을 조사한 바에 의하면 그들은 매우 평범하였을 뿐만 아니라, 그들이 이루어놓은 인류의 역사적 산물 또한 매우 보편적인 사고 활동에 의한 것이라는 사실이 밝혀졌다. 단지 그들은 자신의 생각과 느낌을 매우 유연하게 작용하여 어떤 조건과 상황에도 적용할 수 있는 합리적 상상을 도출하였다는 것이다. 이전에는 존재하지 않았던 '무에서 유'를 창조하는 신의 대리인으로 자신을 바라보는 것이 아니라 이미 존재하는 사물과 현상에 관심을 갖고 그것을 새로운 시각으로 바라보면서 柔軟하게 대처하였던 것이다. 결국 창의성은 인간 누구에게나 잠재되어 있는 일종의 개인적 성향이며, 어떠한 자극이나 동기 유발에 의하여 충분히 발현될 수 있는 능력이다.

국어교육의 창의성은 언어를 중심으로 발현되는 것이기 때문에 신의 선물을 기대한다거나 타고난 재능을 바라는 것은 용납되지 않는다. 이미 존재하는 언어를 바탕으로 자신의 생각과 느낌을 보편적 사고에 의하여 유연하게 대처하는 것이다. 그러한 사고 활동의 결과는 객관적이고 합리적이다. 즉, 언어에 의한 창의성의 발현은 이전에 없었던 새로운 언어체계를 창조하는 것이 아니라 존재하는 언어에 대한 자신의 능력에 대한 신뢰를 쌓아가는 것이다.

창의성이 발현되기 위해서는 창의성 발현의 조건 영역과 그 영역에 인접한 요소에 대한 분석이 요구된다. 이러한 접근 방식은 창의성을 인류의 모든 학문에 적용될 수 있는 총체적인 인식으로부터 세부적 인식으로 나아가는 것이다. 창의성을 교육 활동 영역으로 인식한다는 것은 교육을 통하여 누구에게서나 창의성이 발현될 수 있다는 것을 의미하는 것이다. 창의성에 대한 인식을 보다 세분화 하여 그것이 어떤 영역에서 어떤 요인에 의하여 발현되는 가를 인식하게 되었을 때 창의성 발현 교육이 실천적 효과를 얻을 수 있다.

　이 연구는 창의성의 발현을 교과적인 측면으로 접근하려는 시도이며, 국어교육의 창의성 발현 요소를 추출하여 적용하는 것이다. 또한 창의성 발현 단계를 분석 설정하여 효과적인 교수·학습 방법이 수행될 수 있도록 하는 데에 목적이 있다. 아직 창의성에 대한 학문적 연구가 활성화되어 있지 않은 상태에서 교과적 창의성을 논의한다는 것은 창의성의 실체만큼이나 애매모호할 수 있다. 그러나 창의성의 신비주의를 배제하였을 때 교육을 통하여 창의성이 발현될 수 있으며, 국어교육을 통하여 창의성의 발현을 선도한다는 것은 인접 학문 발달이라는 파급 효과뿐 아니라 인류 문화 창달에 기여한다는 의미를 둘 수 있다.

Ⅱ. 국어교육의 창의성 영역

일반적인 창의성 발현 양식은 '표현'에 집중되어 이다. 그러나 언어 활동은 '이해'를 기본으로 하고 있다. 언어에 대한 이해를 바탕으로 표현 활동이 자유로워지며, 그 토대를 견고하게 할 수 있다. 따라서 국어교육의 창의성을 논의하기 위해서는 국어교육의 교과적 영역을 세분화 하는 것이 중요하다. 즉 영역별 창의성에 대한 논의가 활발하게 이루어질 때 진정한 국어교육의 창의성 발현에 관한 연구가 활성화될 것이다. 여기서는 '이해'와 '표현'으로 구분하여 설명하기로 한다.

1. 이해 창의성

창의성을 무언가 새로운 것을 만들어 내는 혹은, 독창적인 아이디어에 의하여 산출된 유기물이나 현상의 원천으로 이해하는 경향이 많이 있다. 그러나 창의성은 어떤 사물을 만들어 내거나 현상을 도출하는 생산성 이외에 이미 존재하는 사물이나 현상을 비판적으로 이해하고 다양한 시각으로 해석하려는 수용성을 함유하고 있다. '듣기'와 '읽기'는 이러한 이해 창의성의 세부 영역에 해당된다.

듣기는 다양한 소리를 청각적으로 인지하여 소리에 포함된 정보를 자신의 배경지식을 동원하여 이해하는 활동이다. 듣기는 단순히 소리의 청각적 구분이 아니라 그 신호에 담긴 메시지와 정보를 해득하는 활동이 포함된다. 소리에 담긴 메시지와 정보를 해득하는 일련의 과정은 학습자의 배경지식을 동원하였을 때 가능하다. 즉, 닭이 우는 소리를 듣고 그 소리를 닭과 연관지을 수 있는 것은 이전에 닭이 우는 소리를 직접 경험하였거나 다른 자료를 통하여 닭의 울음소리라는 것을 간접 경험하였기 때문이다. 또한 옛 사람들은 닭의 울음소리를 아침 기상 신호로 활용하였다는 이야기를 떠올린다거나, 번식을 위한 구애 표현의 일종이라고 인식할 수도 있다. 이런 일련의 청각 신호에 대한 개인적인 인식은 매우 다양하나 다른 한편으로 객관적이고 보편적이다.

어떤 새 소리를 듣고 그것은 닭이 우는 소리이며, 번식을 위한 수컷의 구애라는 일반적 사실을 이해하였을 때, 또는 국어 시간에 급우의 발표 내용을 경청한 후에 그가 무엇을 말하려고 하였는지를 잘 파악하고 있을 때 우리는 듣기 능력이 우수하다고 말한다. 그런데 어떤 학생은 닭이 번식을 위하여 울음으로 구애한다는 일반적 사실에 의문을 품거나, 급우의 발표 내용을 비판적 사고를 동원하여 재해석 하려고 한다. 이러한 경우 이 학생을 단순히 듣기 능력이 뛰어나다고 인식할 것인지 아니면 새로운 시각을 적용하여 그 학생에게서 확장된 결과를 도출하게 할 것인가에 관심을 가져야 할 것이다.

읽기는 배경지식을 동원하여 문자 정보를 수용하는 일련의 과정 활동이다. 단순히 문자의 의미를 파악하고 문자에 담겨있는 2차적 정보를 해득하며 문자 정보를 발생케 한 생산자의 의도 등을 파악하는 것을 포함한다. 정상적인 신체 조건하에서 읽기는 듣기보다 선택적이며 제한적이다. 세상의 소리들은 원하지 않아도 들리는 상황이 빈번하지만 읽기는 주체자의 의도가 없이는 문자 정보를 획득할 수 없다. 때문에 읽기의 이해 과정은 듣기에 비하여 보다 정교하고 세분화 되어 있다. 때문에 읽기를 통하여 수용되는 다양한 문자 정보에 대한 이해는 폭넓은 배경지식을 바탕으로 한다.

'나의 말은 너를 유혹할 거야.' 간단한 문장이지만 어떤 배경지식을 동원하는 가에 따라 그 해석이 달라진다. 우선 무엇이 '너'를 유혹할 것인지 확실하지 않다. 일차적으로 '말'이라는 낱말의 의미를 파악해야 할 것이다. 말(馬)과 말(言)의 구분 적용에 따라 이 문장의 내재적 의미는 확연하게 달라진다. 물론 이 문장이 어떤 대상에게 쓰였는가에 따라서 의미도 달라진다. 사람일 수 있고, 동물일 수 있으며, 동성 친구일 수 있고, 짝사랑하는 이성일 수도 있다. 이 문장을 완전하게 이해하기 위해서는 분명 전후 맥락을 근거로 문장의 의미를 파악하고 쓰인 낱말의 의미를 본 의미를 알 수 있을 것이다. 이러한 일련의 과정을 순차적으로 이행하는 학습자의 경우 단어의 뜻과 문장의 의미의 내용을 알고 줄거리를 파악할 줄 아는 우수한 학생으로 보아도 손색이 없을 것이다.

'나의 말은 너를 유혹할 거야.'라는 문장이 맥락 안에서 '나는 너의 사랑을 차지하기 위하여 미사여구를 사용할 것이다.'라는 것을 나타낸다고 하였을 때, 만일 어떤 학생이 여기서의 말은 말(言)이 아니라 말(馬)이라고 한다면 우리는 어떤 시각으로 바라보아야 할 것인가? 전후 맥락으로 보아 단 한 마리의 말(馬)도 등장하지 않는 글이었을 때 그 학생의 읽기 방식은 완전히 허무맹랑한 것인가 아니면, 수용 가능한 것인가.

이해 창의성은 사물이나 현상에 대한 객관적 판단을 기본으로 한다. 객관적 판단은 주체의 다양한 배경지식을 바탕으로 한다. 이해 주체자는 자신의 배경지식을 활성화 하여 다양한 정보를 해석하고 비판한다. 배경지식의 활성화와 객관적 판단을 이해 창의성의 준거로 삼아야 하는 이유는 창의성을 무책임한 발상 즉, 황당무계한 것과 명확한 구분을 지어야 한다. 이러한 구분은 창의성이 누구에게나 잠재되어있는 성향이며, 교육적 활동으로 얼마든지 발현 가능한 것이라는 신뢰를 획득하기 위함이다.

자신의 사고를 객관적이며 합리적으로 운용하는 방법은 보편적 지식에 유연한 사고를 적용하는 것이다. 유연한 사고는 기존의 사물과 현상에 대한 존재를 사실 그대로 인정함과 동시에 다른 사실과의 접속을 가능하게 한다. 왜냐하면 창의성은 자신뿐 아니라 자신을 에워싸고 있는 모든 조건과 환경으로부터 발현되어지는 것이며, 그 조건과 환경 속에서 유용하게 작용할 때 가치 있기 때문이다.

새소리를 듣고 단순히 닭이 번식을 하기 위하여 구애하는 울음이라는 보편적 배경지식을 바탕으로 자신의 사고를 유연하게 적용할 수 있다면 다음과 같은 의문이 발생할 것이다.

'모든 새의 울음은 번식을 위한 구애 행위인가?'

'양계장의 닭들도 번식을 위하여 구애의 울음소리를 내는가? 그렇다면 양계장의 모든 닭들이 수많은 알을 생산하기 위하여 울어댈 텐데 실제의 양계장은 그보다 훨씬 조용하다. 왜 그런가?'

'다른 동물의 번식 행위는 어떤 것들이 있으며, 인간은 동물과 어떻게 다른가?'

또한 '나의 말은 너를 유혹할 거야'라는 문장을 전후맥락의 보편적 이해를 바탕으로 사고의 유연성을 발휘한다면 다음과 같은 발상을 할 수 있을 것이다.

'작가에겐 사랑하는 한 마리의 말(馬)이 있을 것이고, 그 말(馬)에게서 영감을 받아 작품을 썼을 것이다. 그래서 작가가 사용한 문장의 진정한 의미는 말(言)이 아니라 말(馬)이다.'

'누군가를 사랑하기 위하여 말(言)을 동원하는 것은 진실하지 않다. 따라서 이 문장의 의미는 전후 맥락으로 보아 거짓 사랑을 암시하고 있다.'

이해 창의성이 설득력을 얻기 위해서는 사물과 현상의 사실과 본질을 왜곡하여서는 안 된다. 기존의 것들에 대한 정확한 이해를 바탕으로 자신의 사고를 유연하게 작동하여 다양한 접속을 하는 과정에서 발현된다. 듣기와 읽기를 통해 수용되는 정보들은 그 의미나 형태에 있어서 보편타당성을 갖고 있기 때문에 그 본질적 성격과 사실이 현저하게 괴리될 경우 창의성이 발현되었다기보다는 절제되지 않은 사고 활동에 불과하다.

2. 표현 창의성

전통적인 창의성의 개념을 바라보는 시각은 생산적 관점이었다. 주로 과학과 예술 분야에 치중되었으며, 창의성의 기재를 연구하는 대부분의 학자들은 그들을 창의성 연구의 대상으로 삼았다. 그때까지만 하여도 창의성은 독창적인 결과물이 존재하는 특별한 인간군에 대한 집중 연구였다. 그러나 현대적 의미의 창의성은 다양한 기재를 동원한 표현에 비중을 두고 있다. 또한 표현 방식의 다양성과 결과보다는 과정을 중시한다. 물론 과정에서 발생한 창의성이 결과로 도출되는 것은 자명한 사실이다. 따라서 창의적인 표현물이 불현 듯 발생한 것이 아니라는 것을 과정을 통하여 입증해야 한다.

국어교육의 창의성 결과는 언어를 통하여 나타난다. 문자나 발화를 통하여 창의성이 발현된다. 말하기와 읽기는 국어교육 창의성의 표현 영역에 속하며, 학교 현장에서 가장 비중 있게 다루어지는 창의성 영역이기도 하다. 사고의 논리성과 연계하여 문자 표현 창의성은 다른 어떤 것보다 가시적이고 영구적이기 때문에 더욱 가치를 두고 있는 것이 사실이다. 동일한 표현 창의성이 발현되더라도 말하기는 일시적인 데 비하여 쓰기는 지속적이고 영구적이다. 물론 음성녹음 기술이 발달하여 영구적인 보관이 가능하지만 말하기의 쓰임과 기능으로 보아 영구적인 보관은 창의성과 거리를 두어서 생각해야 할 것이다. 때문에 문자 표현 창의성이 상대적으로 가치 있어 보이며, 현장 연구의 주 목표로 인식되었다. 그러나 국어교육이 추구하는 목표 지향의 변화는 문자 중심 구조를 의사소통 중심 구조로 전환하게 하였다. 따라서 의사소통에 필요한 모든 언어 활동을 대상으로 창의성을 연구하여야 하며, 말하기는 문자 못지않은 비중을 갖추게 되었다.

말하기는 일상생활에 존재하는 의사소통의 가장 실제적인 수단이다. 말하는 이는 듣는 이에게 어떤 영향을 미치기 위하여 말을 한다.[1] 말하기는 주로 대면 상황에서 수행되기 때문에 창의성의 발현은 순간적이고 매우 일시적이다. 말하기의 발화가 수행되면 그 내용을 원천적으로 삭제하여 처음과 같은 상황으로 되돌릴 수는 없다. 그러나 화자와 청자 사이에 존재하는 상호 심리를 조정하여 새로운 내용의 발화 상황을 만들어낼 수 있다.

---

1) 최현섭 외(1997), 『국어교육학 개론』, 삼지원, p.210.

"너는 나의 친구가 아니야." 가까이 지내는 이성 친구에게 이런 말을 했을 때, 화자는 청자의 반응을 의식할 것이다. 이미 발화 상황은 종료되었고 청자의 반응에 따라 다음 발화의 내용이 구성될 것이다. 만일 발화 이전의 상황을 악조건으로 보고 청자의 반응이 냉담했을 때 이후의 발화는 어떻게 진행될 것인가? 일반적인 발화와 창의적인 발화는 어떻게 다른가?

말하기의 창의성 발현은 청자의 반응에 효과적으로 대응하는 자세를 취하는 것이다. 발화 상황을 시점으로 주체의 말소리가 전달되는 과정에서 발생하는 청자의 언어적, 비언어적 반응을 자신이 원하는 상황으로 유도해야 한다. 청자의 반응을 분석하여 자신의 요구와 판단이 발화 상황에 적용되도록 해야 한다. 효과적인 의사소통 행위의 결과는 주체의 발화 내용이 청자의 반응과 일치하였을 때이다. 일치의 확률을 높이기 위해서 발화 주체는 꾸준히 자신의 조정하고 통제하는 과정을 수행하여야 한다.

쓰기는 자신의 생각과 느낌을 문자로 대신하여 표현하는 활동이다. 독자의 존재를 염두에 두기 때문에 지속적인 자기전달의지가 잠재되어 있다. 쓰기의 과정은 구체적이고 형식적이며, 의사의 전달과 소통의 욕구를 실현하는 행위이다.[2] 말하기와 달리 지속적이고 영구적인 특성을 갖고 있기 때문에 표현 행위를 스스로 통제할 수 있다. 원하지 않은 상황과 조건에서는 이미 표현한 자신의 의사소통 행위를 공개하지 않을 수 있으며, 때에 따라 적절하게 수정할 수 있는 기회가 자유롭게 부여된다. 때문에 쓰기 표현 활동은 주체의 의사소통 행위가 이루어졌다고 하더라도 공개 이전에 얼마든지 처음의 상태로 되돌릴 수 있다.

창의성이 발현되는 쓰기 활동은 일반적인 쓰기 과정에 비하여 풍부한 상상력이 동원된다. 창의적인 쓰기 활동에 동원되는 상상력은 매우 구체적인 가능성을 내포하고 있어야 한다. 황당무계한 망상과는 확연하게 구분되어야 한다. 풍부한 상상력이 작용하는 쓰기는 자기 조정 능력에 의한 재구성 활동이 강화되어 매우 다양한 표현이 가능하게 된다. 창의적인 쓰기 활동은

---

2) 방인태 외(2002), 『초등국어과 교육』, 박이정, p.261.

완전히 새로운 텍스트를 생산해 내는 것에 비중을 두기보다는 기존의 텍스트에 주체의 상상력을 동원한 재구성에 가치를 두어야 한다. 또한 창의적인 쓰기의 결과물은 인간의 문화생산 욕구를 충족시킬 수 있어야 한다.3)

학교의 쓰기 교수·학습은 전문가의 상업적 쓰기와 완전히 다른 성격을 갖고 있다. 때문에 창의성 발현을 목적으로 쓰기 활동을 수행할 경우에는 점진적 과정에 역점을 두어야 한다. 학교에서의 창의적인 쓰기 활동이 성공적으로 수행되기 위해서는 학습자로 하여금 원작의 독창성을 강조하기보다는 원작을 대상으로 풍부한 상상력을 발휘한 재구성 활동에 역점을 두어야 한다.

---

3) 방인태(2002), 『국어교육과 국문학』, 역락, p.298.

Ⅲ. 국어교육의 창의성 발현 요소

국어교육을 통하여 창의성을 발현한다는 것은 국어교육의 창의성 요소를 분석 종합하여 학습자에게 적용하는 것이다. 창의성의 요소는 매우 광범위할 뿐 아니라 세부적이며 어떤 면에서는 매우 추상적이다. 창의성이라는 것이 독창성을 확보하는 새로운 것이라면 우리 시대의 창의성 요소는 셀 수도 없이 많을 것이다. 그럼에도 불구하고 창의성을 함양하는 교육적 방법을 강구하는 데에 어려움을 겪는 것은 그만큼 창의성이 추구하는 방향과 방법의 구안이 쉽지 않다는 데에 있다.

국어교육의 창의성 요소는 철저하게 교육적인 틀 안에서 찾아야 할 것이다. 창의성이 발현되어지는 조건은 창의성의 요소만큼이나 다양하다. 따라서 국어교육의 이론적 적용뿐 아니라 현장 적용이 가능한 요소를 추출하는 것이 더욱 중요하다.

1. 동 기

교육을 통하여 수행되는 교과목의 목표 달성을 위해서는 학습자의 욕구를 자극할 수 있는 요소가 필요하다. 그것은 수단이며, 방법이다. 또한 교수·학습 과정에서 발생하는 학습자의 수업 거부나 무관심 혹은 의욕 저하에 대한 적절한 대응이다. 현장의 학생들이 주지교과에 비하여 예체능 교과 시간을 선호하는 것은 교육적 지식을 습득하는 데에 신체의 모든 기능이 함께 동원되기 때문이다. 그런 면에서 국어과 수업은 다른 교과에 비하여 학습자의 의욕이 저하될 가능성이 많다.

국어교육의 창의성을 발현한다는 것은 어떤 면에서 학습자의 동기를 유발하는 우회적 효과가 있다. 창의적인 국어교육은 다양한 조건과 상황을 설정하고, 학습자 수준에 어울리는 교수·학습 방법을 구안하여 적용하기 때문에 학습자의 흥미를 유발할 수 있다. 결국 국어교육의 창의성을 발현하기 위해서는 다양한 방법의 동기가 부여되어야 한다.

동기(motivation)는 잠재적인 능력을 활성화시키는 심리적인 자극이다. 동기는 목표를 달성하는 데에 도움을 주는 내적인 정신에너지(internal psychic energy)이며 정신적인 힘(mental force)이다.[4]

동기는 자발적으로 활성화되기도 하지만 외적인 조건에 의하여 유발되기도 한다. 일주일에 독서 감상문을 두 편 이상 쓰는 학생들 중에는 스스로 독서를 즐기고 그 느낌을 글로 표현하려는 자발적 욕구에 의한 학생이 있는가 하면 어떤 학생은 매 주말 교사의 평가나 보상에 대한 자극을 받아 책을 읽고 그것은 글로 표현하는 학생이 있다. 물론 이 두 부류의 학생은 단 한 권의 책도 읽지 않거나, 벌을 피하기 위한 도피 행위로서의 독서 습관을 갖는 학생에 비하여 성취도가 높을 수밖에 없다.

국어교육의 창의성을 발현하기 위해서는 내적동기와 외적동기의 적절한 조화가 필요하다. 학생들의 자발적인 욕구의 충전과 교사의 자극에 의한 흥미 유발이 서로 교섭하여 창의적인 국어교육이 이루어진다. 상황과 조건에 따라 국어과 교육의 영역별 교수·학습 활동에 유용한 동기 부여가 필요하다.

이해 창의성과 관련된 듣기, 읽기는 다른 영역에 비하여 내적동기가 요구된다. 가시적인 결과물이 존재하지 않는 한 듣기와 읽기는 학습자의 자발적인 의지가 없이는 불가능하다. 단순한 행위로서의 듣기와 읽기는 얼마든지 가능하다. 그렇지만 소리와 글의 의미를 파악하고 비판적으로 재해석하는 창의적 이해의 과정은 학습자의 자발적 의지 즉, 내적동기가 없이는 불가능한 것이다.

---

4) Robert J. Sternberg & Wendy M. Williams(2002), Educational Psychology, 전윤식 외 공역(2003), 『교육심리학』, 시그마프레스, p.247.

표현 창의성은 가시적인 결과물이 존재하기 때문에 외적동기가 효과적일 수 있다. 학교 현장에서 동화구연대회나 글쓰기 대회를 빈번하게 실시하고 학생들의 참여도가 높은 것은 이를 증명하고 있다. 대다수의 학생들은 결과물에 대한 보상과 격려로 인해 흥미를 갖게 되며 자신의 의지를 자극한다. 외적동기가 선행하여 학생들의 자발적인 내적동기를 유발하는 경우이다.

학생들의 창의성을 발현하기 위하여 동기를 활성화하는 보다 효과적인 방법은 외적동기를 활용한 내적동기의 활성화이다. 현명한 국어교사는 학생들의 잠재적인 능력을 이끌어내기 위하여 외적동기를 활용한다. 대다수의 교실에서는 독서기록장을 포트폴리오 하고, 독서량을 게시하여 경쟁심을 자극한다. 정기적으로 발표회를 갖는다거나 작은 시상이나 다른 종류의 강화보상을 통하여 학생들의 독서습관을 향상시키려고 노력한다.

창의성을 발현하기 위해서는 내적동기의 활성화가 요구된다. 또한 외적동기의 유발과 활용을 통하여 내적동기의 활성화가 가능하다. 따라서 창의성을 발현하기 위한 교수·학습 과정에서는 내적동기와 외적동기가 학생들에게 어떻게 작용하고 자극 받는 지를 예민하게 관찰하고 이해하여야 한다. 교사는 학생에 대한 지속적인 관찰과 경험을 바탕으로 어떤 요소가 그 학생의 동기를 가장 효과적으로 활성화시키는 지를 파악하여야 한다.

창의적인 국어교육이 이루어지는 교실에서는 독서 활동이 보다 다변화되어 있는 것을 발견할 수 있다. 단순히 독서의 결과를 보여주는 문자 기록 방식에서 벗어나 다양한 방법으로 자신들의 독서결과를 보여준다. 독서한 책과 관련된 기사를 스크랩 한다거나 읽은 책과 관련된 미디어 자료, 영상자료, 인터넷 정보 등의 다양한 표현 양식으로 독서의 결과를 기록한다. 이러한 방법은 외적동기의 지속화에 따른 내적동기의 활성화로 인하여 가능하다. 물론 내적동기의 활성화로 인한 창의적인 결과에 대한 보상과 강화가 병행하여야 한다. 내적동기의 중요성은 학생 자신의 판단에 의한 목표를 이루려는 성취욕을 발달시킨다는 것이다. 반면 외적 동기는 학생들에게 주어진 과정을 순차적으로 수행하는 효과적인 교수·학습 프로그램의 계발이 요구된다.

내적동기의 활성화는 말하기와 쓰기의 표현 창의성에 자기조정능력을 충전시킨다. 스스로 내용을 선택하고 분량을 조절하면서 조건과 상황에 어울리는 말과 글을 표현한다. 자신이 선택한 주제는 이전의 배경지식에도 불구하고 새로운 상상을 가능하게 할 뿐 아니라 창의적인 발상을 통한 아이디어의 생성과 문화적인 생산을 가능하게 한다. 따라서 내적동기의 활성화는 창의성을 발현하는 기본적인 요소로 작용한다. 그러나 순순한 내적동기만으로 국어교육의 창의성 발현을 기대하는 것은 소극적이다. 내적동기의 활성화는 외적동기의 적절한 활용과 보상을 통해서 가능하다는 추론을 할 수 있다.

2. 상상력

우리는 종종 한 단어(word)만으로도 많은 생각할 뿐 아니라 이미지, 태도(attitude), 감각(sensation)을 통하여 더욱 많은 사고활동을 하게 된다. 만일 어떤 사람이 강력한 동물의 이미지를 떠올리고 그를 향해 돌진해 오는 황소에 대해 말한다면, 그는 황소의 색깔·체취·힘·사나움 그리고 자신의 두려움, 도망치고 싶은 욕망 등을 상상했다고 말할 수 있을 것이다.[5] 우리는 '상상력'을 비현실적인 현상이나 사물에 대한 인식이라고 여기는 경향이 있다. 그러나 상상력은 때로 매우 구체적인 지식을 확보하기 위한 지적인 작용으로 발현된다. 즉, 돌진해 오는 황소를 기억하고 문자로 표현하기 위해서는 그가 경험한 현실을 보상할 수 있는 수많은 현상과 사물에 대한 기술이 요구된다. 그러기 위하여 적절한 이미지를 동원하여야 하며, 이미지의 재생을 통하여 경험을 재구성할 수 있는 효과적인 수단을

---

5) Robert Scholes & Carl H. Kiaus(1972), Element of Writing, 김창식 역(1996), 『글쓰기의 길라잡이』, 세종출판사, p.31.

마련하여야 한다. 이때 가능한 모든 배경 지식을 동원하여 재구성하려고 하며, 재구성에 적합한 언어를 찾기 위하여 몇몇 단어들을 생각하고 배열할 것이다. 결국 상상력은 언어를 통하여 사물이나 현상을 구체화하는 것이며, 풍부한 상상력은 풍부한 언어를 생산해 낸다. 이것이 바로 표현 창의성 발현의 중핵이다.

무언가를 마음속으로 그린다는 것은 자신의 욕망을 해결하려는 욕구에 의하여 동기화 된다. 자신이 원하는 것이 무엇인지 인식하고, 원하는 것을 내면의 세계에서 구체화하는 것이 상상력이다. 그것이 행동으로 옮겨졌을 때 상상은 현실이 되는 것이다. 따라서 상상력이란 인간의 경험을 토대로 하여 있음직한 본보기(model)를 구성하는 힘이다.6) 상상력은 창의성을 발현하게 하는 가장 자유로운 요소이다. 그것은 어떤 제약이나 한계가 없다. 외적 조건에 의하여 통제받지 않으며, 자신을 가두어 놓을 필요도 없다. 따라서 상상력을 활성화하는 행위는 창의성을 발현하려는 개인의 최대 욕구이다.

창의적인 국어교육은 학습자의 생각과 느낌을 활성화하고 논리와 사고를 구체화하는 것이다. 그것이 어떤 형식과 방법을 통하여 표현되어지든 간에 생산적 사고와 결합하여 하나의 글을 완성할 수 있다고 단정한다면 성공의 열쇠는 상상력의 발현에 달려있다. 사물이나 현상에 대한 학습자의 느낌과 생각의 활성화는 그것을 구체화할 수 있는 것들을 동원하려는 상상력의 촉발로부터 가능하다. 아무런 생각이나 느낌 없이 무엇인가를 표현하려는 것은 가능하지 않을 뿐더러, 그런 결과에 의한 작품이 있더라도 그것은 모사에 불과할 뿐이다. 따라서 상상을 통하여 자신의 생각과 느낌을 활성화하고, 생산적인 사고 작용에 의하여 창의성을 발현할 때 국어교육의 가치가 생성된다.

---

6) Northrop Frye(1964), THE EDUCATED IMAGENATION, 이상우 역 (2000) 『文學의 構造와 상상력』, 집문당, p.20.

3. 정보의 조직

국어교육은 언어를 대상으로 하고 있다. 인간과 언어 사이에 존재하는 수많은 의미를 찾아가는 것 또한 창의적인 국어교육 활동의 하나이다. 국어교육은 존재하는 언어와 언어의 유기적인 의미를 해석하고 재구성하는 과정이다. 언어는 각각의 의미를 갖고 있으며, 언어 유기체들은 수많은 정보를 담고 있다. 창의적인 국어교육은 언어에 담긴 정보를 해석하고 재구성하는 활동이다. 정보를 조직하는 활동은 언어의 의미를 해석하고 재구성하는 선행 요소이다. 정보의 조직은 우리가 이미 알고 있는 다른 언어 정보로부터 가능하다. 즉, 원하는 언어의 정보를 얻기 위해서는 관련된 언어의 정보를 조직하는 것이다. 원하는 정보를 얻는 과정으로 관련 정보를 수집하는 우회적인 방법을 택하는 것이다. 정보를 얻기 위하여 정보를 수집하는 행위가 반복되는 것이다. 이런 과정을 통해서 학습자의 창의성이 발현된다.

정보의 조직은 국어교육의 창의성을 구체화하는 데에 효과적인 요인이다. 또한 창의성이라는 것은 타고나는 것이 아니라 교육을 통하여 발현될수 있다는 사실을 입증한다. 자신의 국어교육적인 욕구와 목적을 달성하기위하여 관련된 정보를 수집하고 정리하며, 보완하고 수정하는 과정을 통해서 새로운 사실이 도출된다. 결과물은 과정을 통해서 보다 충실해지고 보편타당성을 확보한다. 정보의 조직을 통하여 발현된 창의성 결과는 합리적일 뿐 아니라 실현 가능한 것이며, 객관적이고 보편타당할 것이다.

Ⅳ. 국어교육의 창의성 발현 교수·학습

국어교육의 창의성 발현을 위한 교수·학습은 학생의 자발적 의지와 내적 동기유발을 원칙으로 하지만 일방적인 학생 중심 활동을 권장하지는 않는다. 교사에서 학생으로 이양되어가는 과정을 통해서 합리적이고 신뢰감 있는 창의성이 발현된다. 모방단계의 학습자에게는 교사의 시범과 안내가 유효하게 작용하며, 구성단계의 학습자에게 교사는 관찰과 협동의 대상이어야 한다.

국어교육의 창의성 발현 교수·학습 과정은 통합교과적어야 한다. 창의성 발현을 위한 국어교육 활동의 교수·학습 기재가 다양해야 한다. 음악, 미술, 체육, 과학 등 모든 교과 영역의 언어적 자료를 동원하여 교수·학습을 수행하기 때문에 통합적 과정을 적용해야 한다. 또한 학습자의 창의성 교수·학습 단계를 설정하여 어떤 학습자에게 어떤 수준의 창의성 발현 교육이 적합한 지를 판별해야 한다. 과정을 상세화하고 단계를 구분하여 교수·학습 방법이 효과적으로 적용될 수 있도록 계획하고 실천하여야 한다.

1. 창의성 발현 단계

국어교육의 창의성이 발현되는 단계를 분석하여 제시하는 것은 창의성의 실체가 무엇인지를 밝히는 것과는 다른 측면에서 접근하여야 한다. 아직도 창의성의 실체가 증명된 바 없기 때문에 구체적인 명시가 어렵다. 그렇지만 창의성을 연구하는 학자들의 견해를 빌어 창의적인 성향을 발휘하는 학생들의 유형을 종합하여 분석하는 작업은 가능하다.

국어교육의 창의성을 학생의 수준과 발달에 어울리게 단계를 설정하는 것은 개개인의 창의성을 발현할 수 있는 근거를 마련하는 것이다. 개개인의 창의성 발현 능력과 양상이 모두 다르기 때문에 일률적인 교수·학습의 적용은 다인수 학급에 적용하기에 부적절하다. 따라서 창의성 요소를 학생에게 적용하기 위해서는 학생 개개인의 성향과 능력 그리고 특징을 구분하는 것이 요구된다.

가. 모방 단계

일반적으로 모방 단계의 학생은 겉으로 보기에 언어 활동이 소극적이거나 매우 미숙한 경우에 해당된다. 교실 수업의 경우 듣기와 읽기의 자발성이 미약하며, 내용 파악에 어려움을 겪는다. 자신의 생각과 느낌을 구체적으로 표현하는 데에 어려움을 느끼며, 완전한 문장으로 말을 하기보다는 낱말 중심으로 말한다. 문학 작품에 대한 이해력이 부족하거나 자신의 생각과 느낌을 표현하는 데에 적절한 단어와 문장을 구사하지 못한다. 이러한 현상은 성격이 소극적인 것과는 구분되어야 한다. 때문에 자신의 생각과 느낌을 말로 하는 것과 문자로 하는 것을 병행하여 관찰해 보아야 한다.

모방 단계의 학생을 구분하기 위해서는 해당 학생의 일기장이나 독서 감상문 그 밖의 언어 표현 활동을 대상으로 하는 포트폴리오를 분석하는 것이 효과적이다. 특히 모방 단계의 학생을 일반적인 학습 부진이나 부적응으로 해석해서는 안 된다. 국어교육의 창의성 발현은 다양한 매체와 조건 그리고 자신의 생각과 느낌을 자유롭게 드러낼 수 있는 언어 형식(그림, 소리, 몸짓)을 동원해야 한다.

이 단계의 학생은 자신의 일상을 표현하는 데에 적절한 단어와 문장을 사용하지 못하기 때문에 다른 언어를 동원한 표현에도 어려움을 느낀다. 따라서 가장 단순한 언어형식을 빌어오는 것이 중요하다. 즉, 문해력이 미숙한 학생에게는 그림과 음악 혹은 움직임 활동을 적극적으로 동원하는 것이 효과적이다. 따라서 모방 단계의 학생에게 효과적인 창의성 발현 교수·학습은 이 단계의 학생이 이해할 수 있는 다양한 언어형식을 모방하는 것이다. 그림과 노래의 가사 혹은 움직임으로부터 얻을 수 있는 언어적 의미를 낱말이나 어휘 중심으로 표현하도록 한다. 자신의 생각과 느낌을 기존의 사물이나 현상에 대입하여 아주 작은 부분(문장에서는 단어)을 변용하는 활동을 하는 것이 효과적이다.

나. 적응 단계

적응 단계의 학생들은 기본적인 의사소통을 자유롭게 할 수 있다. 문장 중심으로 말하기와 쓰기를 수행하며, 다른 사람의 말을 경청하면서 전달메세지를 이해할 수 있다. 문단의 중심 내용을 이해하고 주어진 글의 전체적인 내용을 개괄적으로 파악할 수 있다. 학생들은 외적 동기에 의하여 자극받으며, 주어진 언어 활동을 교사나 능숙한 학습자의 도움을 받아 유효적절하게 수행할 수 있다.

창의성을 발현하기 위해서는 학습자의 요구를 수용하는 것이 필요하다. 적응단계의 학생들은 주로 그들의 관심거리에 자극을 받기 때문에 언어 활동을 학습자 중심으로 전개하여 나아가야 한다. 뿐만 아니라 다양한 표현 양식을 장려하고 그것을 통하여 새로운 형식의 표현을 창출할 수 있도록 격려하여야 한다. 창의성 발현의 자발성이 부족하기 때문에 교사의 시범과 안내가 효과적이다. 자신보다 언어 수행 능력이 우수한 집단과 협동 학습을 진행하면서 자신의 언어 활동을 발달시켜나간다. 따라서 적응단계의 학생들이 상위의 단계로 나아가기 위해서는 그들이 스스로 창의성을 발현할 수 있는 신뢰와 자신감을 부여하여야 한다. 창의적인 교수·학습 상황에 자신을 적응하여 나아가는 것은 다음 단계로 나아가는 필수 요건이다. 처음부터 무리한 창출을 기대하거나 요구하는 것이 아니라, 모방을 벗어나 자신의 상상력을 동원하여 창의성 발현에 적응하는 것이 중요하다.

다. 통합 단계

통합 단계의 학생은 앞의 두 단계 학생에 비하여 언어 활동 참여도가 적극적일 뿐 아니라 단어와 문장의 이해 및 표현 능력이 우수하다는 외형적 특성을 갖고 있다. 자신의 생각과 느낌을 구체적인 단어와 문장을 동원하여 말하고 쓸 수 있다. 다른 사람의 말에 귀 기울이고, 들은 내용을 자신의 생각과 비교하여 표현할 수 있다. 글을 읽고 전체적인 내용을 요약하여 다른 사람에게 전할 수 있으며, 자신의 생각과 느낌을 문학 작품의 인물이나 사건에 비유하여 표현할 수 있다.

이 단계의 학생들은 창의성을 자발적으로 발현하기 시작한다. 자신의 능력과 흥미에 어울리는 언어학습기재를 선택할 수 있으며, 협동 학습에 참여하여 미숙한 학습자의 활동을 도울 수 있다. 기존의 텍스트를 다양한 언어 형식을 빌어 표현하며, 상상력을 발휘하여 새로운 조건과 상황을 도출할 수 있다. 주어진 조건과 상황을 통합하여 자신의 상상력을 발휘할 수 있으며, 텍스트의 변용에서 새로운 텍스트의 생산으로 나아간다. 또한, 외적동기에 의하여 내적동기를 유발될 수 있다. 따라서 적절한 강화와 보상에 따른 효과가 매우 높다.

라. 구성 단계

구성 단계의 학생은 기존의 조건과 상황으로부터 새로운 사실을 발견하고 그것을 기반으로 독창적인 아이디어를 생성한다. 텍스트를 비판적으로 수용할 뿐 아니라 사건을 재구성하여 원작을 창의적으로 변용할 수 있다. 다양한 언어 형식을 동원하여 자신의 생각과 느낌을 구체적으로 표현할 수 있으며, 객관적인 상상력을 발휘하여 새로운 텍스트를 구성할 수 있다. 독서를 통하여 수집된 배경지식과 정보를 조직화하여 새로운 발견을 시도하고, 독창적인 아이디어를 생산한다. 새로운 아이디어를 바탕으로 기존의 언어 형식과 구별되는 단어와 문장을 구성할 수 있다.

　구성 단계의 학생은 협동 학습의 주도적인 역할을 수행할 수 있을 뿐 아니라 표현 창의성이 뛰어나다는 특성을 보인다. 그러나 구성 단계의 학생들에게서는 의외의 현상도 보인다. 일상적으로 수용하기 힘든 장면을 연출하거나 문맥에 어울리지 않은 단어와 문장을 동원하는 경우가 있다. 또한 하나의 표현 양식에 다양한 언어 형식을 동원하여 자신의 생각과 느낌을 표현하기 때문에 매우 산만하거나 집중력이 없어 보인다. 일반적으로 수용하기 힘든 상상력으로 인하여 곧잘 주제와 충돌하거나 벗어나는 경향이 있다. 그러나 구성단계의 학생들은 자기조정능력이 탁월하여 주어진 조건과 상황에 충돌할 경우 곧바로 자신을 통제하는 조절 능력을 보인다. 이것이 무절제한 방종과 구분되어야할 독창적 행위 이다.

　구성 단계의 학생들은 창의성 발현에 있어 스스로를 격려하고 자극한다. 내적동기에 자극받는다. 스스로 정보를 수집하고 조직하는 활동에 흥미를 갖고 있다. 이들의 상상력은 집중적일 뿐 아니라 매우 예리한 특성을 갖고 있다. 따라서 이들의 창의성은 국어교육을 통해서 얻을 수 있는 가장 보편적이면서도 의미 있는 가치라고 보아야 한다. 이들의 특성과 행동을 면밀하게 관찰하고 분석하는 일은 매우 중요하다.

단계 조건	模倣단계	適應단계	統合단계	構成단계
언어 수행 능력	자발적 이해와 표현의 미숙, 단어중심의 말과 글.	이해중심의 언어 수행. 문장과 단락의 이해 및 표현	텍스트의 수용적 이해와 비교, 정보의 수집	상위인지 동원, 자기조정능력, 비판적 이해와 감상
창의성 발현 양상	기존의 텍스트에서 단어중심의 모방 변용, 단어나 어휘를 바꾸어 말하기. 단어 꾸미기	새로운 문장 만들기, 상상하여 말하거나 쓰기, 단락에 어울리는 문장 생성하기	기존의 텍스트를 다양한 언어 형식으로 표현. 원작으로부터의 재구성	기존의 텍스트를 비판적으로 해석하여 새로운 텍스트 생산, 다양한 다매체 형식 동원.
창의성 발현 요소	외적동기, 보상에 의한 강화, 시범적 상상력 자극	외적동기, 내적동기 유발을 위한 강화와 보상, 상상력 발현	외적동기에 의한 내적동기유발, 상상력의 발현과 적용, 정보의 수집과 활용	내적동기유발, 상상력의 구체화, 정보의 조직과 생산
교수·학 습 활동	교사의 시범과 교정, 지속적인 훈련과 반복.	교사의 시범에서 학생주도, 자발성 격려, 피이드백 수행	협동학습의 주체적 수행, 자기주도적 활동 수행.	시범적 수행, 자기주도적, 자기조정능력발현, 초인지적용

〈국어교육의 창의성 발현 단계〉

2. 교수·학습 방법

국어교육의 창의성에 관하여 논의하는 궁극적인 목표는 학생의 잠재된 창의력을 발현토록 하는 것이다. 창의성에 관한 그간의 논의는 상당부분 이론적인 연구에 치중하였다. 실제로 교육 현장에서 창의성이 어떤 유형으로 발현되어지며 그것을 어떻게 자극할 지에 대한 논의와 검증은 구체적으로 이루어진 바가 없다. 여기 제시된 방법은 창의성의 교육적인 발현 양상을 염두에 둔 실천적 활동이다. 완전히 새로운 것을 창출하려는 시도가 아니라 점진적인 과정을 통하여 학생들의 창의성 발현을 자극하려는 것이 목표이다.

가. 토템폴(Totem Pole)

토템폴은 집이나 마을 어귀에 세우는 종교적인 상징물을 가리키는 말이다. 우리나라의 장승을 연상하면 된다. 토템폴은 그것이 상징하는 것 자체가 하나의 염원이며 바램이다. 즉, 토템폴이 세워진 영역 내에 존재하는 사람들의 생각을 표현하는 것이라고 보아도 무방하다. 따라서 토템폴은 개인의 생각과 공동의 생각을 동시에 반영하고 있는 것이다. 이러한 토템폴의 상징적 의미를 국어교육 활동에 적용할 수 있다.

언어적인 상징물을 구성하는 방법은 여러 가지가 있다. 인물의 성격을 묘사하거나 사건의 한 장면을 그려내는 것 등이 그것이다. 또한 책을 읽은 후의 느낌을 다양한 색상의 구조물로 표현하는 것도 그중 하나이다. 여러 가지 종이 찰흙을 이용하여 등장인물을 만들고 사건의 한 장면을 구성하는 것도 좋다. 특히 인물의 성격을 묘사하기 위하여 장승과 같은 상징적 표상을 연출하는 것도 토템폴의 한 방법이다.

토템폴은 자신의 생각과 느낌을 표출하는 매우 효과적이고 흥미 있는 활동이다. 특히 문자 언어에 식상한 학생들에게 매우 효과적이다. 책을 읽은 후의 느낌을 문자로 표현하는 활동은 너무나 진부할 뿐 아니라 수없이 반복된 구속력에 불과하다. 따라서 토템폴과 같은 색다른 표현 방식은 흥미를 유발할 뿐 아니라 색다른 이미지의 창출을 기대할 수 있다.

나. 연상 피라미드

자신의 생각과 느낌을 확산하거나 수렴하는 데에 효과적인 활동이다. 피라미드 삼각형은 학생의 창의성 수준에 따라 몇 단계로 구분될 수 있다. 연상 피라미드는 제일 위에서 혹은 아래에서 시작할 수 있으며, 경우에 따라서는 중간에서부터 시작할 수 있다. 연상 피라미드의 효과는 학생들의 상상력을 유연하게 만들어준다는 데에 있다.

예를 들어 '어린왕자'를 읽은 학생에게 피라미드를 다섯 단계로 구분하여 선을 긋고 제일 위칸에 '장미'라는 단어를 제시하였다. 나머지 아래의 네 칸을 채우는 과정을 수행하게 되는데 피라미드의 특성상 아래로 갈수록 공간이 늘어나기 때문에 단어에서 어휘로 어휘에서 문장으로 진행되어가기로 약속을 한다. 만일 피라미드의 크기를 늘리고 단계를 더욱 세분화 한다면 학생의 연상폭은 증가할 것이다. 반대로 피라미드의 맨 아래에 '어린왕자'에 나오는 문장 한 구절을 인용하거나 사건의 한 장면을 요약하여 제시하였을 경우에는 학생의 연상 작용은 수렴적이 될 것이다.

표현 창의성 활동으로서뿐 아니라 새로운 아이디어의 창출을 위한 연상 작용으로 활용하여도 효과적이다. 인물이나 사건의 제시뿐 아니라 사물이나 현상에 대한 제시를 통하여 새로운 것을 연상할 수 있는 활동을 가능하게 한다.

다. 스캠퍼(SCAMPER)[7]

스캠퍼는 학습자의 사고과정을 나타내는 약어이다. 오스본(Osborn)의 동사 체크리스트를 보완한 밥 에벌(Bob Eberle)의 제안으로 탄생하였다. 창의적인 아이디어의 생산을 위하여 기존의 사물에서 새로운 발상을 하는 사고의 변형 과정을 다루고 있다.

- S(substitute): 대역, 대리
- C(combine): 결합
- A(adapt): 조화
- M(modify, magnify, minify): 수정, 최대화, 최소화
- P(put to other uses): 주제(목적, 용도)의 이동

---

7) 문정화 · 하종덕(2003), 『또 하나의 교육 창의성』, 학지사. pp.179-180.

· E(eliminate): 삭제
· R(reverse, rearrange): 역전, 재배열

스캠퍼는 이야기글 재구성 작품을 생산하는 데에 효과적이다. 또한 장르 간의 자유로운 이동을 가능하게 한다. 즉 소설을 희곡이나 시의 형식으로 바꾸어 표현할 수 있는 동기를 마련해주는 과정이다.

예를 들어 '홍부전'을 현대적 배경과 현실을 바탕으로 새롭게 구성하려고 할 때에 스캠퍼틀 매우 유익하다. 스캠퍼의 단계를 그대로 따라가면서 '홍부전'을 새롭게 구성할 수 있는 것이다. 다음은 스캠퍼를 활동은 '홍부전'의 재구성 활동이다.

S	등장인물의 대리	놀부를 대기업 총수, 홍부를 어려서 잃어버린 노숙자 동생으로
C	결 합	홍부와 놀부와 관련된 인물과 상황을 어떻게 결합할 것인가
A	조 화	사건을 어떻게 재구성하여 조화롭게 만들 것인가
M	수정, 최대화 최소화	시대에 맞게 사건을 줄이거나 없애고 특정 부분은 증가하여 수정한다.
P	주제의 이동	원본의 주제로부터 새로운 주제를 탄생시킨다.
E	삭 제	불필요한 인물이나 배경 사건 등을 제거한다.
R	역전, 재배열	등장인물이나 사건, 배경 등을 원작과 달리 완전히 뒤집거나 새로운 시각으로 작성한다.

〈스캠퍼를 활용한 창의적인 텍스트 변용 활동의 예〉

스캠퍼 활동의 국어교육적 의의는 작품의 변용을 통한 창의적인 생산 활동이 가능하다는 것이다. 또한 순차적인 흐름과 구체적인 활동의 명시로 인하여 학생들이 무엇을 어떻게 변용할 것인지를 안내한다.

라. 형태분석(morphological analysis)

형태분석은 문학작품의 구조를 분석하고 그것을 바탕으로 새로운 인물이나 사건을 재구성할 수 있다. 또한 새롭게 구성된 인물이나 사건을 중심으로 이전의 작품에서는 볼 수 없는 새로운 내용의 창출이 가능하다.

형태분석은 기존의 작품을 기반으로 하고 있으나 완전히 새로운 것으로 전환이 가능한 도식성을 갖고 있다. 다음은 '어린왕자'의 형태분석 메트릭스를 보여주고 있다.

등장인물		성 격		사 건	
①	어린왕자	㉮	생각이 깊고 다른 사람을 배려할 줄 안다.	ⓐ	자기가 사는 별을 떠나 여러 별에서 여러 사람들을 만나고 지구의 사막에 도착한다.
②	장미꽃	㉯	이기적이고 자기만 사랑해주길 원한다.	ⓑ	질투심 때문에 자신을 돌보던 이가 떠나 버리고 혼자 남아 떠난 사람을 기다린다.
③	여 우	㉰	꾀가 많고 영리하며 많은 것을 알고 있다.	ⓒ	사막을 지나다 우연히 누군가를 만나게 되고 그 사람에게 자신이 알고 있는 것을 말하여 준다.
④	조종사	㉱	모험을 좋아하며, 인정이 많다.	ⓓ	비행기를 타고 하늘을 날던 중 기관고장을 일으켜 사막 한 가운데 남겨지면서 여러 경험을 한다.

정상적인 연결 형태는 〔①-㉮-ⓐ〕의 연결 구조를 갖고 있다. 하지만 이와 같은 연결 형태를 약간의 상상력을 발휘한다면 새로운 형태로 재구성이 가능하다. 각각의 영역별 속성은 새로운 순열과 조합의 과정을 거쳐서 매우 다양한 형태로의 변환이 가능하다. 예를 들어 〔②-㉮-ⓒ〕와 같은 경우의 재구성은 장미꽃이 어린왕자의 성격을 갖게 되고 여우의 사건을 겪게 되는 내용으로 전환이 된다. 즉, 기존의 작품 분석을 통하여 새로운 인물

과 사건을 얼마든지 창출할 수 있다.

마. 펙스(PECS)8)

펙스는 그림을 통한 의사소통 체계이다. 즉, 'picture exchange com-munication system'의 상징어이다. 'PECS'는 미국의 '델라웨어 자폐증 프로그램(Delaware Autistic Program)'이라는 기관에서 개발한 자폐성 및 전반적 발달 장애 아동들의 의사소통을 위해 개발된 프로그램이다.

자발적인 의사소통 능력을 길러주기 위하여 학생이 선호하는 사물이나 사건 등에 대한 기초 자료를 마련한다. 자신의 생각과 느낌을 자신 있게 말하는 적극성을 길러주는 활동으로 활용될 수 있다. 학생들은 자신들이 읽은 책의 내용이나 개인적인 경험을 바탕으로 자신이 선호하는 인물이나 장면 혹은 배경이나 소품 등 다양한 사물과 사건을 대상으로 간단한 그림을 그린다. 사전에 약속된 몇 장의 그림은 의사소통을 하게 될 대상과 바꾸어 갖게 된다. 즉, 두 명의 '가'와 '나'학생은 상대방의 그림 카드를 갖게 된다. '가'학생은 '나'학생이 읽었거나 경험한 것들을 상징하는 그림카드를 갖고 있다. '가'학생은 그것이 어떤 그림인지 상상하면서 궁금해 할 것이다. '가'학생은 '나'학생에게 그것이 의미하는 것이 무엇인지 듣고 싶어 한다. '나'학생은 자신이 선호하는 그림이 무엇을 표현하는 것인지, 어떤 내용이며, 어떤 사건이나 장면인지를 말하여 준다. '가'와 '나'는 서로 상대방의 카드가 상징하는 것들에 대하여 질문하고 대답하는 형식을 통하여 의사

---

8) 양문봉(2000), 『자폐스펙트럼 장애』, 자폐연구, pp.369-390.
   그림 교환 의사소통 체계 인 PECS는 현재 자폐스펙트럼 장애를 갖고 있는 아이들의 의사소통 능력을 발달시키기 위하여 고안된 프로그램이다. 그러나 이 프로그램이 갖고 있는 특성은 현재 일반 학급의 미숙한 학습자들의 의사소통 발달을 위하여 적용할 수 있는 활동의 장점을 갖고 있다. 때문에 필자는 일반 학급의 언어 학습에 적용할 수 있는 특정적인 부분을 개략적으로 소개하려는 의도를 갖고 있다. 보다 구체적이고 계획적인 교수·학습 방법은 단계적으로 연구하고 적용해야하는 과제를 안고 있다.

소통을 진행한다. 이 과정을 통하여 학생들은 스스로 자신의 생각과 느낌을 말로 표현하고 상호 대화를 통하여 자신감을 획득하게 된다.

이 활동은 기존의 활동과는 다른 양상을 보인다. 즉, 단순히 그림을 언어로 표현하는 활동이 아니라 자신의 경험을 토대로 자신이 선호하는 사물이나 장면에 대하여 상대방과 의견을 교환하는 것이다. 자신이 선호하는 것들에 대한 의사소통은 매우 호의적이고 자발적일 뿐 아니라 상대방에게서 전이되는 자발성이 상호 의사소통 의지를 자극한다. 따라서 펙스는 의사소통에 소극적이거나 미숙한 학생들의 자발적인 의지를 형성하는 데에 효과적이다. 교사의 직접 시범과 능숙한 학습자와의 상호 협조를 통하여 창의적인 언어 표현 능력을 형성하는 데에 도움이 된다.

Ⅳ. 결 론

창의성에 관한 실체적 규명과 방법론 검증의 토대를 마련하기 위해서는 교육적 적용이 선행되어야 한다. 선천적이고 신비적인 환상을 배제하고 실천적 적용이 가능한 교수·학습을 구안하는 시도가 요구된다. 그러기 위해서 창의성의 요소를 추출하여 단계별로 교수·학습 방법을 적용해야한다.

교과교육 관련 창의성 발현에 대한 연구는 시작에 불과하다. 그러나 창의성을 교육의 장으로 흡수하였을 때에는 보다 세분화된 연구와 실천적 적용이 요구된다. 다양한 교수·학습 방법을 구안하고 그것을 현장에 실제 적용하여 창의성의 실체를 규명하는 발판으로 삼아야 한다.

국어교육의 창의성 발현을 위한 연구의 선행 작업으로 국어교육적인 창의성 발현 요소를 분석하고 학습자의 언어수행 능력과 방법의 실천적 적용이 가능한 창의성 단계를 선행하여 구분하는 것은 교수·학습 방법의 다양한 구안을 확보하는 토대를 마련하는 것이다. 어떤 방법이 어떤 학생에게 효과적일지는 실제 교육활동을 통하여 발견된다. 다시 말해서 창의성에 관한 연구는 실천적 접근이 없이는 그 성과를 기대할 수 없다. 현장의 실천적 접근을 통하여 이론적 근거를 마련하고 그 이론을 바탕으로 효과적인 방책과 교수·학습 과정 그리고 교육과정을 마련하여야 한다. 교재의 구성을 새롭게 하고 현장 교육 방법을 획기적으로 전환하여야 한다.

인류의 미래를 구원할 수 있는 유일한 지적 재산으로서의 창의성은 이제 더 이상 특수 집단의 전유물이 아니라 누구에게서나 발현될 수 있는 보편적이고 객관적인 성향이다. 다만 잠재되어 있을 뿐인 창의성을 교육을 통하여 발현하게 하는 것이 우리의 과제이다. 국어교육은 다른 모든 학문의 기초이며, 인류의 문화를 지탱하는 뿌리이다. 창의적인 사물과 현상의 실체를 탄생하게 하는 근원이다. 언어가 없이는 그 모든 것이 불가능하기 때문이다.

참고문헌

金善敏(2000), 「CMC를 활용한 작문교육 연구」, 서울교육대학교 석사학위 논문.

_____(2002), 「시 창작 교육의 텍스트 변용 교수·학습에 관한 연구」, 명지대학교 박사학위 논문.

_____(2003), 「소리표상을 통한 단어 생산 교수·학습 전략」, 『국어교육』, 111, 한국국어교육연구학회.

_____(2003), 「쓰기 교수·학습의 창의성에 관한 연구」, 『語文硏究』 119호, 한국어문교육연구회.

_____(2004), 「창작교육의 상상력·창의력에 발현에 관한 연구」, 『한국초등국어교육』, 제23집, 한국초등국어교육학회.

_____(2004), 「문학교육의 창의력에 관한 연구」, 『문학교육학』, 제13호, 한국문학교육학회.

노명완 외(1989), 『국어과 교육』, 갑을출판사.

문정화·하종덕(2003), 『또 하나의 교육 창의성』, 학지사, pp.179-180.

박영태(2002), 『창의성의 별』, 학지사.

방인태(2002), 『국어교육과 국문학』, 역락, p.298.

방인태외(2002), 『초등국어과교육』, 박이정, p.261.

양문봉(2000), 『자폐스펙트럼 장애』, 자폐연구, pp.369-390.

최현섭외(1997), 『국어교육학개론』, 삼지원, p.210.

홍순정(1999), 『지능과 창의성』, 양서원.

Arthur J. Cropley, *Kreativate und Erziehung*, 김선 역(2000), 『교육과 창의성』, 집문당.

Danny D. Steinberg(1993), *An Introduction to Psycholinguistics*, 박경자·이재근 역(1996), 『심리언어학 입문』, 한신문화사.

David Lee(2001), *Cognitive Linguistics: An Introduction*, 임지룡·김동환 공역(2003), 한국문화사

Doris J. Shallcross(1978), *Teaching Creative Behavior*, 문정화·변순화 공역1999), 『창의성을 내것으로』, 학지사.

D. N. Perkins, 「창의성과 그 기제에 대한 추구」, Robert J. Steinberg & Edward E.

Smith(1988), *The psychology of human thought*, 이영애 역(1996), 『인간사고의 심리학』, 교문사.

Linda Flower(1993), *PROBLEM-SOLVING STRATEGIES FOR WRITING*, 황정현·원진숙 역(1998), 『글쓰기의 문제해결 전략』, 동문선.

Marcy P. Driscoll(2000), *Psychology of learning for introduction*, 양용칠 역(2002), 『학습심리학』, 교육과학사.

Nancy King(1996), *Playing Their Part-language and Learning in the classroom*, 황정현 역(1998), 『창조적인 언어사용 능력을 위한 교육 연극 방법』, 평민사.

Northrop Frye(1964), *THE EDUCATED IMAGENATION*, 이상우 역(2000) 『文學의 構造와 상상력』, 집문당.

Ray Jackendoff(1994), *Patterns in the Mind*, 이정민·김정란 공역(2002), 『마음의 구조』, 태학사.

Robert Scholes & Carl H. Kiaus(1972), Element of Writing, 김창식 역(1996), 『글쓰기의 길라잡이』, 세종출판사, p.31.

Robert J. Sternberg & Wendy M. Williams(2002), *Educational Psychology*, 전윤식외 공역(2003), 『교육심리학』, 시그마프레스.

Stephen K. Reed, *Cognition: Theory and Application, Fifth Edition*, 박권성 역(2000), 『인지심리학』, 시그마프레스.

Teresa M. Amabile(1989), *Growing Up Creative: Nurturing a Lifetime of Creativity*, 전경원 편 역(2003), 『창의성과 동기유발』, 창지사.

Anna Craft &,(2001), *creativity in education*, continuum.

Charles Brashear(2001), *Elements of Creativity*, 1st Books Library.

Gail E.Tompkins & Kenneth Hoskisson(1998), *LANGUAGE ART*, Prentice-Hal, inc.

Gene Stanford·Marie Smith(1978), *Creative Writing*, Allyn and Bacon, Inc.

Jeff Rackham(1982), *Creativity and the Writing Process,* Olivia Bertagnolli.

Kennets S. Goodman &(1998), *Language and Thinking in School*, Richard C. Owen Publishers, inc.

Linda Hall(1989), *Poetry for Life*, Cassell Educational Limited.

쓰기 교수·학습의 창의성에 관한 연구

Ⅰ. 서 론

제7차 교육 과정에 제시된 국어과의 교육 목표 '나.' 항을 보면 '정확하고 효과적인 국어사용의 원리와 작용 양상을 익혀, 다양한 유형의 국어 자료를 비판적으로 이해하고, 사상과 정서를 창의적으로 표현하는 능력을 기른다.'라고 되어있다. 이 말은 제7차 국어과 교육 과정이 학습자의 '창의적 국어사용 능력 향상'을 국어 교육의 궁극적인 목표로 설정하고 있다는 것을 의미한다.9)

학습자의 사상과 정서를 창의적으로 표현하는 능력은 개인의 창의성10)에 근거한다. 쓰기교육에서 창의성은 작품의 독창성은 물론 기본적인 언어 사용 능력, 개인의 생각과 느낌을 효과적으로 표현할 수 있게 하는 지적이고 이성적인 능력이다. 하나의 작품이 창의성에 의하여 생산될 때 그것은 작품으로서의 독창성을 확보할 수 있으며, 독창성으로부터 새로운 창의성이 발현된다. 작품의 완결성은 창의성을 바탕으로 하고 있으며, 창의성은 쓰기 교수·학습의 뿌리가 되어야 한다.

학교 쓰기 교수·학습의 문제는 학습자의 창의성과 관련된 것이 대부분이다. 자의든 타의든 학교에서 생산되는 모든 작품의 우열 이면에는 그것이 얼마나 개인의 창의성에 근거한 독창적 작품인가라는 고정 관념이 내재

---

9) 교육부(1998), 『초등학교 교육과정 해설(Ⅲ)』, 교육부, p.15.
10) 창의성에 관한 이념적인 정의는 창의성의 본질에서 구체적으로 논의하나 이 글에서는 창의적인 능력, 창의적인 성향, 독창성, 창조적 수행, 새로운 발견 등을 포괄적으로 함유하는 교육 활동의 기재로 인식한다.

한다. 최근에 더욱 심한 양상을 보이고 있는 대부분의 쓰기 교사와 쓰기에 열성적인 교사들은 학습자에게 독창적인 작품을 생산할 수 있도록 하기 위하여 창의성에 집착하는 현상을 보인다. 이러한 현상은 학습자에게 직접적인 영향을 미칠 수밖에 없다. 구체적이고 현실적인 방법의 제시와 개방적이고 허용적인 개인의 창의성에 대한 인식 없이 접근되는 이러한 교육방식은 결과적으로 매우 극단적인 양상을 유발한다. 쓰기 능력이 매우 뛰어난 소수의 학습자를 제외한 거의 대다수의 학생들이 창의성을 포기하는가 하면 아예 작품 활동 자체에 대하여 혐오감을 느끼고 스스로 영역 바깥으로 이탈해 버리는 현상이 발생한다. 현장의 교사들은 누구나 다 아는 사실이 그것을 증명한다. '한 장을 쓰기보다 한 권을 읽을 것이다.', '내가 가장 좋아하는 쓰기의 장르는 시이다.', '시를 쓰는 것보다는 낭송하는 것이 훨씬 좋다.' 이와 같은 대답은 저학년에서 고학년으로 갈수록 빈도가 높다. 무심코 살펴보면 학생들은 읽기와 낭송을 즐겨하고, 쓰기를 좋아한다고 생각할 수 있다. 그러나 여기에는 부정적인 학습 심리가 작용하고 있다. 즉, 쓰기에 대한 의도적인 거부감이 암세포처럼 생성되고 있다는 것과 어쩔 수 없이 쓸 상황이라면 짧은 시간 내에 짧은 글을 쓰고 말겠다는 인식이 있는 것이다. 더구나 이러한 인식이 교사나 학부모에게서 발견되기도 하며, 오히려 더욱 심한 경우가 있다는 것이다.

학교에서의 쓰기 교수·학습이 올바르게 수행되기 위해서는 여러 가지 복합적인 요인이 작용하는 것이 사실이다. 그러나 표현 활동으로서의 쓰기 교수·학습은 창의성을 바탕으로 하지 않을 수 없다. 창의성이야말로 쓰기 활동의 뿌리이며 개인의 사상과 정서의 핵이다. 문제는 창의성이 쓰기 교수·학습 공간에서 어떻게 인식이 되고 적용되는 가에 있다. 자발적이고 능동적인 쓰기 활동에서 생성되는 창의성은 개인의 독창성은 물론 쓰기 활동에 대한 흥미와 동기를 유발한다. 극소수의 경우를 제외한 대부분의 타의적 학교 쓰기 교수·학습은 학생의 창의성을 요구하며, 그것이 개개인의 작품에 발현되기를 기대한다. 다만 그것이 어떻게 구현되어지고 어떤 과정을 통하여 나타나는 가에 초점을 맞추어야 한다. 또한 창의성에 대한 교육 주체의 올바른 인식과 개방적이고 허용적인 수용을 통하여 적극적인 쓰기 활동을 유도하여야 한다. 개개인의 수준과 능력을 제고하여 그에 알맞은 창의성의 발현에 노력하여야 한다.

이 글은 쓰기 교수·학습의 창의성에 대한 올바른 이해와 적용을 통하여 학습자의 자발적인 쓰기 활동을 자극할 수 있는 동기를 마련하는 데에 목적이 있다. 따라서 창의성에 관한 본질과 선행 이론을 살펴보고 학교 현장의 자발적 쓰기 활동을 저해하는 창의성 억제 요인에 대하여 언급한 후에 학습자의 자발적 쓰기 활동을 유도하는 창의성 교수·학습에 관하여 논의하기로 한다.

Ⅱ. 쓰기와 창의성

창의적인 쓰기 교수·학습이 학교 현장에서 성공적으로 수행되기 위해서
는 무엇보다 창의성이 무엇인지에 관한 올바른 이해와 수용이 요구된다.
창의성에 관한 기존의 이론들은 역사적으로 돋보이는 인물들의 특성에 관
한 조사를 바탕으로 하고 있기 때문에 결과를 그대로 따라가려고 할 때에
는 오히려 학습자에게 심적인 부담을 유발할 가능성이 높다. 따라서 기존
의 이론을 학교 교육에 접목시키기 위해서는 보다 유연한 수용적 태도가
요구된다.

1. 창의성 이론과 본질

창의성에 관한 연구는 창의성을 발현하는 사람이나 특정 부류의 사례를
근거로 하여 시작된 것이지만 실제로는 그 가치를 어떻게 적용할 것인지에
대한 관심으로 시작되었다. 창의성이 신비주의적인 것이 아니라면 분명히
교육을 통하여 일반인에게 적용이 가능할 것이며, 그런 가능성이 보다 나
은 자아실현과 성취감을 가져올 수 있다는 기대감이었다.

창의적 사고는 문제해결의 사고과정일 뿐 아니라, 인간의 행동을 지배하
는 요인이었으며, 정서와 사상을 창출하는 기재이다. 따라서 최근의 창의
성 이론은 단순히 창의적인 인간의 특성을 분류하고 분석하는 것이 아니라
교육 활동에 효과적으로 적용할 수 있는 과학적인 근거를 제시하고 있다.
그러한 창의성은 '창의성의 문제해결 사고과정 이론', '창의성의 특성 이론',
'창의성의 자아실현 이론'[11], 그리고 '창의성의 심상 이론'[12]으로 설명할

---

11) 서울특별시교육연구원(1996), 『미래를 여는 창의성 교육』, 지은문화사,

수 있다. '창의성의 문제해결 사고과정 이론'은 창의적 사고의 과정을 단계별로 구체화하여 그것이 어떻게 발현되어지고 어떻게 적용되는 가에 초점을 맞추었다. 월러스(G. Wallas)[13]를 중심으로 전개된 문제해결 사고과정 이론은 창의적인 사고가 발현되는 단계를 매우 구체적으로 명시하여 실제로 교육활동에 적용할 수 있는 근거를 마련하였다. 길포드(Guilford)는 창의성에서 한 문제에 대하여 다양한 아이디어를 산출하는 능력으로서의 확산적 사고(divergent thinking)와 하나의 답으로 집중하는 방식의 수렴적 사고(convergent thinking)를 강조하였다.[14] 쓰기교육에서의 창의성 발현을 위해서는 학습자의 다양한 사고 작용을 유발하고 문제에 대한

---

pp.14-28.

12) Stephen K. Reed, *Cognition: Theory and Application*, Fifth Edition, 박권성 역(2000), 『인지심리학』, 시그마프레스, pp.481-487.

13) 서울특별시교육연구원(1996), 『미래를 여는 창의성 교육』, 지은문화사, p.14-16. 월러스(G. Wallas)는 창의적 사고를 '準備단계', '孵化기', '발현단계', '檢證단계'로 나누어 다음과 같이 설명하였다.

① 준비단계: 문제를 분명하게 정의하는 단계로서의 '준비단계'는 문제를 의식하고 여러 각도에서 분석함으로써 그 문제를 정의하고 원인을 탐구한다. 구체적인 방법으로는 '반복하여 문제를 재조립한다.', '공간적으로 상징화한다.', '문제를 시각이외의 방법으로 정의한다.', '필요한 자료를 수집한다.', '유추와 전개를 한다.', '발견적 방법을 적용한다.', '자주적 질문을 적용한다.', '특히 좋아하는 방법을 사용한다.', '원거리나 거시적인 시점에서 생각한다.'

② 부화기: '부화'란 문제해결에 대한 지속적인 관심이며 무의식적인 활동을 의미한다. 봉착한 문제를 해결하기 위한 노력과 휴식의 시간, 문제를 마음속에 떠올리는 재현, 해결의 욕망과 필요성 혹은 충동의 복합적인 긴장 상태, 문제 해결에 대한 암시, 해결의 실마리가 보이는 단서의 선택, 좋은 감정의 반응이 의식되는 통찰의 의식화가 요구된다.

③ 발현단계: 부화가 충분히 이루어져서 새로운 생명체가 탄생하듯이 보이지 않던 새로운 것이 돌출하는 단계로 직관적이며, 자연발생적이기도 하고, 노력에의 반복을 통하여 얻어지기도 한다.

④ 검증단계: 창의적 사고의 지속성을 이어가기 위한 타당성의 음미이며 사상과 철학의 완성을 위한 노력이다.

14) Robert J. Sternberg & Wendy M. Williams(2002), *Educational Psychology*, 전윤식 외 공역(2002), 『교육심리학』, 시그마프레스, p.112.

새로운 생각을 자극하여야 한다. 따라서 길포드의 확산적 사고는 학습자의 창의성을 발현하는 기재로 작용한다.

창의적인 사람들은 그 나름의 특성을 갖고 있다는 전제로 시작된 '창의성 특성 이론'은 창의적인 사람들을 추출하여 그들이 갖고 있는 특성을 조사하여 구분하였다. 그러한 특성들은 '지적 요인'으로서 기억, 인지, 평가, 수렴적 사고, 확산적 사고. '동기적 요인'으로서 용기, 일에 대한 헌신, 풍부한 전략, 일반적인 문제에 대한 열정, 현상을 질서 있게 정리하기, 뭔가를 발견하려는 열망, '인성요인'으로서 독립심, 자부심, 불확실한 문제에 매달리는 인내심, 작업에 대해 가지는 자신감 등을 들고 있다. 이러한 특성들은 학습자의 사고 작용과 요인을 분석할 수 있는 근거를 제시하고 있으며, 실제로 학교 현장에서의 창의성 교육의 적용을 학습자 위주로 접근할 수 있는 자료를 제공하고 있다. 창의성 쓰기 교수·학습 활동의 사전 진단으로서의 학습자 특성에 대한 분석은 매우 중요하며, 장기적으로 학습의 성패를 좌우한다. 따라서 학습자의 창의성 특성을 분석하고 그것을 본시 학습의 근거자료로 활용할 수 있다는 데에 의의가 있다.

'창의성의 자아실현 이론'은 창의성이 단순히 훈련이나 교육적 통제에 의하여 성취되는 것이 아니라 학습자의 자발적인 참여로 발현된다는 교육적 의미를 제공한다. 교육 공간에서 흔히 발생하는 학습자의 창의성 억제 요인은 바로 학습자의 자발적인 의지와 욕구의 결여에 기인하고 있다는 사실을 부인할 수 없다. 이런 현상은 학습자 요인임과 동시에 교사나 교수·학습 요인에 기인하고 있다. 따라서 창의성의 자아실현 이론은 학습자를 자극하고 격려하는 것이 성공적인 창의성 발현의 지름길이라는 것을 암시하고 있다. 즉, 창의성은 다른 어느 누구를 위한 것이 아니라 궁극적으로 자신의 발전을 위한 행동이라는 것이다. 무엇보다 자신을 표현할 수 있는 용기를 가져야 하며, 그 용기를 통하여 새로운 것을 창출하고 그것을 바탕으로 새로운 사회에 도전할 수 있는 의지를 갖게 된다는 것이다. 창의적인 인간은 신비주의적인 인간이 아니라 스스로 건강하고 자신을 표현할 줄 아는 적극적인 평범한 자연인이라는 인식을 가져야 한다. 창의적인 사람은 자신이 가진 만큼의 능력을 있는 그대로 발휘하는 것이며, 앞을 향해 나아가는 사람이라는 것이다. 그들은 스스로를 발휘하고, 확장하고, 발전시키며, 성숙해간다. 이러한 모든 것은 처음부터 갖고 있는 것이 아니라 꾸준히 자기 성찰과 노력을 통하여 성취되는 것이며, 교육 활동이 이루어지는 공간에 존재하는 모든 유기체들의 결속과 상호 공조를 통하여 이루어진다.

이러한 자아실현 이론은 학습 활동의 정의적인 측면에서 매우 중요하며, 쓰기가 표현 활동이라는 점에서 매우 시사하는 바가 크다. 학습자의 특성에 대한 면밀한 분석과 창의성의 문제해결 과정을 효과적으로 적용하여 학습자의 자발적인 용기를 자극하고 격려한다면 창의성의 발현은 성공적일 뿐 아니라 매우 의미 있는 가치를 생산할 것이다.

창의성 이론에 관한 가장 최근의 연구는 핀케(Finke)를 중심으로 하는 '심상'과 관련된 연구이다.15) 이것은 인간의 마음속에 그려지는 특정의 모델이나 현상 혹은 가설적 상상을 통하여 보여지는 관념적 실험이나 일상생활에 익숙한 모양의 연상을 통하여 창의성이 발현된다는 이론이다. 예를 들어 아인슈타인은 자신의 실험적 가설을 토대로 광속으로 여행하는 상상을 지속적으로 수행하여 상대성 이론을 탄생시킬 수 있었다는 것이다. 어떤 문제에 봉착하였을 때 그것을 해결하기 위해서는 신비한 능력이 요구되는 것이 아니라 자신의 마음속에 그려지는 다양한 형태의 연상 작용과 무한의 상상을 통하여 그 답이 도출될 수 있다는 것이다. 그것들은 일상생활에 익숙한 경험을 바탕으로 하는 것이며, 자신의 마음속에 그려지는 모든 것들을 자유롭게 해체하고 결합하는 과정을 통하여 습득된다. 이러한 심상 이론은 쓰기 교수·학습에 있어 학습자의 쓰기 구성이 단순히 언어적인 활동으로만 가능한 것이 아니라 다양한 일상의 경험과 재료를 통하여 연상되는 수많은 현상들을 재조직하고 적용하는 과정을 통하여 성공적으로 수행

---

15) Stephen K. Reed, *Cognition: Theory and Application, Fifth Edition*, 박권성 역(2000), 『인지심리학』, 시그마프레스, pp.481-486.

된다는 것을 암시한다. 결국 창의적인 쓰기 활동이라는 것은 자신의 마음 속에 그려지는 모든 현상들에 대한 언어적인 표현을 통해서 가능하며, 무한한 상상이야말로 창의성 발현의 근간이라는 것을 의미한다.

창의성(creativity)이란 문제의 해결책이 옳다는 것뿐 아니라 그 해결책이 유용하며 고상하다는 의미도 갖는다. 우리는 창의적인 해결책이란 어떤 천재적인 능력을 요구하는 신비의 과정에 의해 생성된 것이라고 믿고, 그러한 해결책을 경이롭게 생각하기도 한다. 그러나 최근의 인지 과학 연구 결과는 창의성을 우리가 기대했던 것보다 덜 신비스런 것이라고 암시한다.[16]

쓰기 교수·학습에서의 창의성은 천재적인 능력에 의한 신비의 과정에 의하여 생성되는 것이 아니라 보다 보편적인 일상으로부터 출발한다. 즉, 창의성에 의하여 생산된 작품은 그 결과가 새롭다는 것이다. 결과물이 새롭다는 것만으로도 우리는 충분히 독창적이라고 할 수 있을 뿐 아니라 작가의 창의성이 돋보인다고 말할 수 있을 것이다. 그것이 전혀 새로울 수도 있지만 부분적일 수도 있다. 독창적이라는 것은 우리가 전혀 기대하지 않은 모든 예측 불가능한 것의 결과물일 수도 있지만, 어느 정도는 예측이 가능한 결과물일 수도 있다. 즉, 창의적인 생산물은 그 결과를 생산하게 하는 과정에서의 제한점들을 충족시켜 주는 것을 말한다.[17] 쓰기 교수·학습 과정에

---

16) 앞의 책, p.477.

Weiberg(1993)는 그의 저서 Creativity: Beyond the of Genius에서 창의적인 아이디어의 효과는 비상하지만, 그러한 아이디어가 생성되는 과정은 그렇지 않다고 주장한다.

"많은 창의적 산물이 비상한 것은 사실이다. 그것들은 희소하며, 전 생애에 걸친 힘든 노력의 결과물일 때도 있으며, 수세기에 걸쳐 사람들을 당혹하게 만들었던 질문에 대한 답 일 수도 있고, 때로는 만들어 낸 사람이 기대했던 것보다 훨씬 더 큰 영향력을 가지기도 한다. 창의적 산물의 효과가 이토록 지대할진대, 그런 산물이 생성되는 과정 역시 비상할 것이라는 생각이 당연시되곤 했다. 그러나 이러한 논리가 반드시 성립되는 것은 아니다. 창의적 성취가 비상한 것은 그것이 생성된 과정이 비상하기 때문이라기보다는 그 산물의 효과가 비상하기 때문이다."

17) Robert J. Sternberg & Wendy M. Williams(2002), *Educational Psychology*, 전윤식 외 공역2003), 『교육심리학』, 시그마프레스, pp.111-112.

서의 창의성은 주어지거나 봉착한 문제에 대하여 학습자 스스로 해결하여 나가는 합리적인 노력을 통하여 발현되는 것이며, 그것은 학습자 자신에 대한 일종의 신념이라고 생각할 수 있다.18) 자신이 봉착한 문제에 대하여 꾸준한 노력을 하는 과정을 통하여 새로운 생각과 느낌이 떠오르는 것이며, 그것이 때로는 전혀 예측하지 못했던 사상과 철학으로 발전하는 것이다. 따라서 창의성은 이런 것이라고 할 수 있다. 쓰기인은 옛 아이디어들로 되돌아가, 거기서 방황하다가, 그것들을 끄집어내어 이렇게 저렇게 끼워 맞춰서, 새 아이디어로 써본다. 그 새로운 아이디어가 유망성을 간직하고 있을 수 있다. 창작인은 그 아이디어를 시험 삼아 탐색해 본다. 옳다. 그것은 쓸만하다. 창의성은 무엇인가가 가능성을 보여줄 때까지 이런 식으로 민감하게 해보는 탐색과 시도일 수 있다. 이것을 보다 심리학적인 용어로 말하자면, 창의성은 주로 검색과 선택 과정이며, 성공은 검색 과정의 적절한 표적설정(Targeting)과 선택의 민감성에 좌우된다.19)

창의성의 본질은 궁극적으로 보편성을 기반으로 하고 있다. 그것은 신비주의를 배제하며, 쓰기 교수·학습 활동 과정을 통하여 제기된 문제에 대한 해결책을 찾으려는 학습자의 고민과 노력에 의하여 발현되는 것이다. 다양한 탐색과 시도를 통하여 겪게 되는 시행착오의 과정을 통하여 산출되는 새로움이며, 자신의 생각과 느낌을 개방적으로 표현할 수 있는 신념이다. 또한, 창의성은 교수·학습 활동을 통하여 수행될 수 있는 교육적인 행동이다. 창의성은 자신에게 주어진 문제에 대한 자료와 정확한 정보를 수집하여 분류하고 분석하는 과정을 통해서 산출되는 과정중심의 사고 활동이다. 따라서 창의성은 그 자체로 하나의 교육 활동 과정을 갖고 있다고

---

18) Nancy King(1996), *Playing Their Part-language and Learning in the classroom*, 황정현 역(1998), 『창조적인 언어사용 능력을 위한 교육 연극 방법』, 평민사, p.71.

19) D. n. Perkins, 「창의성과 그 기제에 대한 추구」, Robert J. Sternberg & Edward E. Smith(1988), *The psychology of human though*, 李永愛 譯(1996), 『인간사고의 심리학』, 교문사, pp.345-377.

해도 과언이 아니다.

2. 쓰기의 창의성 이론

창의성에 관한 기존의 이론은 '창의적인 쓰기교육' 혹은 '쓰기 교수·학습에서의 창의성 발현'과 관련하여 매우 유익한 정보를 제공한다. 쓰기 활동 중에 일어나는 학습자의 반응은 대부분 창의성 이론의 협조를 받아야 마땅하다. 쓰기 과정은 궁극적으로 새로운 것을 창출하는 수행 활동이다. 무엇을 쓸 것인지 생각하는 순간부터 학습자는 창의적 활동에 들어가게 된다. 학습자의 창의성은 쓰기 활동 과정 전반을 지배하는 매우 중요한 요인이다.

기존의 이론을 종합 분석하여 쓰기 교수·학습과 관련된 학습자의 창의성 요인을 적용하면 다음과 같다.

첫째, 확산적인 사고를 자극하여야 한다. 학교 쓰기 교수·학습의 일반적인 현상 중의 하나는 주어진 글감이나 주제에 대한 객관적 인식의 틀을 벗어나는 것에 대하여 부정적인 편견을 갖고 있다. 예를 들어 '봄'이라는 글감에는 의례 아지랑이, 새싹, 개나리, 진달래 등을 연상하여야 한다는 것이다. 그러나 학습자의 사고의 폭을 보다 확산시킬 수만 있다면 '봄'은 전혀 새로운 이미지로 탈바꿈하게 된다.

둘째, 수용적인 태도를 길러야 한다. 무엇이든지 전혀 새로운 것을 찾기 위하여 몰두하기 시작하였다고 해서 다 이루어지는 것은 아니다. 학습자의 수준과 성취 능력에 따라 그것은 천차만별일 뿐만 아니라 무엇을 쓰려고 하는 가에 따라서 생산의 양과 질은 달라진다. 따라서 새로운 것을 창출하기 위해서는 기존의 문화를 겸허하게 수용하는 태도가 필요하다. 새로운 것은 이전의 새로움으로부터 탄생하는 것이다. 있는 것을 받아들이고 그것으로부터 자신의 새로움을 발견하는 것이 중요하다.

셋째, 생산적인 사고를 유지하여야 한다. 대부분의 학교 쓰기 교수·학습은 불만족의 상황으로부터 시작된다. 교사는 일방적으로 글감이나 주제를 던지고 학습자는 정해진 시간 내에 요구된 양을 채워야한다. 이때 학습자는 자신에게 주어진 모든 상황으로부터 이탈하고 싶어 한다. 불행하게도 학교 현장은 그것을 용납하지 않기 때문에 학습자는 원하든 원하지 않던 주어진 과정을 따라가야 한다. 이때 학습자는 불만족한 현재의 상황에 대하여 만족한 상황으로 나아가려는 의지가 요구되는데 그것이 바로 생산적인 사고이다. 쓰기 활동이 단순한 과제 유형이 아니라 자신의 자아를 실현하고 의지를 표현할 수 있는 문화의 생산적 활동임을 느낄 수 있게 하여야 한다.

넷째, 표현의 용기를 자극하여야 한다. 다인수 쓰기 교수·학습 활동에서 봉착하는 가장 심각한 학습자 간의 문제는 객관적 성취도가 낮은 쓰기 학습자의 자포자기에 있다. 그들은 스스로를 열악한 능력의 쓰기가라고 여긴다. 따라서 그들은 스스로 무엇을 표현하려는 의지나 동기를 갖고 있지 않으며, 심지어 해당 활동 자체를 거부하는 현상을 유발한다. 이것은 쓰기 활동의 기본 충족 요소인 어휘력, 맞춤법, 글의 형식 등과 관련된다. 심지어는 자신의 글씨체에 대한 비관이 쓰기 활동에 심각한 영향을 주는 경우를 발견하기도 한다. 기본적인 언어사용 능력이 부족하다고 해서 창의성이 결여되어 있거나 쓰기 활동에 참여할 수 없는 정도는 아니다. 빈번하지는 않지만 오히려 능숙한 학습자들에게서는 볼 수 없는 새로움과 독창성을 발견할 때가 있다. 다만 그들은 자신의 생각과 느낌을 자신 있게 표현하고자 하는 용기를 스스로 억누르고 있을 뿐이다.

창의성 요인을 근거로 창의적인 쓰기 교수·학습 과정을 단계별로 분류하여 나타내면 다음과 같다.

① 준비단계: 준비단계는 무엇을 쓸 것인지에 대하여 창작주체가 분명하게 인식하는 단계이다. 주어진 글감이나 주제, 혹은 자신이 의도하였던 생각과 느낌을 다양한 각도에서 분석하고 타당성을 확보하는 단계

이다. 무엇을 쓸 것인지에 대한 분명한 인식은 학습자에게 글을 계속 써 나갈 수 있는 확신을 갖게 한다. 때문에 쓰기 활동의 가장 기본적이며, 성공적인 출발의 밑거름을 마련하기 위해서는 글감이나 주제에 대한 자신의 생각과 느낌, 나아가 사상과 철학을 조명할 수 있는 기틀을 마련하여야 한다. 그러기 위하여 쓰기 교수·학습 활동에 참여하는 교사와 학생은 공통적인 인식을 갖고 있어야 한다. 그것은 '글감이나 주제에 대한 재인식과 가능성 파악', '필요한 자료의 수집과 검증', '새롭게 접목이 가능한 글의 형식과 표현 방법', '다양한 텍스트의 도입', '확산적 사고에 의한 새로운 발상', '자신이 가장 좋아하는 유형의 문종과 표현 양식' 등이다.

② 적용단계: 글감과 주제에 대한 쓰기 주체의 분명한 인식은 구체적인 창의적 사고의 적용을 가능하게 한다. 준비단계에서 이루어진 자료의 수집과 타당성의 확보는 객관적인 창의성을 확보할 뿐 아니라 자신의 생각과 느낌을 확산적으로 표현할 수 있게 하며, 무엇보다 창의적 표현의 용기를 자극한다. 준비된 자료의 적용은 이전의 것에 새로움을 더하는 것으로부터 전혀 새로운 독창적 아이디어의 생성을 유도한다. 이것은 순간적이고 폭발적일 수도 있으나 점진적이고 잔잔할 수도 있다. 쓰기 교수·학습 활동은 학생만의 것이 아니라 교사와 학생이 서로 공조하는 관계에 놓여 있는 상호 공간 활동이다. 따라서 창의성의 구현은 다양한 발현의 양태를 인정하여야 한다. 특히 다인수 학급에서의 창의성 구현은 학습자의 성취 수준과 능력에 따라 구현의 시간과 방법의 차이가 있기 때문에 교사, 학생 모두의 인내와 허용적 태도가 요구된다.

③ 수용단계: 쓰기 교수·학습에서의 창의적 사고의 단계에서 가장 중요한 것은 객관적 준비 단계에서 확보한 객관적 타당성을 근거로 자신이 적용한 창의성에 대한 적극적 수용의 자세이다. 이것은 교사와 학생에게 매우 중요하다. 창의성 요인의 하나이면서 학교 쓰기 교수·

학습 활동 실패 요인으로 작용하는 창의적 용기와 관련이 있다. 미숙한 학습자들에게 자주 발견하게 되는 자신의 창의성에 대한 불확실성과 신념의 결여는 지속적인 창의적 사고의 구현을 저해한다. 따라서 어떠한 방식으로 표현하였던지 간에 그것을 절대적으로 수용하는 자세가 매우 필요하다. 물론 창의성에 대한 객관적인 타당성을 확보하는 것 또한 중요하다. 그러나 일단 준비단계에서 수집된 자료의 타당성과 적용단계에서의 창의성 구현은 이미 작품의 완성에 기여하였기 때문에 앞서 적용한 것들에 대하여 적극적으로 수용하고 스스로 인정하는 자세는 장기적으로 창의성의 발현을 자극하고 새로운 것을 더욱 새롭게 만드는 용기를 격려한다.

④ 검증단계: 창의성의 가치는 객관성의 확보를 획득하여야 한다. 따라서 쓰기 주체의 최종 결과물인 작품의 창의성을 인정받기 위해서는 그것이 얼마나 독자의 요구를 충족시킬 수 있는 가와 직결된다. 창의성의 검증은 완성된 작품에 대한 평가 과정이다. 쓰기 교실의 학습자 간 상호 평가와 검토를 바탕으로 자신의 작품에 내재된 가치를 인정하는 것이다. 이것은 창의성이 추구하는 자아실현과 신념의 성취이다. 잘못된 것을 가려내는 평가절하의 단계가 아니라 드러나지 않은 아주 작은 것을 찾아내어 인정하고 격려하는 동기유발의 단계이다. 쓰기 교실 공간에서 드러나는 다양한 새로움의 발견과 창조적인 발현의 체험은 그 순간 새로운 사고의 발전을 거듭하여 또 다른 창의성의 발현을 도모한다.

Ⅲ. 창의성 발현을 위한 쓰기 교수·학습

1. 쓰기 교수·학습의 창의성 요소

쓰기를 통하여 창의성을 발현한다는 것은 쓰기의 창의성 요소를 분석 종합하여 학습자에게 적용하는 것이다. 창의성의 요소는 매우 광범위할 뿐 아니라 세부적이며 어떤 면에서는 매우 추상적이다. 창의성이라는 것이 독창성을 확보하는 새로운 것이라면 우리 시대의 창의성 요소는 셀 수도 없이 많을 것이다. 그럼에도 불구하고 창의성을 함양하는 교육적 방법을 강구하는 데에 어려움을 겪는 것은 그만큼 창의성이 추구하는 방향이 매우 모호하다는 데에 있다.

쓰기의 창의성 요소는 철저하게 교육적인 틀 안에서 찾아야 할 것이다. 창의성이 발현되어지는 조건은 창의성의 요소만큼이나 다양하다. 따라서 쓰기의 이론적 적용뿐 아니라 현장 적용이 가능한 요소를 추출하는 것이 더욱 중요하다.

가. 동 기

동기(motivation)는 잠재적인 능력을 활성화시키는 심리적인 자극이다. 동기는 목표를 달성하는 데에 도움을 주는 내적인 정신에너지(internal psychic energy)이며 정신적인 힘(mental force)이다.[20]

동기는 자발적으로 활성화되기도 하지만 외적인 조건에 의하여 유발되기도 한다. 일주일에 독서 감상문을 두 편 이상 쓰는 학생들 중에는 스스로

---

20) Robert J. Sternberg & Wendy M. Williams(2002), *Educational Psychology*, 전윤식 외 공역(2003), 『교육심리학』, 시그마프레스, p.247.

독서를 즐기고 그 느낌을 글로 표현하려는 자발적 욕구에 의한 학생이 있는가 하면 어떤 학생은 매 주말 교사의 평가나 보상에 대한 자극을 받아 책을 읽고 그것은 글로 표현하는 학생이 있다. 물론 이 두 부류의 학생은 단 한 권의 책도 읽지 않거나, 벌을 피하기 위한 도피 행위로서의 독서 습관을 갖는 학생에 비하여 성취도가 높을 수밖에 없다.

스스로 책을 선택하여 그것을 읽고 그 느낌을 문자로 남기고 싶어 하는 학생은 내적동기에 의한 것이며, 교사의 주말 평가와 보상을 잘 받고 싶기 때문에 책을 읽고 글을 쓰는 학생은 외적동기에 의한 것이다. 궁극적으로 자발적인 자극에 의한 내적 동기가 쓰기활동의 이상적인 방향이라는 것을 인정하면서도 다발적이며 양적인 효과를 기대한다는 측면에서는 외적동기를 부인할 수 없다. 때로는 외적동기에 의한 결과물이 내적동기에 의한 결과물보다 훨씬 구조적이고 설득력이 있기 때문이다.

학생들의 창의성을 발현하기 위하여 동기를 활성화하는 보다 효과적인 방법은 외적동기를 활용한 내적동기의 활성화이다. 현명한 교사는 학생들의 잠재적인 능력을 이끌어내기 위하여 외적동기를 활용한다. 즉, 독서 습관을 형성하기 위하여 적절한 최소의 보상을 문장한다. 교실 뒤 게시판에 '독서왕' 그래프를 만들어 놓는다거나, 매달 간단한 상장과 간식으로 보상을 하는 것 등이 그렇다.

내적동기를 가지고 독서를 하는 학생들은 스스로 책을 선택하고 독서의 시간과 양을 조절한다. 내적동기의 중요성은 학생 자신의 판단에 의한 목표를 이루려는 성취욕을 발달시킨다는 것이다. 반면 외적동기는 학생들에게 주어진 과정을 순차적으로 수행하는 효과적인 교수·학습 프로그램의 계발이 요구된다.

내적동기에 의하여 독서를 하는 학생들의 경우 그가 언제부터 자발적인 동기유발 조건을 형성하였는지 알아보는 것은 쉽지 않다. 내적동기를 갖고 있다고 판단되는 초등학생들과 그들의 부모를 대상으로 한 설문의 결과는 매우 흥미롭다. '태교'를 비롯하여 '영유아기 때의 부모의 낭독에 의한 듣기', '문자

해득기에 접한 동화책' 등의 영향이 주를 이루는 경우가 대부분이지만 어떤 경우는 '모르겠다'와 '타고났다'는 답도 꽤 많은 수를 이루고 있다. 결국 독서 습관을 위주로 하는 내적동기의 활성화가 선천적이거나 후천적인 환경의 영향에 의한 것이라는 결론을 내릴 수밖에 없다. 그럼에도 불구하고 우리는 후천적인 환경 요인이 초등학생의 독서 습관을 형성하는 내적동기의 활성화에 기여하였다는 추론에 관심을 가질 필요가 있다. 만일 태교나 영유아기의 낭독 듣기가 초등학생의 내적동기 활성화에 기여하였다면 교실의 외적동기가 내적동기 활성화의 요인이 될 수 있다는 가능성을 입증하는 것이다.

창의성을 발현하기 위해서는 내적동기의 활성화가 요구된다. 또한 외적동기의 유발과 활용을 통하여 내적동기의 활성화가 가능하다. 따라서 창의성을 발현하기 위한 교수·학습 과정에서는 내적동기와 외적동기가 학생들에게 어떻게 작용하고 자극 받는 지를 예민하게 관찰하고 이해하여야 한다. 교사는 학생에 대한 지속적인 관찰과 경험을 바탕으로 어떤 요소가 그 학생의 동기를 가장 효과적으로 활성화시키는 지를 파악하여야 한다.

내적동기에 의하여 창의성을 발현하는 학생들의 특징을 분석하고 그것을 다른 학생들의 외적동기로 활용하는 것 또한 매우 효과적일 뿐 아니라 중요한 요인이다. 초등학교 2학년인 미진이[21]는 일기 쓰기를 하루도 거르지 않는다. 미진이의 일기 쓰기는 글을 쓸 수 있는 시점부터 시작되었다. 그림을 병행하는 초기의 일기장은 회화 위주의 표현에서 점차 문자 중심으로 발전하였으며, 일상의 생활 중 일부분을 사실적으로 표현하는 단순한 일기의 형태에서 자신의 생각과 느낌을 표현하고 새로운 발상을 하는 데에까지 발전하였다. 미진이의 어느 날 일기에 등장하는 치과의 모습은 그가 얼마나 내적동기에 의하여 일기를 쓰고 있는 지를 잘 보여줄 뿐 아니라 내적동

---

21) 미진이는 2004년 현재 서울응암초등학교 3학년에 재학 중이며, 이 연구의 사례는 2003년 3월 1일부터 12월 28일까지 관찰과 면담 및 학생의 수행 과정과 결과물에 대한 포트폴리오에 의한 것이다. 다음에 등장하는 채은이도 같은 경우이며, 비슷한 학생들에 대한 사례는 응암초등학교 학생들과 학부모 그리고 해당 학급의 교사를 대상으로 한 것임을 밝힌다.

기에 의한 일기 쓰기를 통하여 창의성이 어떻게 발현되어지고 있는 지를 알아볼 수 있다. 즉, 미진이는 치과에서의 치료과정을 지난 밤 꿈속에서 보았던 도깨비와의 만남을 그려내면서 장면을 설명하고 있다. 그 꿈은 군것질을 좋아하는 자신의 습관을 혼내려는 도깨비의 마술에 걸린 충치와 잘못을 뉘우치자 아픈 이빨을 방망이로 뚝딱 치료하는 내용의 글이다. 이날의 일기는 매우 장황하고 길었을 뿐 아니라 한 편의 동화를 구성한 듯 하였다. 뿐만 아니라 치과에 가기를 싫어하는 아이들을 위하여 치과 도구를 아이들의 장난감으로 그려서 표현한 것과 충치를 예방하기 위한 나름의 생각을 나열한 것이 더욱 돋보였다.

내적동기의 활성화에 의한 쓰기는 스스로 내용을 선택하고 분량을 조절할 수 있다는 것이다. 자신이 선택한 주제는 이전의 배경지식에도 불구하고 새로운 상상을 가능하게 할 뿐 아니라 창의적인 발상을 통한 아이디어의 생성과 문화적인 생산을 가능하게 한다. 따라서 내적동기의 활성화는 창의성을 발현하는 기본적인 요소로 작용한다. 그러나 순순한 내적동기만으로 문학교육의 창의성 발현을 기대하는 것은 소극적이다. 내적동기의 활성화는 외적동기의 적절한 활용과 보상을 통해서 가능하다는 추론을 할 수 있다.

나. 상상력

우리는 종종 한 단어(word)만으로도 많은 생각할 뿐 아니라 이미지, 태도(attitude), 감각(sensation)을 통하여 더욱 많은 사고 작용을 하게 된다. 만일 어떤 사람이 강력한 동물의 이미지를 떠올리고 그를 향해 돌진해 오는 황소에 대해 말한다면, 그는 황소의 색깔·체취·힘·사나움 그리고 자신의 두려움, 도망치고 싶은 욕망 등을 상상할 수 있을 것이다.[22] 우리는 '상상력'을 비현실적인 현상이나 사물에 대한 인식이라고 여기는 경

---

22) Robert Scholes & Carl H. Kiaus(1972), Element of Writing, 김창식 역(1996), 『글쓰기의 길라잡이』, 세종출판사, p.31.

향이 있다. 그러나 상상력은 때로 매우 구체적인 지식을 확보하기 위한 지적인 작용으로 발현된다. 즉, 돌진해 오는 황소를 기억하고 문자로 표현하기 위해서는 그가 경험한 현실을 보상할 수 있는 수많은 현상과 사물에 대한 기술이 요구된다. 그러기 위하여 적절한 이미지를 동원하여야 하며, 이미지의 재생을 통하여 경험을 재구성할 수 있는 효과적인 수단을 마련하여야 한다. 이때 가능한 모든 배경 지식을 동원하여 재구성하려고 하며, 재구성에 적합한 언어를 찾기 위하여 몇몇 단어들을 생각하고 배열할 것이다. 결국 상상력은 언어를 통하여 사물이나 현상을 구체화하는 것이며, 풍부한 상상력은 풍부한 언어를 생산해 낸다.

무언가를 마음속으로 그린다는 것은 자신의 욕망을 해결하려는 의지의 필요성에 의하여 동기화 된다. 자신이 무언가를 원하고 있으며, 원하는 것이 무엇인지를 내면의 세계에서 구체화하는 것이 상상력이며, 그것이 행동으로 옮겨졌을 때 상상은 현실이 되는 것이다. 따라서 상상력이란 인간의 경험을 토대로 하여 있음직한 본보기(model)를 구성하는 힘이다.[23]

쓰기활동의 핵심은 학습자의 생각과 느낌을 활성화하는 것이다. 그것이 어떤 형식과 방법을 통하여 표현되어지든 간에 생산적 사고와 결합하여 하나의 글을 완성할 수 있다고 단정한다면 성공의 열쇠는 상상력의 발현에 달려있다. 사물이나 현상에 대한 학습자의 느낌과 생각의 활성화는 그것을 구체화할 수 있는 것들을 동원하려는 상상력의 촉발로부터 가능하다. 아무런 생각이나 느낌 없이 무엇인가를 표현하려는 것은 가능하지 않을 뿐더러, 그런 결과에 의한 작품이 있더라도 그것은 모사에 불과할 뿐이다. 따라서 상상을 통하여 자신의 생각과 느낌을 활성화하고, 생산적인 사고 작용에 의하여 창의성을 발현할 때 쓰기의 가치가 생성된다.

상상력은 쓰면 쓸수록 강해지고 유연해 지는 근육이다.[24] 몸을 지탱하

---

23) Northrop Frye(1964), *THE EDUCATED IMAGENATION*, 이상우 역 (2000) 『文學의 構造와 상상력』, 집문당, p.20.
24) Nancy King(1996), *Playing Their Part-language and Learning in the classroom*, 황정현 역(1998), 『창조적인 언어사용 능력을 위한 교육 연

고 움직이는 근육은 쓸수록 가치를 더해간다. 상상력은 창의적이고 생산적인 사고에 의하여 자신의 생각과 느낌이 완성된 글로 재생산되도록 하는 실체이다. 그러나 상상력의 작용은 사용의 빈도에 비례한다. 사물이나 현상에 대한 지속적인 의문과 발상을 통하여 상상력은 발현되어지고 유연하게 작용한다.

상상력의 발현은 가능성에 대한 인정으로부터 출발한다. 비현실적이고 엉뚱한 상상이라고 일축되었을 때 학습자는 자신의 상상력 발현에 대한 자신감을 상실해 버린다. 상상력의 발현은 학습자의 모든 생각과 느낌을 인정하는 것으로부터 출발하여야 한다. 쓰기활동은 학습자의 자유로운 생각과 느낌의 표출을 유도하는 데에 힘을 기울여야 한다.

상상력은 순수한 구성을 가져오기 위해, 즉 구성 그 자체를 위하여 자유로워진 정신의 구성적인 힘이다. 구성의 단위들은 반드시 언어이어야 하는 것이 아니라, 숫자나 소리이거나 색채나 벽돌이거나 대리석 조각일 수 있다. 상상이 언어 이외의 다른 단위들을 가지고 어떻게 작용하는 가를 보지 않고는 언어를 가지고 무얼 하고 있는 가를 이해할 수가 없다.

다. 정보의 조직

본질적으로 완전히 새로운 것이 있을까? 무엇이든 그 속으로 끊임없이 들어가다 보면 어떤 것과의 연관성을 배제할 수 없다. 따라서 창의성을 완전히 새로운 것을 생산해 낼 수 있는 잠재력이라고 표현한다면 어느 누구도 창의성을 갖고 있다고 말할 수는 없을 것이다. 반면 존재하는 무엇으로부터 새로운 것을 발견하고 생산할 수 있는 잠재력을 창의성이라고 인정한다면 창의성은 다수의 보편성을 확보하게 된다.

새로운 약 즉, 신약이 세계적으로 인정을 받기 위해서는 이전에는 없었

_____

극 방법』, 평민사, p.69.

던 새로운 물질로 구성된 새로운 치료제로서의 효능을 인정받아야 한다. 그런데 그 신약이라는 것은 전부터 이미 있었던 물질들을 화학적으로 합성하거나 어떤 물질로부터 추출하는 것이 대부분이다. 신약을 연구하는 과학자들은 새로운 물질을 얻기 위해서 끊임없이 존재하는 물질들에 대한 연구를 거듭한다. 기존의 물질에 대한 모든 정보를 새롭게 조직하는 과정을 통해서 새로운 물질의 창출에 도전하는 것이다.

채은이는 글을 매우 잘 쓰는 아이로 인정받았다. 학교에서 글을 잘 쓰는 아이들의 기준은 각종 대회에서 입상을 하는 경우라고 보는 것이 일반적이다. 제도권 교육의 입상 기준은 주제의 타당성과 논리성 그리고 형식을 지키고 있는 가에 초점을 맞추고 있다. 물론 주어진 주제에 대한 자신의 생각이 얼마만큼 구체적으로 표현되었는가에 따라 입상의 여부가 결정되어진다. 이러한 일반적인 입상 기준에 부합되는 학생들은 일년 수상 기록란이 부족할 정도로 지속적인 성과를 보인다. 채은이도 그런 학생 중의 하나이다.

제도권 교육의 대회 입상경력이 그 학생의 창의성의 기준이 된다고 장담할 수는 없으나 학교에서의 쓰기 활동은 분명 새로운 글을 생산하는 과정의 일부인 것이다. 주제와 논리, 형식과 시상기준 안에서조차 쓰기 주체의 자율적인 사고 활동에 의하여 새로운 아이디어가 생성되고 주제를 뒷받침하는 근거를 논리적으로 전개하여 나아가는 것이다.

채은이가 초등학교생활 6년 동안 각종 대회를 석권할 수 있었던 요인은 무엇이었을까? 해당 학생과 학생의 생활 습관을 알아보기 위한 학부모와의 면담을 통해서 얻을 수 있었던 사실은 창의성의 발현 교수·학습 방법의 새로운 모색을 가능하게 하여주는 것이었다.

채은이는 '과학 상상'이나 '불조심 예방의 달' 대회와 같은 예고된 행사에 철저하게 대비하는 습관을 갖고 있었다. 매년 4월은 과학의 달이기 때문에 거의 동일한 시기에 동일한 주제로 대회를 실시하고 있는 것을 잘 알고 있기 때문에 글쓰기 대회를 앞두고 과학에 관한 정보를 수집하는 데에 많은 시간을 할애한다. 단순히 정보를 수집하는 것만으로 끝나는 것이 아니라 관련된 정보들을 통합하여 재구성하고 그것을 하나의 새로운 정보로 구성하는 것까지 잊지 않는다. 그 해의 가장 이슈가 되었던 과학적인 사건을 수집하여 핵심 내용을 요약하고 그것을 바탕으로 자신의 정보를 만들어 가는 것이다. 물론 이러한 과정을 채은이 스스로 터득한 것은 아니다. 처음에는 과학 교사인 아버지의 도움을 받아 정보를 수집하는 방법을 배우게 되었으며, 누적된 경험을 바탕으로 효과적인 정보수집 방법과 창구를 알게 된 것이다. 결국 채은이의 과학적인 근거에 의하여 과학적인 현상과 미래를 상상할 수 있는 새로운 글의 탄생을 가능하게 한 것이다.

정보의 조직은 교실의 창의성을 보다 구체적이고 근거 있는 현상으로 인정하는 데에 효과적인 교수·학습 방법이다. 또한 창의성이라는 것은 타고나는 것이 아니라 교육을 통하여 발현될 수 있는 것이라는 사실을 입증한다. 보다 능력 있는 사람의 도움을 받아 자기 스스로 문제를 해결할 수 있을 때까지 지속적인 경험을 쌓아가고 결국에는 새로운 것을 창출할 수 있게 된다는 긍정적 교육활동 방법인 것이다.

2. 창의성 억제 요인

창의성의 발현을 위해서는 우선 자연발생적인 가능성마저 제거되는 억제 요인을 분석하는 것이 중요하다. 실제로 교육을 통하여 발현이 가능한 창의성보다는 자연스럽게 드러나는 것들조차 몇 가지 요인에 의하여 억제되는 경우가 많다. 의도적이든 의도적이지 않던 간에 억제 요인은 쓰기 교수·학습 과정에 빈번하게 작용하는 것들이기 때문에 창의성의 발현을 위해서는 억제 요인에 대한 분석 요구된다. 억제 요인에 대한 인식을 바탕으로 창의성을 발현할 수 있는 학습 활동을 구안하고 효과적인 교육 방법을 적용하여야 한다.

가. 교사 요인

교사는 쓰기 교수·학습 공간에서 학생의 가장 근접한 협조자이어야 함에도 불구하고 대부분 지배적일 수밖에 없는 현실에 처해있다. 이로 인해 학습자들에게 요구하는 교수·학습 활동의 내용은 일방적인 요구와 전달이 대부분이다. 이로 인하여 발생하는 학생과의 의사소통 단절과 상호 협조 체제의 붕괴는 과제수행 형식의 무의미한 쓰기 교수·학습 활동을 유발한다.

창의성은 교육을 통하여 충분히 습득될 수 있는 행동이다. 그럼에도 불구하고 창의성에 대한 일방적인 강요와 잘못된 인식으로 인하여 학생들의 창의성이 발현되기는커녕 억제되거나 손실되기 쉽다. 다음에 열거한 사항은 교사들의 잘못된 인식과 일방적인 전달에 의한 창의성 억제 요인이다.

① 창의성은 정해진 시간 안에 가능한 많은 어휘와 문장을 창출하는 것이다.

② 창의성은 이전의 어떤 작품보다 독창적인 작품을 생산하는 능력이다.

③ 창의성은 기성 작품의 형식과 이미지를 타파하는 혁신이어야 한다.

④ 창의성은 비판적 사고와 병행하여 작품의 객관적 타당성을 가늠할 수 있어야 한다.

⑤ 창의성의 발현은 쓰기 성취도가 능숙한 학습자에게서 보인다.

⑥ 창의적인 쓰기 활동은 기본적인 언어 수행 능력을 갖춘 상태에서 가능하다.

⑦ 창의적인 쓰기 활동을 수행하기 위해서는 다방면에 걸친 배경 지식과 풍부한 사회적 경험 그리고 해박한 문제해결 능력을 갖추고 있어야 한다.

⑧ 창의성의 개인차가 너무 크기 때문에 다인수 학급에서의 창의적인 쓰기 교수·학습은 불가능하다.

이러한 억제 요인을 제거하기 위해서 교사는 부단히 자기 개선의 노력을 하여야 한다. 다음과 같은 인식의 전환과 개선 의지를 통하여 창의성은 발현된다.

㉮ 단 하나의 낱말이라도 학습자의 창의성을 존중할 것.

㉯ 학습자의 창의성은 교육적인 모방을 통하여 창출된다.

㉰ 독창성은 점진적이며, 개인차가 크기 때문에 인내심을 갖고 기다려야 한다.

㉱ 창의성은 반드시 언어수행 능력과 비례하지 않는다. 언어수행 능력이 부족한 학습자에게는 다른 텍스트로의 창의성 발현을 유도할 필요가 있다.

㉲ 풍부한 배경지식과 경험이나 문제해결 능력이 창의성에 도움이 되는 것은 사실이다. 따라서 미숙한 학습자의 창의성 발현을 위하여서는 먼저 교사의 인도적 노력이 선행되어야 한다.

㉳ 오히려 다인수 학급에서의 창의성 발현의 현상은 매우 다양하며, 학습자 상호 협동 학습을 통한 성공적인 활동을 경험할 수 있다.

나. 학습자 요인

창의성이 억제되는 학습자 요인의 근원은 사실 학생 자신에게서 유발된 것이 아니라 교육 활동을 통하여 무의식적으로 내재된 것들이 대부분이다. 앞서 열거한 교사 요인은 최근의 교실 개방화(열린교육이 실천되는 교실)의 추세에도 불구하고 여전히 전통적인 교실에서의 편향적인 전달 교육이 누적되어온 때문이다. 특별하게 제공된 쓰기 시간(특별활동, 재량활동, 대회 등)을 제외하고는 거의 대부분이 교과 시간을 통하여 운영되어 왔다. 교과 시간에 쓰기 교수·학습 활동이 운영된다는 것은 자발적인 쓰기 활동이기보다는 주어진 시간 안에 주어진 문제에 대하여 요구하는 분량과 내용을 양산하는 형태의 일방적 수업이었다.

때문에 대부분의 학습자들은 좋은 작품을 생산하기 위하여 보다 많은 노력을 기울여야 하는데 그 노력의 대부분은 주어진 시간 내에 무엇이든 완성하는 것이었다. 거기에는 개인의 생각과 느낌을 솔직하게 표현하거나 사상과 정서를 구축하여 가는 것이 아니라 일정한 양식에 따라 정해진 틀에 언어를 끼워 맞추는 재미없는 퍼즐 게임의 연속과도 같은 활동을 반복하게 된다. 능숙한 학습자들은 생존을 위한 훈련을 통하여 게임의 공식을 이해하고 있을 뿐만 아니라 어떤 방향으로 쓰기의 결과를 도출해야 할 지 잘 알고 있기 때문에 제도권 교육이 요구하는 목표에 도달할 수 있으나, 미숙한 학습자들은 요구하는 목표의 도달은커녕 쓰기 활동의 의미를 이해할 수도 수긍할 수도 없는 딜레마에 빠지게 되고 만다. 외형적으로 보기에 능숙한 학생들의 쓰기 활동에는 그들의 창의적인 사고가 스며들어 있는 듯이 보일지 모르나 그것은 포장된 상자에 불과하다. 상자의 뚜껑을 여는 순간 그 속에는 수없이 많은 수학 공식과도 같은 쓰기 요령만이 가득할 뿐이다. 아무리 좋은 작품을 만들었다하여도 자신의 작품에 대한 자아실현 성취감이나 창의적 사고에 대한 신념이 보이지 않는다면 그것은 창의적이지도 않으며 무의미한 것이다.

　대부분의 학습자 억제 요인은 교사의 요인으로 비롯된 것이지만 학습자들이 느끼는 특징적인 창의성 억제 요인을 열거하면 다음과 같다.

　① 창의성은 선천적으로 글을 잘 쓰는 아이들의 전유물이다.
　② 남의 글을 흉내 내는 것은 쉬운데 새로운 것을 만들기는 힘들다.
　③ 독창적인 작품을 만들기 위해서는 천재적인 아이디어가 필요하다.
　④ 내가 새롭게 생각한 것들은 대부분 엉뚱하거나 우습게 보인다.
　⑤ 창의성은 뛰어난 예술가나 과학자들에게 필요한 것이다.

　창의성의 발현을 억제하는 학습자 요인을 그들 스스로 해결하기란 쉽지 않다. 학습자들의 억제 요인은 근본적으로 교사 요인과 맞물려 있다. 교사의 억제 요인이 학습자들에게 전이되어 온 것이 대부분이다. 따라서 학습자 억제 요인의 해결은 교사의 격려와 지속적인 관심을 통하여 가능하다. 교사는 학습자에게 인내심을 갖고 다음과 같은 창의성 발현의 가능성을 인식할 수 있도록 자극하고 격려하여야 한다.

㉮ 잘 쓴 글이 창의적인 것은 아니다. 창의성은 자신감과 용기로부터 나온다. 즉, 자신의 생각을 표현할 수 있는 적극성을 기르고, 그것이 무엇이든 간에 스스로 만들어낸 것이라는 자부심을 갖는 것이 중요하다. 무엇보다 시작이 중요하다.

㉯ 모든 위대한 작품은 다른 어떤 작품과 반드시 연관성을 갖는다. 쓰기는 모방으로부터 시작한다.

㉰ 내가 지금 생각한 것이 가장 독창적인 나만의 것이며, 그것이 어떤 때는 누구도 생각하지 못한 천재적인 아이디어일 수 있다.

㉱ 창의성은 우리 주변의 일상적인 일이며, 누구나 발견할 수 있고 생각할 수 있는 것이다.

다. 교수·학습 요인

교사와 학생의 창의성에 대한 적절한 인식과 경험에도 불구하고 실제 교수·학습 활동에서는 효과적으로 발현되지 않는 경우가 많다. 그것은 쓰기 교수·학습이 대부분 전통적인 교실 환경을 벗어나지 못하고 있기 때문이다. 또한 쓰기가 자신의 생각과 느낌을 창의적으로 표현 하거나, 사상과 정서를 담아내는 철학적 사고의 과정이 아니라 평가와 수상을 목적으로 하거나, 단원학습 목표 도달과 교육과정 시간 이수를 위한 것일 때 창의성은 상실되고 공식만 존재하게 된다. 다음의 경우가 대표적인 창의성 억제 요인이다.

① 교육과정에 명시되어있는 교과 영역 시간 내에 쓰기 활동이 완결되어야 한다.

② 모든 학생들이 학습 목표에 도달하여야 한다.

③ 창의성은 주제의 흐름을 벗어나지 말아야 한다.

④ 창의성을 자극하기 위한 교수·학습 자료가 빈약하다.

⑤ 교사는 전달자이고 학생만이 활동의 주체이다.

이 밖에 창의성에 대한 과도한 맹신이나 가치의 절상, 경직된 학교 교육 과정의 운영 등이 창의성의 발현을 억제하는 부가 요인으로 작용한다. 따라서 이러한 요인을 해소하기 위해서는 보다 거시적이고 적극적인 대책과 보완이 요구된다. 교사와 학습자의 노력이나 이해만으로는 어렵다. 특히, 최근에는 교육 활동의 중심 영역에 근접한 학부모 집단과 지역 사회의 영향으로 인하여 보다 폭넓은 교섭과 이해가 필요할 뿐 아니라, 교육과정의 융통성 있는 운영과 교실 환경의 자율성 확보를 위해서는 이들 간의 공조가 절실하다.

따라서 교육과정 운영에 대한 교사의 자율성과 융통성을 보장하고, 학습 환경 개선을 위한 적극적인 투자와 배려가 선행되어야 한다. 또한, 간섭과 통제를 위한 학부모, 지역 사회 집단이 아닌 지원과 교육 공동체 집단으로서의 인식 전환이 요구되며, 교과서적인 고전적 인식으로부터 벗어나야 할 것이다.

3. 창의성의 발현

창의성 발현을 위한 쓰기 교수·학습을 위해서는 무엇보다 창의성의 본질을 정확하게 파악하고 그것을 일반화하기 위한 허용적인 수용태도가 요구된다. 교사나 학생에게 있어 창의성은 모든 교육을 통하여 자연스럽게 발현되고 동화되는 친근한 사고 작용이라는 인식이 필요하다. 그러기 위해서는 창의성 발현의 목표를 최고치에 두는 것이 아니라 최저 수준의 요구로부터 출발하여야 한다. 물론 궁극적인 목표는 인류 역사와 문화를 선도하는 새로운 사상과 철학의 탄생에 둘 수 있으나, 교육 환경의 학습자에게 요구되는 창의성은 마치 자신의 생각을 그림으로 표현하듯이 매우 쉽고 자연스러우며 친근한 상황으로부터 출발하는 것이어야 한다. 따라서 창의성 발현을 목적으로 하는 쓰기 교수·학습 활동에서는 다음과 같은 인식이 선행되어야 한다.

첫째, 지금 내 머리 속에 떠오르는 단어와 어휘 혹은 문장이 가장 새롭고 참신한 것이며, 그것이 가장 훌륭한 창의성이라는 신념을 갖고 있어야 한다.

둘째, 창의적인 언어표현은 기존의 역사와 문화를 통하여 생산되는 것이다. 모방과 흉내는 새로운 것의 시작일 뿐 죄책감의 원인이 아니다.

셋째, 독창적인 생각은 때로 엉뚱하고 우스우며, 고집스럽고 불만족스럽기까지 하다. 그것이 언젠가 새로운 모습으로 나타날 것이라는 기대를 버리지 말아야 한다.

넷째, 타인의 생각과 판단에 흔들리지 말아야한다. 창의성은 객관적으로 타당성을 확신할 수 있어야 하지만 그것은 최종의 목표이다. 현재의 내 것이 가장 훌륭하다는 자신감을 가져야 하며, 숨기거나 억제하지 않고 표현할 수 있는 용기가 필요하다.

다섯째, 아홉 가지 오류에 실망하지 말고 한 가지 성취를 격려하여야 한다. 오류에 대한 실망과 분노는 결국 쓰기 활동의 포기를 유발한다. 따라서 한 가지의 성취를 찾아 격려하고, 창의성의 가치를 부여하여야 한다.

여섯째, 표현 방법의 다양성을 인정하여야 한다. 모든 쓰기 활동이 문자언어를 통하여 이루어질 수밖에 없는 것은 아니다. 의사소통이 가능한 다양한 텍스트(그림, 소리, 이미지, 몸짓, 조형 등)를 동원하도록 자극하여야 한다.

일곱째, 쓰기 교수·학습 활동에서의 교사와 학생은 일방적인 소통의 관계가 아니라 상호 협력하는 유기적인 관계여야 한다. 쓰기 활동에서의 창의성의 발현은 학습자에게서만 일어나는 것이 아니라 교사의 창의성에 대한 신념과 표현이 자연스럽게 학습자에게 전이된다. 그것은 교사와 학습자가 서로 다른 공간에 존재하는 것이 아니라 같은 공간 안에서 서로를 의지하고 존중하는 동등한 인격체임을 인정할 때 가능하다.

여덟째, 창조적으로 산다는 것은 삶의 한 방식이며, 우리의 소망과 희망, 꿈을 이룩하는 것에 대한 자기 존중에서 나온다는 것을 명심하여야 한다. 그것은 어떤 문제에 대한 해결 방안을 전문가나, 권위자 프로에게 구하기 전에 우리 자신에게 먼저 구한다는 것을 의미한다. 우리는 우선 자신의 내적 가능성을 가지고 할 수 있는 일을 최대한 수행하고 나서 자신에게 부족하다고 느낀 정보를 남들에게 요청해야 한다.25) 이와 같은 창의성에 대한 인식을 바탕으로 학습자의 성취 능력을 파악하여 적정 수준을 수용하고 실현할 수 있도록 하여야 한다.26)

---

25) Nancy King(1996), *Playing Their Part-language and Learning in the classroom*, 황정현 역(1998), 『창조적인 언어사용 능력을 위한 교육 연극 방법』, 평민사, pp.72-73.
   낸시 킹은 창의성을 발현하는 방법을 다음과 같이 구체적으로 제안하고 있다.
   · 작은 도전이나 능력 이상의 도전에 직면했을 때 자신의 말에 귀 기울이고 자신의 감정에 주의를 기울여라. 자신의 반응에 대한 평가를 내리지 말고 관찰하라.
   · 여러분 자신이나 친구에 대해 어떻게 자동적으로 반응하는지 기술하라. 그리고 자신의 기술에 당신이 어떻게 반응하는지 주목하라.
   · 여러분으로 하여금 새로워진 내적 가능성과 독창성을 가지고 반작용하고 반응하게 하는, 습관적인 반응을 다시 생각하게 하는 접근 방법을 고안하라.
   · 아이디어들, 혁신적인 생각을 가지고 당신 혼자서 또는 친구들과 함께 놀 수 있는 가능성들을 발견하라.
   · 낡은 문제를 다루는 새로운 방법을 계획하라. 그 과정에서 기쁨을 맛보아라.
   · 어떤 새로운 가능성을 선택하라. 그리고 그중 어떤 것을 실제로 하기 전에 상상해 보라.
   · 자신의 경험에 대해 평가하지 말고 반성하라. 자신의 행동을 통해 배웠던 것을 분명하게 표현하라.
   · "할 수 없어"를 "할 수 있어"로 변화시키는 것이 무엇인지 발견하라.
   · 연구 기획으로 당신의 학생들과 함께 창조력을 발달시키는 방법을 탐구하라. 그들의 내적 가능성을 풍부하게 만들기 위해 서로를 평가하지 말고 경험을 공유할 수 있도록 격려하라. 경험으로부터 얻을 수 있는 것이 무엇인지에 대해 항상 초점을 맞추면서 평가가 언제 필요하고 적절한지 가르쳐 주어라.

26) 테일러(C. Tayler)가 제안한 5단계 창의성 수준
   ① 표현된 창의성: 창의성의 결과 나타난 질적인 면을 고려하지 않고 창의성의 표현에만 관심을 두는 수준.

4. 창의적인 쓰기 교수·학습

제7차 국어과 교육과정은 국어과의 교수·학습 계획에 관한 안내를 통하여 창조적인 국어사용 능력의 향상을 위한 유의점을 제시하고 있을 정도로 학습자의 창의성에 대한 실질적인 학교 현장 교육에 무게를 두고 있다.27) 이것은 과거의 학교 교육 과정이 일관되게 추진해온 지식과 내용의 수용만으로는 가치 있는 국어 교육을 실현할 수 없다는 것을 의미한다. 실제로 하이퍼텍스트의 급속한 발전으로 인하여 학습자들의 언어생활은 그어느 때보다 심각한 상황에 처해 있다. 극도로 단순화된 의사 교환 방식과 기계적이고 건조한 비언어적 표현의 난무는 학습자의 기본적인 언어생활은

---

② 생산적 창의성: 주변 환경을 이용하여 목표물을 산출해내는 창의성의 수준.
③ 창작 창의성: 이미 알고 있는 지식 내용을 새롭게 이용하는 수준.
④ 혁신적 창의성: 새로운 아이디어나 원리가 개발되는 수준.
⑤ 발현 창의성: 통상적으로 제시되는 경험 속에 빠져들어 완전히 다른 것을 만들어 내는 수준.
27) 제7차 국어과 교육과정에서 제시하는 창조적인 국어사용 능력 향상을 위한 교수·학습 계획의 유의점은 다음과 같다.
  (가) 학습 목표는 교육 과정의 '3.내용', 학습자의 학습 능력과 성취 수준 등을 종합적으로 고려하여 설정하되, '듣기', '말하기', '읽기', '쓰기', '국어지식', '문학' 영역의 학습 목표가 유기적으로 연관되도록 한다.
  (나) 학습 내용은 '듣기', '말하기', '읽기', '쓰기', '국어지식', '문학'의 각 영역별 특성을 살려 학습 목표 달성에 적합하게 선정하되, 특히 영역별 학습 내용 간의 관련성, 학년별 학습 내용 간의 연계성과 보충·심화의 수준을 고려한다.
  (다) 학습자가 정확하고 효과적인 국어 생활을 하는 데 반드시 알아야 할 지식과 실제의 국어사용 활동을 유기적으로 연관시킨다.
  (라) 학습 상황에 능동적으로 참여하여 언어 자료(음성언어, 문자언어, 시각언어)를 비판적으로 이해하는 활동과 자신의 사상과 정서를 창의적으로 표현하는 활동을 강조한다.
  (마) 학습 과제의 성격, 과제 해결을 위한 기본 절차와 방법, 사전 지식의 활용, 학습 활동, 피드백 등을 세부적으로 제시한다.
  (바) 학습 효과를 극대화할 수 있도록 각종 시청각 자료와 기구, 영상 매체의 언어 자료, 학습자가 사용하는 언어 자료를 적절히 활용하도록 한다.

물론 사고 작용을 경직되게 하고 있다. 따라서 교육 과정이 추구하는 창조
적인 국어사용 능력의 향상을 위해서는 보다 적극적인 창의적 쓰기 활동
교육이 이루어져야 할 것이다.

쓰기 교수·학습 활동이 이루어지는 교실 공간에서의 창의성의 발현은
보다 구체적인 교수·학습 과정을 통하여 이루어진다. 앞서 논의한 바와
같이 창의성은 신비스러운 선천적 재능이 아니라 학습을 통하여 습득할 수
있는 기재이기 때문에 교사, 학생, 교수·학습 요인이 상호 유기적으로 결
합하여 창의성의 본질을 올바로 이해하고 최저 수준의 표현을 유도할 수
있을 때 성공적인 작품 생산이 가능하다.

교사와 학생이 일대일 대면을 통하여 학습을 할 수만 있다면, 얼마든지
시행착오를 겪으면서 창의적인 쓰기 활동을 수행할 수 있으나, 현실은 하
나의 교사를 바라보는 다인수 학생의 환경에 속해있기 때문에 부득이 일정
한 틀을 설정하여 운영할 수밖에 없다. 교사나 학생에게 틀은 일종의 구속
이며, 억제 요인이기도 하다. 그러나 학습자 수준의 다양성을 수용하고,
학습자 상호간의 협조와 동기유발을 격려한다면 다인수 학급의 학습 과정
또한 효과적일 수 있다. 때문에 교육은 꾸준히 여러 부류의 학생들에게 효
과적으로 학습할 수 있는 방법을 제시하고 있는 것이다.

가. 창의적 쓰기 교수·학습 활동의 사례

창의성은 국어 교육의 내용이 아니라 학습자 위주의 실제 교수·학습 활동이다. 창의성은 특정 교과나 영역에 한정되어 있는 것이 아니라 모든 교과 활동 및 실생활의 광범위한 사고 작용이다. 따라서 국어과 교육과정의 영역에 제시된 내용을 적용하는 것도 중요하지만 다른 교과 활동이나 특별 활동 혹은 일상생활의 경험이나 문화적인 기반을 활용하는 것이 좋다. 다음은 타 분야나 교과와 관련하여 창의성을 발현할 수 있는 쓰기 활동의 예이다.

영 역		활 동 사 례
교 과	국 어	·텍스트의 변용, 새로운 형식의 문종 만들기. ·글과 글의 연관성 찾아 또 다른 글 만들어 내기 .
	사 회	·지도를 글로 나타내기, 역사적인 인물의 전기나 무용담 쓰기. ·고장의 문화재나 지리적 특성에 관한 추론.
	수 학	·수학적인 문제를 담고 있는 짧은 글쓰기. ·수학의 역사나 아이러니에 관한 보고서.
	과 학	·가상의 세계를 상상하여 긴 글로 표현하기. ·과학적인 현상을 예측하거나 추측하여 에세이로 표현하기.
	체 육	·새로운 스포츠를 창안하여 경기 장면을 나타내기. ·운동 기구의 생김새나 쓰임을 인물에 비유하여 표현하기.
	예 술	·리듬이나 가락을 듣고 가사 쓰기. ·그림에 담겨있는 내용을 소설이나 희곡으로 나타내기.
재량활동		·몸과 마음이 불편한 장애우의 숨겨진 생각을 글로 표현하기. ·미래의 나의 모습을 시리즈로 구성하기.
특별활동		·취미 활동의 장단점을 조사하여 새로운 것을 창출하기. ·여러 가지 광고 문구를 작성하여 꾸미기.
생활경험		·다친 경험을 기억하여 그 원인과 방지 대책을 수립하기. ·고적답사 계획과 일정 작성하기.
문 화		·잘 알려지지 않은 고전을 읽고 현대적으로 개작하기. ·원시 세계 문명의 언어를 상상하여 한 장면을 기술하기.

　위의 항목들은 학교 쓰기 교수·학습 활동의 대표적인 사례들이다. 창의성은 그 자체가 무한성을 갖고 있기 때문에 어떤 교과와 영역에 국한되지 않고 발현될 수 있다. 또한 각각의 교과와 영역은 다른 것들과의 유기적인 관계 속에서 창의성이 발현될 수 있다. 때문에 창의적인 쓰기 교수·학습 활동이 성공적으로 이루어지기 위해서는 다양한 문화 체험 그리고 교과 간의 연계가 이루어져야 한다. 창의성이 다양성과 깊은 관련이 있는 것도 이 때문이다. 특히 학교 교육 현장에 속해 있는 학생들은 지속적인 변화와 무궁한 체험을 통하여 자신의 생각과 느낌을 표현하고 사상과 정서의 자유로운 분출이 이루어진다.

나. 창의적 쓰기 교수·학습 활동 계획안

　여기서는 학습자의 창의성 발현을 자극하기 위한 텍스트 변용 활동을 예로 들었다. 다양한 언어의 생산을 목적으로 소리를 도입하였으며, 소리를 통해 학습자의 자연스러운 창의성 발현을 유도한다. 소리는 다양한 형태로 변용될 수 있다. 즉, 문자로 표현될 수도 있지만, 이미지나 그림 혹은 상징적인 표상이 가능하다.

　준비 단계와 적용 및 수용 단계는 교수·학습 전략의 측면에서 가변적 다양성을 추구한다. 교사, 학습자, 교실 환경 등의 변인에 따라 창의적인 표상 활동의 조절이 가능하며, 차시별로 운영할 수 있는 계획을 사전에 마련하여야 한다.

　창의성 쓰기 교수·학습 과정의 단계별 분류에 따른 실제 차시 계획안을 바탕으로 다인수 학급에 적용이 가능한 활동을 예시하기로 한다.

준비단계	적용·수용 단계			검증단계
	청 취	표 상	생 산	
자료수집 타당성 신 념 확산적 사 고	소 리	언어적표상, 시각적표상 경험의표상, 상징적표상	어 휘 문 장	검 토 낭 독 출 판 자아실현 재생산
	학습자의 창의성 발현에 의한 다양한 텍스트 표현과 이미지 구축			

〈창의성 쓰기 교수·학습 과정〉

· 교육 과정 내용: 〔5-문-(5)〕 작품의 일부분을 창조적으로 바꾸어 쓴다.
· 본시 학습 목표: 소리를 창의적으로 바꾸어 표현할 수 있다.
· 교수·학습 활동:

단 계		교수 · 학습 활동
청 취		· 다음의 소리를 귀 기울여 들어봅시다. 교사: 녹음기를 이용하여 귀뚜라미 소리를 들려준다. 처음엔 아주 짧게(약 5초 간), 다음엔 조금 길게 들려준다. 2회 반복을 기준으로 하지만 필요한 경우 반복할 수 있다.
창의적 표상		· 소리를 듣고 생각나는 것을 여러 가지로 표현하여 봅시다. 교사: 소리를 듣고 생각나는 것을 말하여 봅시다. 학생: 귀뚜라미, 매미, 메뚜기, 자전거 등 (간혹 엉뚱한 반응을 보이는 학습자가 있다. 장난이건 실제로 소리를 정확하게 파악하지 못했던 간에 학생의 생각을 존중해야 한다. 창의적인 발현의 초기 단계로 인정하여야 한다.) · 어떤 방식으로 표현할 것인지 생각하여 봅시다. －학습자의 능력에 따라 미리 부여하거나, 소집단별로 과제를 부여하여 협동학습 을 하게 한다. 학생: 자신의 능력에 맞는 활동을 선택하여 소리를 어떻게 표상할지 생각한다.(개 별 학습이나 협동 학습의 경우 수준별 표상 활동에 의해 미리 정할 수도 있다.)
	언어적 표현	· '귀뚤 귀뚤', '또르르 또르르', '띠리리리리리'. · '삐리리릭', '위잉 위잉', '뚜르륵 뚜르륵'. · '가늘게 떨림', '요란한 울림'.
	시각적 표현	· 짙은 갈색의 몸 색깔에 두 개의 기다란 더듬이와 커다란 두 눈 그리고 가슴에 투명 날개를 달고 있음. · 우주에서 날아온 날개 달린 외계인. 두 개의 더듬이 눈이 길게 뻗어 있고, 여러 개의 다리가 달려 있다.
	경험적 표현	외할머니 댁에 갔을 때 밤에 화장실에 가려고 밖으로 나왔더니 무슨 소리가 들렸다. 조약돌이 구르는 소리 같기도 하고, 자전거 바퀴 돌아가는 소리 같기도 하였다. 무서워서 방에 들어갔더니 어머니께서 귀뚜라미 소리라고 하였다. 호기심이 생겨 다시 밖으로 나가보니 장독대에서도 부뚜막에서도 들렸다. 다행히 화장실에는 없었다.
	상징적 표현	'시냇물을 구르는 조약돌의 합창', '고물 자전거를 타고 장독대를 여행하는 귀뚜라미', '잎사귀를 떨어뜨리는 가을의 속삭임', '나무가 타면서 타닥거리는 불씨 소리'
창의적 생산		· 여러 가지 방법으로 표현한 것 중에서 맘에 드는 단어나 어휘를 만들어 봅시다. －단어로 제한하지 말고 어휘나 문장 수준으로 확대하여도 좋다. 자유로운 발현에 초점을 맞춘다.
	언 어	'귀뚤귀뚤', '또르르또르르', '투명 날개', '더듬이' 등
	시 각	'자전거', '바퀴', '조약돌', '더듬이', '날개', '곤충' 등.
	경 험	'할머니 댁', '조약돌', '자전거 바퀴', '장독대', '부뚜막' 등.
	상 징	'조약돌의 합창', '가을의 속삭임', '자전거', '따릉따릉' 등

Ⅳ. 결 론

지금까지 창의성에 관한 이론을 검토하여 그 본질을 올바로 이해한 후 창의성 억제 요인을 분석하고 효과적인 창의성 쓰기 교수·학습·학습 활동에 관하여 논의하였다.

자발적이고 능동적인 쓰기 활동에서 생성되는 창의성은 개인의 독창성은 물론 쓰기 활동에 대한 흥미와 동기를 유발한다. 소수의 경우를 제외한 대부분의 학교 쓰기 교수·학습은 학생의 창의성을 요구하며, 그것이 개개인의 작품에 발현되기를 기대한다. 하지만 그 성과는 기대에 미치지 못하고 있는 현실이다. 따라서 그것이 어떻게 구현되어지고 어떤 과정을 통하여 나타나는 가에 관심을 갖고 효과적인 해결 방안을 모색하여야 한다. 또한 창의성에 대한 교육 주체의 올바른 인식과 개방적이고 허용적인 수용을 통하여 적극적인 쓰기 활동을 유도하여야한다.

제7차 교육과정이 추구하는 창조적인 언어사용 능력의 함양은 학습자의 자발적인 창의성 발현으로부터 가능하다. 학습자의 자발적인 창의성 발현은 구체적이고 실천적이기 이전에 개방적이고 허용적인 인식을 기반으로 하여야 한다. 완전히 새로운 것을 창출한다거나 처음부터 독창적인 것을 요구한다면 그것은 창의성 이전에 학습자의 심리적인 부담으로 작용하여 억제 요인을 유발할 것이다. 학습자의 마음에 드는 가장 쉽고 편한 것으로부터 시작하는 언어 활동이야말로 창의성 쓰기 활동의 초석이다.

창의적인 쓰기 교수·학습 활동은 다른 교과나 영역과 유기적인 관계를 통하여 성공적으로 수행된다. 학습자에게 다양한 동기를 제공하고 무궁한 상상의 기재를 동원하였을 때 창의성은 자연스럽게 발현된다. 또한 창의성의 발현을 억제하는 교육 활동 요인을 분석하여 순화하고 제거하는 작업 또한 매우 중요하다. 최근의 창의성 교육이 현장에서 실패하는 원인의 대부분은 창의성에 대한 과도한 집착과 평가절상에 있다. 따라서 창의성의 본질을 올바로 이해하고 학습자의 수준에 맞는 최저 수준의 활동을 구안하는 것과 학습자의 최저 수준의 표현을 수용하는 태도가 요구된다.

쓰기 교수·학습의 창의성은 학습자 중심의 활동이어야 하지만 학습자가 교사와 함께 공존하는 한 상호 활동이어야 한다. 창의적인 교사의 쓰기 교수·학습이 학습자의 창의성을 자연스럽게 발현하며, 학습자의 자연스러운 창의성 발현은 쓰기 교수·학습의 성공적인 생산을 결정할 것이다.

참고문헌

강경호 외(1997), 『초등 국어과 교육론』, 박이정.

教育部(1998), 『초등학교 교육과정 해설(Ⅲ)』, 대한교과서, p.15.

구인환 외(1996), 『문학교육론』, 삼지원.

김대행(2000), 『문학교육 틀짜기』, 역락.

김대행 외(2000), 『문학교육원론』, 서울대학교출판부.

金善敏(2000), 「CMC를 활용한 쓰기교육 연구」, 서울교육대학교 석사학위 논문.

_____(2002), 「쓰기 교수·학습의 텍스트 변용 교수·학습에 관한 연구」, 명지대학교 박사학위 논문.

노명완 외(1989), 『국어과 교육』, 갑을출판사.

方仁泰(2002), 『국어교육과 국문학』, 역락.

서울특별시교육연구원(1996), 『미래를 여는 창의성 교육』, 지은문화사, p.14, pp.14-28.

신헌재(1991), 「창의적 사고력 신장과 국어과 교육」, 『국어교육』 제73·74호.

우한용 외(2001), 『쓰기교육, 어떻게 할 것인가』, 푸른사상사.

이성영(1996), 『국어교육의 내용 연구』, 서울대학교출판부.

鄭東華 외(1996), 『초·중등 국어과교육론』, 선일문화사.

崔賢燮 외(1997), 『국어교육학개론』, 삼지원.

한국교육개발원(1979), 『초중등학교 교육발전 종합보고서』, 신성인쇄사.

Danny D. Steinberg(1993), An Introduction to Psycholinguistics, 박경자·이재근 역(1996), 『심리언어학 입문』, 한신문화사.

D. N. Perkins, 「창의성과 그 기제에 대한 추구」, Robert J. Steinberg & Edward E. Smith(1988), *The psychology of human though*, 이영애 역(1996), 『인간사고의 심리학』, 교문사, pp.345-347.

Linda Flower(1993), *PROBLEM-SOLVING STRATEGIES FOR WRITING*, 황정현·원진숙 역(1998), 『글쓰기의 문제해결 전략』, 동문선.

Nancy King(1996), *Playing Their Part-language and Learning in the classroom*, 황정현 역(1998), 『창조적인 언어사용 능력을 위한 교육 연극

방법』, 평민사, p.71, pp.72-73.

Northrop Frye(1964), *THE EDUCATED IMAGENATION*, 이상우 역(2000) 『文學의 構造와 상상력』, 집문당.

Ray Jackendoff(1994), *Patterns in the Mind*, 이정민·김정란 공역(2002), 『마음의 구조』, 태학사.

Robert J. Sternberg & Wendy M. Williams(2002), *Educational Psychology*, 전윤식외 공역(2003), 『교육심리학』, 시그마프레스, pp.111-112.

Robert Scholes(1985), *Textual Power: Literary Theory and Teaching of English*, 김상욱 역(1995), 『문학이론과 문학교육』, 하우.

Stephen K. Reed, *Cognition: Theory and Application, Fifth Edition*, 박권성 역(2000), 『인지심리학』, 시그마프레스, p.477.

Gail E.Tompkins & Kenneth Hoskisson(1998), *LANGUAGE ART*, Prentice-Hal, inc.

Kennets S. Goodman &(1998), *Language and Thinking in School*, Richard C. Owen Publishers, inc.

Linda Hall(1989), *Poetry for Life*, Cassell Educational Limited.

· 저자 ·

김선민   ● 약 력 ●
　　　　　문학박사
　　　　　서울교육대학교
　　　　　서울교육대학교 대학원
　　　　　명지대학교 대학원
　　　　　現, 서울인왕초등학교 교사
　　　　　　서울교육대학교, 명지대학교 국어교육 강사
　　　　　　영재 독서-논술 연구회
　　　　　前, 연가, 연은, 영서, 상암, 상신, 응암 초등학교 교사

　　　　　● 주요논저 ●
　　　　　「시 창작 교육의 텍스트 변용 교수·학습에 관한 연구」
　　　　　「CMC를 활용한 작문교육 연구」
　　　　　「초등학교 국어과 교수·학습 목표 진술 방법에 관한 연구」
　　　　　「문학교육의 창의성에 관한 연구」
　　　　　「창작교육의 상상력창의력 발현에 관한 연구」
　　　　　「작문교육의 창의성에 관한 연구」
　　　　　「'소리'표상을 통한 시어 생산 교수·학습 전략 -초등교육을 중심으로」
　　　　　「교육연극을 활용한 초등학교 고전소설 읽기 교수·학습」
　　　　　「초등학교 고전소설 교육의 현황과 과제」
　　　　　외 다수.

● 쓰기 교수 · 학습론

· 초판 인쇄	2005년 12월 30일
· 초판 발행	2005년 12월 30일
· 지 은 이	김선민
· 펴 낸 이	채종준
· 펴 낸 곳	한국학술정보㈜
	경기도 파주시 교하읍 문발리 526-2
	파주출판문화정보산업단지
	전화 031) 908-3181(대표) · 팩스 031) 908-3189
	홈페이지 http://www.kstudy.com
	e-mail(e-Book사업부) ebook@kstudy.com
· 등 록	제일산-115호(2000. 6. 19)
· 가 격	21,000원

ISBN   89-534-4001-7 93710 (Paper Book)
　　　　 89-534-4002-5 98710 (e-Book)